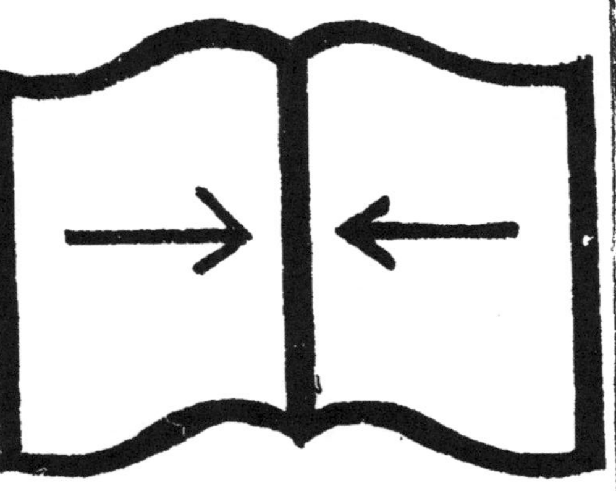

RELIURE SERREE
Absence de marges intérieures

Couvertures supérieure et inférieure en couleur

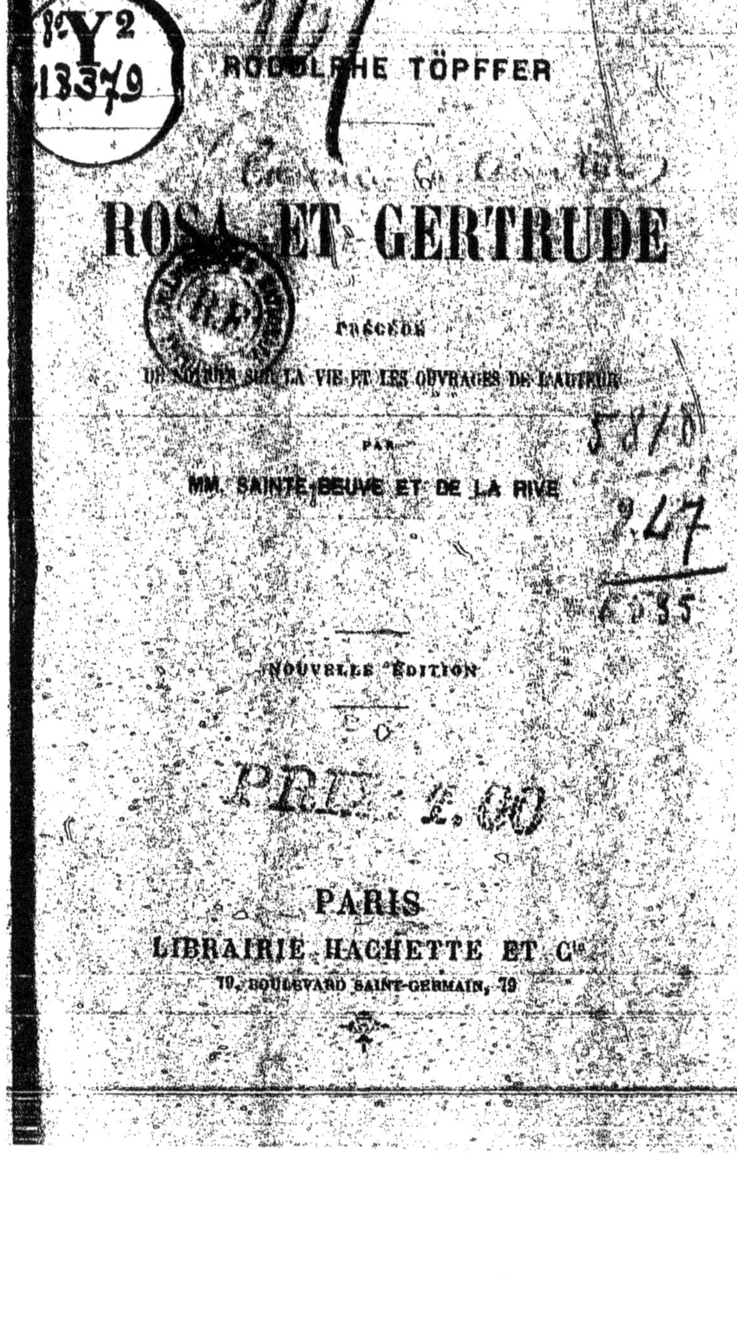

8° Y2 13379

RODOLPHE TÖPFFER

ROSA ET GERTRUDE

PRÉCÉDÉ

DE NOTICES SUR LA VIE ET LES OUVRAGES DE L'AUTEUR

PAR

MM. SAINTE-BEUVE ET DE LA RIVE

NOUVELLE ÉDITION

PRIX 2.00

PARIS
LIBRAIRIE HACHETTE ET Cie
79, BOULEVARD SAINT-GERMAIN, 79

ROMANS, NOUVELLES & OUVRAGES DIVERS

Format in-16, à 1 franc le volume, broché.

Achard (A.) : *Les vocations*. 1 vol.
— *La chasse à l'idéal*. 1 vol.
— *Les chaînes de fer*. 1 vol.
— *Maxence Humbert*. 1 vol.
— *Olympe de Mézières*. — *Le mari de Delphine*. 1 vol.
— *Yerta Slovoda*. 1 vol.
Arnould (A.) : *Les trois poètes*. 1 vol.
Bernardin de Saint-Pierre : *Paul et Virginie*. 1 vol.
Berthet (E.) : *Les houilleurs de Polignies*.
Chapus (E.) : *Le turf*; 3e édition. 1 vol.
Charnay (D.) : *Une princesse indienne avant la conquête*. 1 vol.
— *A travers les forêts vierges*. 1 vol.
Daudet (E.) : *Histoire de la Restauration*.
Deschanel : *Physiologie des écrivains et des artistes*. 1 vol.
Enault (L.) : *Christine*; 13e édition. 1 vol.
— *Alba*; [illegible] édit. 1 vol.
— *Histoire d'une femme*; [illegible] édition. 2 vol.
— *Alba*; [illegible] édition. 1 vol.
— *Hermine*; [illegible] édition. 1 vol.
— *La vierge du Liban*; 5e édition. 1 vol.
— *Cordova*. 1 vol.
— *Les perles noires*; 3e édition. 2 vol.
— *La rose blanche*; [illegible] édition. 1 vol.
— *L'amour en voyage*; 5e édition. 1 vol.
— *Nadège*; [illegible] édition. 1 vol.
— *Stella*; 6e édition. 1 vol.
— *Un amour en Laponie*; 3e édition. 1 vol.
— *La vie à deux*; [illegible] édition. 1 vol.
— *Irène*; 3e édition. 1 vol.
— *En province*; [illegible] édition. 1 vol.
— *Olga*; 3e édition. 1 vol.
— *Un drame intime*; [illegible] édition. 1 vol.
— *Le roman d'une veuve*; 4e édition. 1 vol.
— *La pupille de la Légion d'honneur*; 4e édition. 2 vol.
— *Le châtiment*; 2e édit. 1 vol.
— *Valneige*; 2e édit. 1 vol.
— *Le château des anges*. 1 vol.
— *Le sacrifice*. 1 vol.
— *Tragiques amours*. 1 vol.
— *La destinée*; 3e édition. 1 vol.
— *Le baptême du sang*; [illegible] édition. 2 vol.
— *Le secret de la confession*; 3e édit. [illegible] vol.
— *La [illegible]*; 2e édition. 1 vol.
— *L'amour et la guerre*. [illegible] vol.
— *Le mirage*. 1 vol.
Féval (P.) : *Le mari embaumé*. 2 vol.
Figuier (Mme L.) : *Nouvelles languedociennes*. 1 vol.
Guizot (F.) : *L'amour dans le mariage*.
— *Édouard III et les bourgeois de Calais*.
Houssaye (A.) : *Galerie de portraits du XVIIIe siècle*.
Poètes. — *Romanciers*. — *Philosophes*. 1 vol.
Sculpteurs. — *Peintres*. — *Musiciens*. 1 vol.

Las Cases (Comte de) : *Souvenirs de l'empereur Napoléon Ier*; [illegible] édition. 1 vol.
Lasteyrie (De) : *Causeries artistiques*. 1 vol.
La Vallée (J.) : *La chasse à tir en France*; [illegible] édition. 1 vol. avec 30 gravures.
— *La chasse à courre*; 4e édition. 1 vol.
Le Fèvre-Deumier : *Études biographiques et littéraires*. 1 vol.
Marchand-Gérin (E.) : *La nuit de la Toussaint*. — *Il Cantatore*. 1 vol.
Marco de Saint-Hilaire (E.) : *Anecdotes du temps de Napoléon Ier*. 1 vol.
Marmier (X.) : *En Alsace*; 2e édit. 1 vol.
— *Gazida*; fiction et réalité. 1 vol.
Ouvrage couronné par l'Académie française.
— *Hélène et Suzanne*. 1 vol.
— *Histoire d'un pauvre musicien*. 1 vol.
— *Le roman d'un héritier*; 2e édit. 1 vol.
— *Lettres sur le Nord*; 6e édit. 1 vol.
— *Mémoires d'un orphelin*; 3e édit. 1 vol.
— *Sous les sapins*. 1 vol.
— *De l'Est à l'Ouest*. 1 vol.
— *Un été au bord de la Baltique*; 2e édit.
— *Les voyages de Nils*. 1 vol.
— *Les âmes en peine*. 1 vol.
— *En pays lointains*. 1 vol.
— *Les hasards de la vie*; 2e édition. 1 vol.
— *Nouveaux récits de voyage*. 1 vol.
— *Contes populaires de différents pays*.
— *Nouvelles du Nord*. 1 vol.
— *Légendes des plantes et des oiseaux*.
— *A la maison*. 1 vol.
— *A la ville et à la campagne*. 1 vol.
— *Passé et présent*. 1 vol.
— *Voyages et littérature*. 1 vol.
— *A travers les tropiques*. 1 vol.
— *Au Nord et au Sud*. 1 vol.
Mas (De) : *La Chine et les puissances chrétiennes*. 2 vol.
Michelet (Mme) : *Mémoires d'une enfant*.
Poradowska (Mme Marguerite) : *Demoiselle Micia*. 1 vol.
— *Les filles du pope*. 1 vol.
Ouvrages couronnés par l'Académie française.
Renaud (E.) : *La perle creuse*. 1 vol.
Reybaud (Mme) : *Miss Bruck*; 2e édit. 1 vol.
— *Espagnoles et Françaises*. 1 vol.
Töpffer (R.) : *Réflexions et menus propos d'un peintre genevois*. 1 vol.
— *Nouvelles genevoises*. 1 vol.
— *Rosa et Gertrude*. 1 vol.
— *Le presbytère*. 1 vol.
Trognon (A.) : *Histoire de France*. 5 vol.
Ouvrage qui a obtenu le grand prix Gobert.
Viardot (L.) : *Souvenirs de chasse*. 1 vol.
Viennet : *Épîtres et satires*. 1 vol.
Wailly (L. de) : *Angelica Kauffmann*. 2 vol.

Coulommiers. — Imp. Paul BRODARD. — 8-96.

ROSA ET GERTRUDE

BIBLIOTHÈQUE NATIONALE
R.F.
ESTAMPES

8° Y2
18379

OUVRAGES DU MÊME AUTEUR

PUBLIÉS PAR LA LIBRAIRIE HACHETTE ET Cie

Le presbytère. 1 vol.

Nouvelles genevoises. 1 vol.

Réflexions et menus propos d'un peintre genevois, ou Essai sur le beau dans les arts.

Format in-16, broché, à 1 fr. le volume.

Coulommiers. — Imp. Paul BRODARD. — 949-96.

RODOLPHE TÖPFFER

ROSA ET GERTRUDE

BIBLIOTHÈQUE NATIONALE R.F.

PRÉCÉDÉ

DE NOTICES SUR LA VIE ET LES OUVRAGES DE L'AUTEUR

PAR

MM. SAINTE-BEUVE ET DE LA RIVE

NOUVELLE ÉDITION

PARIS
LIBRAIRIE HACHETTE ET Cie
79, BOULEVARD SAINT-GERMAIN, 79

1897

Droits de traduction et de reproduction réservés.

NOTICE

SUR

RODOLPHE TOPFFER[1].

1841.

Il est de Genève, mais il écrit en français, en français de bonne souche et de très-bonne lignée; il peut être dit un romancier de la France. On le contrefait à Paris en ce moment[2] ; petite contrefaçon à l'amiable où n'ont que faire les grandes lois de propriété littéraire qu'on médite, et auxquelles j'avoue pour ma part ne trop rien comprendre. M. Xavier de Maistre, en passant à Paris il y a deux ans, a trahi, a dénoncé M. Töpffer, qui déjà n'était pas du tout un inconnu pour ceux qui avaient fait le voyage de Suisse et qui avaient feuilleté au passage les spirituels albums humoristiques nés de son crayon. Mais c'est comme écrivain, comme romancier que nous l'a livré M. de Maistre ; aux éditeurs friands qui lui demandaient encore un *Lépreux* ou quelque *Pri-*

1. J'étais certes loin de penser, lorsque j'écrivais, il y a cinq ans, ces pages destinées à présenter le charmant conteur génevois à notre public français, qu'elles dussent sitôt servir d'introduction à ce volume qui ne paraît qu'après lui. Je les reproduis ici telles qu'on les put lire alors, et comme marquant le point de départ, le premier pas de la critique de Paris à sa rencontre. Cinq années avaient suffi pour faire de Töpffer un de nos écrivains les plus goûtés et presque les plus populaires. Je le redirai tout à l'heure en complétant ce premier article et en tâchant d'apprécier l'artiste au moment où il nous a été ravi.

2. Il s'agissait du volume intitulé *Nouvelles génevoises* (bibliothèque Charpentier). — M. Dubochet a depuis donné de nouvelles éditions avec luxe. Je laisse subsister dans ce travail les indications bibliographiques antérieures, comme pouvant être utiles aux gens du métier.

sonnier du Caucase, il répondait : « Prenez du Töpffer. » En voici donc aujourd'hui, et par échantillons de choix. Nous espérons qu'il réussira, même auprès de nos lecteurs blasés des romans du jour, ne fût-ce que comme une échappée d'une quinzaine à Chamouny.

Pour nous, à mesure que nous lisions les pages les plus heureuses de l'auteur génevois, il nous semblait retrouver, au sortir d'une vie étouffée, quelque chose de l'air vif et frais des montagnes; une douce et saine saveur nous revenait au goût, en jouissant des fruits d'un talent naturel que n'ont atteint ni l'industrie ni la vanité. Nous nous disions que c'était un exemplaire à opposer véritablement à nos œuvres d'ici, si raffinées et si infectées. Mais prenons garde! ne le disons pas trop. Publier et introduire en une littérature corrompue ces *Nouvelles génevoises*, de l'air dont Tacite a donné ses *Mores Germanorum*, ce serait les compromettre tout d'abord. Qu'on veuille donc n'y voir, si on l'aime mieux, qu'une variété au mélange, un assaisonnement de plus.

C'est une étrange situation, et à laquelle nous ne pensons guère, nous qui ne pensons volontiers qu'à nous-mêmes, que celle des écrivains qui, sans être français, écrivent en français au même titre que nous, du droit de naissance, du droit de leur nourrice et de leurs aïeux. Toute la Suisse française est dans ce cas; ancien pays roman qui s'est dégagé comme il a pu de la langue intermédiaire du moyen âge, et qui, au seizième siècle, a élevé sa voix aussi haut que nous-mêmes dans les controverses plus ou moins éloquentes d'alors. Ce petit pays, qui n'est pas un démembrement du nôtre, a tenu dès lors un rôle très-important par la parole; il a eu son français un peu à part, original, soigneusement nourri, adapté à des habitudes et à des mœurs très-fortes. Il ne l'a pas appris de nous, et nous venons lui dire désagréablement, si quelque écho parfois nous en arrive :

Votre français est mauvais; et à chaque mot, à chaque action qui diffère, nous haussons les épaules en grands seigneurs que nous nous croyons. Voilà de l'injustice; nous abusons du droit du plus fort. Des deux voisins, le plus gros écrase l'autre. Nous nous faisons le centre unique; il est vrai qu'en ceci nous le sommes devenus un peu.

Au seizième siècle, au temps de la féconde et puissante dispersion, les choses n'en étaient pas là encore. Les Calvin, les Henri Estienne, les de Bèze, les d'Aubigné, ces grands hommes éloquents que recueillait Genève et qu'elle savait si étroitement s'approprier, comptaient autant qu'aucun dans la balance. Mais le dix-septième siècle, en constituant le français de Louis XIV et de Versailles, qui était aussi pour le fond, disons-le à sa gloire, celui des halles et de la place Maubert, rejeta hors de sa sphère active et lumineuse le français de la Suisse réformée, lequel s'isola, se cantonna de plus en plus dans son bassin du Léman, et continua ou acheva de s'y fractionner. Ainsi l'idiome propre de Genève n'est pas le même que celui de Lausanne ou de Neuchâtel, et les littératures de ces petits États ne diffèrent pas moins par des traits essentiels et presque contrastés. Mais dans tous, si l'on va au fond et à la souche, on retrouve, à travers la diction, de vives traces et comme des herbes folles de la végétation libre et vaste du seizième siècle, sur lesquelles, je crois l'avoir dit ailleurs, *le rouleau* du *tapis vert* de Versailles n'a point passé. Ces restes de richesses, piquantes à retrouver sur les lieux, et qui sont comme des fleurs de plus qui les embaument, n'ont guère d'ailleurs d'application littéraire, et les écrivains du pays en profitent trop peu. Nous verrons que M. Töpffer y a beaucoup et même savamment butiné; ce qui fait (chose rare là-bas) que son style a de la fleur.

Qu'on se figure bien la difficulté pour un écrivain de la Suisse française, qui tiendrait à la fois à rester suisse et à écrire en français, comme on l'entend et comme on l'exige ici. Il faudrait, s'il est de Genève, par exemple, qu'il fît comme s'il n'en était pas, comme s'il n'était que d'une simple province ; il faudrait qu'il fût tout bonnement de la langue de Paris, en ne puisant autour de lui, et comme dans des souvenirs, que ce qu'il y trouverait de couleur locale. Mais Genève n'est pas une province, c'est bien sérieusement une patrie, une cité à mœurs particulières et vivaces ; on ne s'en détache pas aisément, et peut-être on ne le doit pas. Les racines historiques y sont profondes ; l'aspect des lieux est enchanteur ; volontiers on s'y enferme, et le Léman garde pour lui ses échos.

Combien n'y a-t-il pas eu, autour de ce Léman de Genève ou de Vaud, de jeunes cœurs poétiques dont la voix n'est pas sortie du cadre heureux, étroit pourtant, et qui, en face des doux et sublimes spectacles, au sein même du bonheur et des vertus, et tout en bénissant, se sont sentis parfois comme étouffés ! On chante, on chante pour soi, pour Dieu et pour ses frères voisins ; mais la grande patrie est absente, la grande, la vaine et futile Athènes n'en entend rien. J'ai trouvé ce sentiment-là exprimé avec bien de l'onction résignée et de la tendresse dans les strophes nées un soir au plus beau site de ces rivages et sorties d'un de ces nobles cœurs dont j'ai parlé, strophes dès longtemps publiées, qui ont fait le tour des rochers sonores et qu'on n'a pas lues ici :

Pourtant, ô ma patrie, ô terre des montagnes,
Et des lacs bleus dormant sur leur lit de gravier,
Nulle fée autrefois errant dans tes campagnes,
Nul esprit se cachant à l'angle du foyer,
Nul de ceux dont le cœur a compris ton langage,
Ou dont l'œil a percé ton voile de nuage,
Ne t'aima plus que moi, terre libre et sauvage,
Mais où ne croît pas le laurier.

J'ai vu quelques rameaux de l'arbre de la gloire,
Poussant avec vigueur leurs jets aventureux,
Se pencher, il est vrai, sur l'onde sans mémoire
De ce Léman vaudois que domine Montreux;
Mais un souffle inconnu rassemblait les tempêtes :
D'Arvel et de Jaman l'éclair rasa les crêtes,
Les lauriers tristement inclinèrent leurs têtes,
    Et le beau lac pleura sur eux [1].

Et en effet, dans ce frais bassin du Léman si couronné de splendeur par la nature, il n'y a pas telle chose que la gloire, et la plante de poésie, même venue en pleine terre, a partout besoin de ce soleil un peu factice, sans lequel son fruit mûrit, mais ne se dore pas complétement.

Pour nous en tenir à Genève toutefois, le plus considérable des trois petits États, et sous le nom duquel, dans nos à peu près d'ici, nous nous obstinons à confondre tous les autres, la difficulté, ce semble, est moindre; véritable lieu de rendez-vous et de passage européen, il y a là naturellement théâtre à célébrité. Et puis, si Genève est un petit État, c'est une grande cité, et, comme l'a dit avec orgueil l'excellent Senebier dans l'*Histoire littéraire* qu'il a écrite, c'est *une des écoles lumineuses de la terre*. Qu'on parcoure les trois volumes de cette histoire qui ne va pas au-delà de 1786 et qui néglige ainsi les dernières années si remplies du dix-huitième siècle; que de noms illustres et vénérés s'y rencontrent! Théologie, droit public, sciences, philosophie et philologie, morale, toutes ces branches sont admirablement représentées et portent des fruits comme disproportionnés à l'œil avec le peu d'apparence du tronc; c'est un poirier nain qui est, à lui seul, tout un verger. Certes, la patrie de Cramer, de Calandrini, de Burlamaqui, de Trembley, de Bonnet et de Saussure, n'a rien à envier aux plus fières patries, surtout quand

1. Dans le recueil des *Deux Voix*, par Juste et Caroline Olivier.

elle est la nourrice aussi et la mer adoptive de tant d'hommes dont le nom ne se sépare plus du sien, et quand elle a, selon le temps, Calvin pour les saints, Abauzit pour les sages. A Genève, grâce à l'esprit de cité et de famille, apparaissent et se croisent de bonne heure des dynasties, des *tribuls* de savants appliqués et honorés, les Godefroy, les le Clerc, les Pictet, dans une sorte de renommée sans dissipation, qui ne va pas jusqu'à la gloire, et qui demeure revêtue et protégée de modestie et d'ombre. Genève est le pays qui a envoyé et prêté au monde le plus d'esprits distingués, sérieux et influents : de Lolme à l'Angleterre, Lefort à la Russie, Necker à la France, Jean-Jacques à tout un siècle, et Tronchin, Étienne Dumont, et tant d'autres, en même temps qu'elle en a recueilli et fixé chez elle un grand nombre d'éminents de toutes les contrées aux divers temps. Mais, au milieu de toutes ces richesses, sur un seul point, si l'on consulte l'histoire littéraire de Genève, il y a presque disette, et dans les listes de Senebier et dans les souvenirs qui les complètent, on ne rencontre pas, Jean-Jacques à part, un seul romancier célèbre, pas un seul poëte illustre.

Les beaux arts, ou du moins les arts agréables et utiles, y furent cultivés plus heureusement. Pétitot, le célèbre peintre sur émail, paya sa belle part dans les chefs-d'œuvre du dix-septième siècle. Mais en général l'école des arts, à Genève, eut plutôt un caractère de patience, d'application et d'industrie ; l'utilité pratique ne s'en sépara point, et l'artiste serra de près l'artisan.

Une certaine légèreté d'agrément, qui est, à proprement parler, l'honneur poétique et littéraire, manqua donc à la culture génevoise ; Senebier le reconnaît lui-même et en recherche les raisons : « La plupart des écrivains génevois, profonds dans l'invention et la déduction de leurs idées, sont faibles pour le coloris et pesants dans le style; ces défauts ne naîtraient-ils pas de la gravité et de la réflexion que le sentiment de la liberté inspire, que le goût de prononcer sur les objets importants du gouvernement nourrit[1]?... » Cela me paraît venir surtout de ce qu'en écrivant, les auteurs génevois, même ceux qui ont le sentiment du style, ne se sentent pas complétement chez eux dans leur langue; la vraie mesure, le vrai niveau si mobile de cette langue, n'est pas au bord du Léman, mais au bord de la Seine; ils le savent bien, ils s'efforcent, ils se contraignent de loin pour y atteindre, et l'on s'en aperçoit. Jean-Jacques lui-même, à côté de Voltaire, sent l'effort : il y a mainte fois de l'ouvrier dans son art. Mais c'est particulièrement chez les écrivains distingués et secondaires, tels que M. Necker, que le fait devient très-sensible; ils travaillent trop leurs phrases, ils en pèsent trop les mots, c'est *trop bien*. Et puis, écoutez-les causer, ils parlent comme des livres. Quintilien rapporte de Théophraste, cet homme d'ailleurs si disert, que, comme il affectait un certain mot, une vieille d'Athènes ne balança pas à dire qu'il était étranger.

« Et à quoi reconnaissez-vous cela? demanda quelqu'un.

— En ce qu'il parle trop bien, » répondit-elle; *quod nimium attice loqueretur*.

M. Töpffer, nous le verrons, ne paraît pas s'être posé la difficulté ainsi, et c'est pour cela peut-être qu'il en a mieux triomphé; il n'a pas cherché à être français ni *attique;* il a été de son pays avec amour, avec naïveté, un peu rustiquement, cachant son art, et il s'est trouvé avoir du sel et de la saveur pour nous.

Et d'ailleurs, il faut le reconnaître, tout change; Ge-

1. Petit exemple, en passant, de cette pesanteur de diction dont il s'agit.

nève est en train de se modifier, de perdre ses vieilles mœurs et son *aparté*, plus même qu'il ne lui conviendrait. Nous aussi, nous changeons, et le centre de notre attraction semble moins précis de beaucoup et moins rigoureux. Le dix-septième siècle est dissous, une sorte de seizième siècle recommence. Chacun peut y trouver son compte et s'y gagner un apanage. Les classifications ont peine à se tenir, et les exceptions font brèche sur tous les points. Si nous avons à signaler un romancier à Genève, quoi de si étonnant? Pradier, le plus voluptueux de nos statuaires, n'en vient-il pas? Léopold Robert, le plus italien de nos peintres, est sorti de Neuchâtel.

Toujours est-il que si, sur les lieux, on considère de près, avec quelque attention, la physionomie générale et les produits beaucoup plus multipliés qu'on ne peut croire de la littérature courante, on reconnaît combien Genève, en tout ce qui est poétique, romanesque et purement *littéraire*, reste au-dessous, depuis cinquante ans, de son voisin le canton de Vaud, qui, avec bien moins d'importance et d'illustration, et sous un air de rusticité, a beaucoup plus le goût de ces sortes de choses.

M. Töpffer nous paraît à ceci une contradiction heureuse, d'autant plus heureuse que ce n'est pas un romancier simplement issu de Genève et qui se soit exercé sur des objets étrangers, mais un romancier du cru et qui a vraiment pris racine dans le sol. Étudions-le donc un peu à fond, comme nous l'avons fait une autre fois pour Mme de Charrière.

M. Rodolphe Töpffer est né à Genève le 17 février 1799, en *nonante-neuf*, comme on y dit encore; il se trouve antérieur de quelques années, par la date de sa naissance, à cette génération romantique qui, vers 1828, se remua à Genève ou à Lausanne, à laquelle appartiennent les deux poëtes Olivier de là-bas, et d'où nous sont venus ici Imbert Galloix pour y mourir, et M. Charles Didier à travers son grand tour d'Italie. Les parents de M. Töpffer, comme le nom l'indique, sont d'origine allemande, et on pourra, si l'on veut, en retrouver quelque trace dans le talent naïf et affectueux de leur fils. Pourtant Genève a cela de particulier, ce me semble, de s'assimiler très-vite et cordialement l'étranger qui s'y naturalise : c'est un petit foyer très-fort et qui opère de près sa fusion. Quant à la langue, on conçoit que l'effet de ces mélanges y reste plus sensible, et que de tous ces styles continuellement versés et déteignant l'un sur l'autre, il résulte une couche superficielle un peu neutre, précisément ce style *mixte* que nous accusons.

Mais le jeune Rodolphe Töpffer paraît avoir été d'abord comme un enfant de la pure cité de Genève et de la vieille souche. Né dans un quartier *du haut*, habitant derrière le temple Saint-Pierre, près de la prison de l'Évêché, en cette maison même, dite de la *Bourse française*, où se passe toute l'*Histoire de Jules*, il nous a décrit, dans ce touchant ouvrage, ses premières impressions, ses rêves à la fenêtre, tandis que, par-dessus le feuillage de l'acacia, il regardait les ogives du temple, la prison d'en face et la rue solitaire. Son père, encore vivant, est un peintre spirituel, estimé et connu de ceux des artistes de Paris, dont les débuts ne sont pas de trop fraîche date [1]. Cet excellent père, éclairé par l'expérience, et qui avait conquis lui-même son instruction, la voulut ménager à son fils de bonne heure, et pour cela

1. Il y a mieux, et le rapport du père au fils est plus étroit. M. Töpffer le père a été le premier peintre suisse qui soit entré, sur les traces du paysagiste de la Rive, dans la voie de la reproduction fidèle de la nature ; il a été l'interprète le plus franc et le plus fin du paysage savoyard, et a réussi à exprimer la poésie familière des noces de village, des marchés, des foires. C'est un hommage que son fils lui a rendu avec une franchise qui a aussi sa délicatesse. (*Bibliothèque universelle de Genève*, septembre 1843.)

il eut à lutter contre les goûts presque exclusifs d'artiste que dénotait le jeune enfant. Celui-ci se sentait peintre en effet, et aurait voulu en commencer l'apprentissage incontinent; le père tint bon et exigea qu'avant de s'y livrer son fils eût achevé le cours entier de ses études. Le jeune Rodolphe étudia donc, jusqu'à l'âge de dix-huit ans, mais à la façon de Jules, *en attendant*, et non sans bien des croquis entre deux bouquins, non sans de fréquentes distractions à la vitre. Les chapitres sur la flânerie qui ouvrent la *Bibliothèque de mon oncle* sont, comme il le dit agréablement, l'histoire fidèle des plus grands travaux de son adolescence : « Oui, la flânerie est chose nécessaire au moins une fois dans la vie, mais surtout à dix-huit ans au sortir des écoles.... Aussi un été entier passé dans cet état ne me paraît pas de trop dans une éducation soignée. Il est probable même qu'un seul été ne suffirait point à faire un grand homme : Socrate flâna des années; Rousseau jusqu'à quarante ans; la Fontaine toute sa vie. » Jules, j'ose le dire après ample informé, c'est exactement le jeune Rodolphe quant aux impressions, aux sentiments, et sauf les aventures.

Ses premières lectures, celles qui agirent le plus avant sur son esprit encore tendre, je les retrouverais dans ses écrits encore, en combinant avec son Jules le Charles du *Presbytère*. Ce fut Florian d'abord comme pour nous tous, Florian y compris son *Don Quichotte* édulcoré, qui déjà pourtant éveillait et égayait chez lui la pointe d'*humour*. Le *Télémaque* et Virgile lui enseignaient au même moment l'amour des paysages et le charme simple des scènes douces. L'œuvre d'Hogarth, qui lui tombait sous la main, lui déroulait l'histoire *du bon et du mauvais apprenti*, et les expressions de crime et de vertu, que ce moraliste peintre a si énergiquement burinées sur le front de ses personnages, lui causaient, dit-il, cet attrait mêlé de trouble qu'un enfant préfère à tout. Son vœu secret, dès lors, son ambition, eût été d'atteindre aussi à servir un jour le sentiment et la moralité populaires dans ce cadre parlant de la littérature en estampes. C'est Hogarth qui l'initia à se plaire à l'observation des hommes et aussi à se passionner plus tard pour Shakspeare, à qui il l'a souvent comparé, à s'éprendre enfin de Richardson, de Fielding, des grands moralistes romanciers de l'école anglaise. *Atala* eut son jour; mais il lui fut infidèle (à l'inverse de Mme de Staël et de beaucoup d'autres), dès qu'il eut connu *Paul et Virginie*. On voit déjà les instincts se dessiner : naturel, moralité, simplicité, finesse ou bonhomie humaine, plutôt qu'idéal poétique et grandeur.

Pourtant l'influence de Jean-Jacques sur lui fut immense, et, à cet âge de seize à vingt ans, elle prit dans son âme tout le caractère d'une passion. Ce ne fut pas comme *livre* seulement, mais comme *homme*, que Rousseau agit sur son jeune compatriote : le site, les mœurs, les peintures retracées et présentes contribuaient à l'illusion : « Durant deux ou trois ans, a pu écrire M. Töpffer, je n'ai guère vécu avec quelqu'un d'autre. » Entendons-nous bien, c'est avec le Rousseau de Julie, avec celui des courses de montagnes, et des cerises cueillies, et de tant d'adorables pages du début des *Confessions*, avec le Rousseau des Charmettes.

Que si l'on ajoute à cette influence, d'autant plus heureusement littéraire qu'elle y visait moins, des lectures entrecoupées de Brantôme, de Bayle [1], de Montaigne, de Rabelais, tomes épars dans l'atelier de son père et que l'enfant avaient lus et sucés au hasard sans trop comprendre, mais parfaitement captivé par les couleurs du style ou par cette naïveté que Fénelon osait bien re-

1. Le dictionnaire dans lequel Jules (*Histoire de Jules*, première partie) trouve l'histoire d'Héloïse n'est autre que celui de Bayle.

gretter, on reconnaîtra combien est véritablement et sincèrement française la filiation de M. Töpffer, et à quel point nous avons droit de la revendiquer.

Les études classiques qu'avait voulues le père étaient terminées; l'âge de la profession tant désirée était venu; la peinture allait ouvrir, développer enfin ses horizons promis devant le jeune homme qui, de tout temps, avait croqué, dessiné, imité. Il se disposait à partir prochainement pour l'Italie, lorsqu'une affection des yeux, que l'on crut d'abord passagère et qui n'a jamais cessé depuis, vint suspendre et ajourner encore une fois le rêve. Deux années de vain espoir et de tentatives pénibles suivirent; elles furent cruelles pour celui qui s'en était promis tant de joie : décidément la peinture lui échappait. C'est vers ce temps que, sous prétexte de consulter les hommes de l'art, mais en réalité plutôt pour tromper ses anxiétés par l'étude, il se rendit à Paris, n'y consulta personne, renonça tout bas et avec larmes à la vocation d'artiste, et, renouant avec les lettres, s'appliqua à devenir un instituteur éclairé. Ce séjour à Paris date de 1819 à 1820; de jour, il suivait les cours publics; il allait écouter Talma le soir. Les anciens et la littérature moderne faisaient alors l'objet de ses études. Déjà *vendu* à Shakspeare, il épousait dans son cœur ces idées littéraires nouvelles qui commençaient à poindre; au Louvre, il se rangeait secrètement pour la *Méduse* de Géricault contre le *Pygmalion* de Girodet. Cette crise un peu fiévreuse n'eut qu'un temps. De retour à Genève, sous-maître dans un pensionnat d'abord, puis à la tête d'un pensionnat de sa propre création, père de famille, finalement appelé à occuper la chaire de belles-lettres dans l'Académie, c'est du sein d'une vie heureuse et comblée, et comme unie en calme à son Léman, que se sont échappés successivement et sans prétention les écrits divers, tous anonymes, dont plus d'un nous a charmés.

A Genève, les pensionnats participent à la vie et à la moralité de la famille. Obligé par métier de rester un grand nombre d'heures chaque jour dans une classe peuplée de nombreux garçons, M. Töpffer prit l'habitude de se dédommager par la plume de ce que lui refusait le pinceau. Il ne visait pas d'abord à être auteur; maître chéri et familier de ses élèves, c'étaient d'abord de petites comédies qu'il écrivait pour leur divertissement. Chaque année, à la belle saison, se mettant à la tête de la jeune bande, il employait les vacances à les guider, le sac sur le dos, dans de longues et vigoureuses excursions pédestres à travers les divers cantons, par les hautes montagnes et jusque sur le revers italien des Alpes. Au retour, et durant les soirées d'hiver, il en écrivait pour eux des relations détaillées et illustrées. Quelques-unes des nouvelles même qu'il a publiées depuis, *le Col d'Anterne*, *la Vallée de Trient*, me paraissent rendre assez bien l'effet de *Sandfort et Merton* adultes, d'une saine et noble jeunesse ayant l'assurance modeste et la délicatesse native, comme les Morton de Walter Scott.

Le peintre cependant ne pouvait tout à fait s'abdiquer; le *trait* lui fournit jusqu'à un certain point ce qu'il avait espéré de la couleur. Aux heures de gaieté, M. Töpffer composa et dessina sous les yeux de ses élèves ces histoires folles mêlées d'un grain de sérieux (*M. Vieux-Bois*, *M. Jabot*, *le Docteur Festus*, *M. Pencil*, *M. Crépin*). Les albums grotesques coururent de main en main, et il arriva qu'un ami de l'auteur, passant à Weimar, fit voir je ne sais lequel à Goethe. Le grand prêtre de l'art, qui ne dédaignait rien d'humain, y prit goût et voulut voir les autres; tous les cahiers à la file se mirent en route pour Weimar. Goethe en dit un mot dans un numéro du journal *Kunds und Alterthum*. Il sembla dès lors à M. Töpffer que, sur ce visa du maître, les gens pourraient bien s'en accommoder, et, à son loisir, il autographia plusieurs de ces fantaisies. Les cinq qu'il a publiées [1] ont eu grand succès auprès des amateurs et connaisseurs ; je n'en pourrais donner idée à qui ne les a pas vues. Ce genre d'*humour* se traduit peu par des paroles ; la seule manière de le louer, c'est de le goûter et d'en rire.

Je ne sais qui l'a dit le premier : règle générale, la plaisanterie d'une nation ressemble à son mets ou à sa boisson favorite. Ainsi la plaisanterie de Swift est du pouding, comme celle de Teofilo Folengo est du macaroni, comme celle de Voltaire est du champagne. Celle-ci encore a droit de sembler du moka. Les Allemands pourront nommer le plat de Jean-Paul. En lisant et relisant le *Mascurat* de Naudé, il me semble plonger jusqu'au coude à l'antique fricot gaulois mêlé de fin lard, ou encore me rebuter parfois sur de trop excellents harengs saurs. J'ai donc cherché le mets local analogue à l'*humour* que M. Töpffer répand en ses autographies, et que nous retrouverons littéralement, à dose plus ménagée, dans plus d'un chapitre de ses ouvrages ; j'ai essayé de déguster en souvenir plus d'un fromage épais et fin des hautes vallées, pour me demander si ce n'était pas cela. Je cherche encore. Ce qui est bien certain, c'est que sa plaisanterie est à lui, bien à lui, *sui generis*, comme disent les doctes.

Une épigraphe commune sert de préface à ces petits drames en caricature : « Va, petit livre, et choisis ton monde ; car aux choses folles, qui ne rit pas bâille, qui ne se livre pas résiste ; qui raisonne se méprend, et qui veut rester grave en est maître. » Mais, sans vouloir raisonner, et en croyant seulement consulter notre

1. M. Aubert en a reproduit trois ici, à Paris, mais il n'en faudrait pas juger par là. — M. Dubochet a depuis publié l'*Histoire de M. Cryptogame*, digne frère cadet de MM. Vieux-Bois, Jabot, etc. (1846.)

goût d'ici, j'avouerai que je leur préfère et je n'hésite pas à recommander surtout deux relations de voyages par M. Töpffer que j'ai sous les yeux [1], les deux plus récentes courses qu'il ait faites en tête de sa joyeuse caravane, l'une de 1839, jusqu'à Milan et au lac de Côme, l'autre de 1840, à la Gemmi et dans l'Oberland. C'est un texte spirituellement, vivement illustré à chaque page, avec un mélange de grotesque et de vérité ; voilà bien de sincères impressions de voyage. La caricature ici n'est plus perpétuelle comme dans les histoires fantastiques de tout à l'heure ; elle entre et se joue avec proportion à travers les scènes de la nature et de la vie. Je ne connais rien qui rende mieux la Suisse, telle que ses enfants la visitent et l'aiment : M. Töpffer, en ces deux albums, en est comme le Robinson, avec quelques traits de Wilkie.

Mais arrivons à ses livres proprement dits ; la peinture encore en fut l'occasion première et le sujet. Il n'avait rien publié, lorsque, en 1826, il eut l'idée de dire son mot sur le *salon* de Genève, sur l'exposition de peinture. Il le fit dans une brochure écrite en style soi-disant gaulois ou très-vieilli. Les premières lectures de M. Töpffer l'avaient initié, en effet, à la langue du seizième siècle, qui est, en quelque sorte, plus voisine à Genève qu'ici même, j'ai déjà tâché de le faire comprendre. Ce goût d'enfance pour la langue d'Amyot, que Rousseau, si travaillé pourtant, avait aussi, rendit plus tard M. Töpffer très-grand admirateur du style *retrouvé* de Paul-Louis Courier, et partisan de quelques-unes de ses théories un peu fausses, mais si bien dites. Je trouve, en un chapitre de ses opuscules, Ronsard en

1. Autographiées chez Frutiger, à Genève. — Les derniers voyages de M. Töpffer ont depuis été recueillis sous le titre de *Voyages en zigzag* (chez Dubochet, 1844) en un magnifique volume illustré d'après les dessins de l'auteur lui-même, et orné de quinze grands dessins de Calame.

titre, et très-bien apprécié, qui en fait les frais[1]. Bref, M. Töpffer commença comme nous tous; il rebroussa pour mieux sauter. Son français fut d'abord peut-être un peu appris, mais appris de haut et par delà, comme il sied.

Sa première brochure sur l'exposition de 1826 avait réussi; il continua les années suivantes, en abandonnant peu à peu le trop docte jargon d'archaïsme. Peu à peu aussi, il abandonna les questions de critique occasionnelle et particulière pour aborder des points d'art plus généraux. Ce fut l'origine d'une série d'opuscules intitulés : *Réflexions et menus propos d'un peintre génevois*, qui trouvèrent place, au moins en partie, dans la *Bibliothèque universelle de Genève*. Dans cette série, il faut distinguer essentiellement les quatre premiers livres d'un *Traité du lavis à l'encre de Chine*. Qu'on ne s'effraye pas du titre technique : le lavis à l'encre de Chine n'y est que l'occasion ou le prétexte de recherches libres sur des principes d'art et de poésie. M. Xavier de Maistre, qui aime et pratique lui-même la peinture, qui en poursuit jusqu'aux procédés et à la chimie, lut, à Naples où il était alors, les premiers livres de ce traité, et il envoya en présent à l'auteur une belle plaque d'encre de Chine avec toutes sortes d'heureux témoignages. Voilà donc un second parrain qui vint à M. Töpffer après Goethe, et par la peinture également. Lorsque plus tard l'aimable auteur du *Lépreux* acheva de connaître celui dont la théorie l'avait attiré, lorsqu'il put lire ces touchantes petites productions, sœurs des siennes, la *Bibliothèque de mon oncle*, le premier chapitre du *Presbytère*, il dut voir avec bonheur combien entre certaines natures les premières affinités trompent peu, et qu'il y a des parentés devinées à distance entre les âmes.

1. Chap. XIX, IVe livre, du *Traité du lavis à l'encre de Chine*.

C'est que ces quatre premiers livres à propos de lavis sont en effet d'une lecture charmante, à la Sterne, avec plus de bonhomie, entrecoupés de digressions perpétuelles qui sont l'objet véritable et qui font encore moins théorie que tableau. Sur l'importance de bien choisir son bâton d'encre de Chine, ce compagnon, cet ami fidèle qui doit vivre autant et plus que nous, il y a, par exemple, des pages bien délicates et sensibles, dont je veux extraire ici quelque chose, d'autant plus qu'elles ne seront pas reproduites dans l'édition de Paris. Pour parler ensuite plus à l'aise de M. Töpffer, il est bon de le donner à connaître tout d'abord directement ; c'est le plus sûr moyen de faire voir que je n'en dis pas trop. Donc je transcris :

.... En effet, avec le temps, avant peu d'années, votre bâton, d'abord simple connaissance, ensuite compagnon, instrument de vos travaux, plus tard associé à tous vos souvenirs, vous deviendra cher, et insensiblement le charme d'une douce habitude liera son existence à la vôtre. Quelle triste chose alors que de découvrir tardivement dans cet ami des défauts, des imperfections, d'être conduit peut-être à rompre ces relations commencées, pour en former de nouvelles qui ne sauraient plus avoir ni l'attrait ni la fraîcheur des premières !

Franklin parle quelque part de cette affection d'habitude que l'on porte aux objets inanimés, affection qui n'est ni l'amitié ni l'amour, mais dont le siége est pourtant aussi dans le cœur. Quelques-uns disent que c'est là une branche de cette affection égoïste qui attache à un serviteur difficile à remplacer ; moi je pense que c'est un trait honorable de notre nature, lequel ne saurait s'effacer entièrement sans qu'il y ait pour l'âme quelque chose à perdre.

C'est quelque chose de bienveillant, c'est aussi une espèce d'estime. Non-seulement nous aimons l'instrument que nous manions avec plaisir, avec facilité ; mais bientôt, le comparant à d'autres, nous lui vouons quelque chose de plus, si surtout, à sa supériorité il joint de longs services. Un simple outil a, pour l'ouvrier qui s'en sert, sa jeunesse, son âge mûr, ses vieux jours, et excite en lui, selon ses phases diverses, des sentiments divers aussi. Il se plaît à la force, à la vivacité brillante qui distingue ses jeunes ans ; il jouit aux qualités qu'amène son âge mûr, aux défauts qu'il corrige ou tempère ; il estime surtout les qualités que ne lui ôte pas la vieillesse, et souvent (qui n'en a pas été le témoin ?) il le conserve par affection, même après qu'il est devenu inférieur à ses jeunes rivaux.

Si vous avez jamais voyagé à pied, n'avez-vous point senti naître en vous et croître avec les journées et les services cette affection pour le sac qui préserve vos hardes, pour le bâton, si simple soit-il, qui a aidé votre marche et soutenu vos pas ? Au milieu des étrangers, ce bâton n'est-il pas un peu votre ami ; au sein des solitudes, votre compagnie ? N'êtes-vous pas sensible aux preuves de force ou d'utilité qu'il vous donne, aux dommages successifs qui vous font prévoir sa fin prochaine, et ne vous serait-il point arrivé, au moment de vous en séparer, de le jeter sous l'ombrage caché de quelque fouillis plutôt que de l'abandonner aux outrages de la grande route ? Si vous me disiez non, non jamais... à grand regret, cher lecteur, je verrais se perdre un petit grain de cette sympathie qui m'attire vers vous [1].

Pour qui observe, il est facile de remarquer que ce trait va s'effaçant à mesure que l'on monte des classes pauvres, laborieuses, aisées, aux classes riches et qu'il s'efface entièrement au milieu du luxe et de l'oisiveté des hommes inutiles. Ai-je donc si tort de

1. Je trouve chez une humble et douce muse de l'Angleterre, chez mistress Caroline Southey, femme (?) du grand poëte de ce nom et fille elle-même de l'aimable poëte Bowles, une toute petite pièce qui me paraît compléter la pensée de M. Töpffer, et que je voudrais en passant cueillir comme une pervenche au bord du chemin.

SONNET.

Je n'ai jamais jeté la fleur
Que l'amitié m'avait donnée,
Petite fleur, même fanée,
Sans que ce fût à contre-cœur.

Je n'ai jamais contre un meilleur
Changé le meuble de l'année,
L'objet usé de la journée,
Sans en avoir presque douleur.

Je n'ai jamais qu'à faible haleine
Et d'un accent serré de peine
Laissé tomber le mot *adieu ;*

Malade du mal de la terre,
Tout bas soupirant après l'ère
Où ce mot doit mourir en Dieu.

reconnaître quelques liens mystérieux avec ce qui est bon ? de dire que c'est un trait honorable de notre nature et précieux pour l'âme ? Un sentiment qui se trouve où il y a travail, exercice, économie, médiocre aisance ; qui se perd où il y a luxe prodigue, paresse, inutile oisiveté, serait-il indifférent aux yeux de l'homme de sens ? Non ! Aussi Franklin, l'homme de sens par excellence, en faisait cas.

Au reste, si cette disposition est plus fréquente chez les classes travailleuses que chez les classes oisives, parce qu'elle est inséparable de l'emploi du temps, de l'exercice et du travail, elle est aussi bien plus générale dans les sociétés jeunes encore que chez celles qui sont arrivées aux derniers raffinements de la civilisation. Homère décrit toujours avec soin un mors, un bouclier, un char, une coupe, une armure ; il prête sans cesse à ces objets inanimés des qualités morales qui en font le prix aux yeux de leur possesseur et qui leur valent l'estime ou les affections de l'armée. Les temps de la chevalerie présentent le même caractère. Aussi Walter Scott ne néglige pas un trait si vrai et si favorable au pittoresque. Cooper lui-même, dans son roman de *la Prairie*, voulant peindre un homme des villes qui s'est volontairement reporté à la vie des bois, est fidèle à la vérité, lorsqu'il unit d'amitié le trappeur à sa carabine. Cette arme vénérable prend une physionomie, un caractère ; elle devient un personnage qui a sa bonne part dans l'intérêt que nous portons au vieux chasseur des prairies...

Puis, revenant à son bâton d'encre de Chine :

Ceci, dit-il, tient à notre vie privée ; aussi éprouvé-je quelque répugnance à en entretenir le public. Mais je ne puis résister à l'envie de faire connaître les innocentes relations qui m'unissent à lui. D'ailleurs, je serai discret.

Ces relations sont anciennes, elles datent de vingt ans ; elles me sont chères à plus d'un titre : car ce bâton, je le tiens de mon père, y compris la manière de s'en servir et la manière d'en parler. Il est rond, doré, apostillé de chinois, et d'une perfection sans pareille, si pourtant l'amitié ne m'aveugle. Un beau matin je le trouvai cassé en deux morceaux ; cela m'étonna, car il n'avait jamais fait de sottise qu'entre mes mains... Aussi n'était-ce pas une sottise : je venais de me marier.

Mais, outre ces circonstances qui me le rendent cher, que de moments délicieux nous avons coulés ensemble ! que d'heures paisibles et doucement occupées ! quelles somme de jours calmes et riants à retrancher du nombre des jours tristes, inquiets ou ingratement occupés ! Si l'on aime les lieux où l'on a goûté le bonheur ; si les arbres, les vergers, les bois, si les plus humbles objets qui furent témoins de nos heureuses années ne se revoient pas sans une tendre émotion, pourquoi refuserais-je ma reconnaissance à ce bâton, qui non-seulement fut le témoin, mais aussi l'instrument de mes plaisirs ?

Et puis quels plaisirs ! Aussi anciens que mes premiers, que mes plus informes essais ; car, ce qui les distingue de tous les autres, c'est d'être aussi vifs au premier jour qu'au dernier, de s'étendre peu, mais de ne pas décroître. Aujourd'hui encore, quand m'apprêtant à les goûter, je prends mon bâton et broie amoureusement mon encre tout en rêvant quelque pittoresque pensée, ce ne sont pas de plus aimables illusions, de plus séduisantes images, de plus flatteuses pensées qui m'enivrent, mais du moins ce sont encore les mêmes ; la fraîcheur, la vivacité, la plénitude s'y retrouvent : elles s'y retrouvent après vingt ans ! Et combien est-il de plaisirs que vingt ans n'aient pas décolorés, détruits ? l'amitié seule, peut-être, quand elle est vraie et que, semblable à un vin généreux, les années la mûrissent en l'épurant.

Durant ces vingt années d'usage régulier, ce bâton ne s'est pas raccourci de trois lignes : preuve de la finesse de sa substance, gage de la longue vie qui l'attend. Longtemps je l'ai regardé comme mon contemporain ; mais, depuis que j'ai compris combien plus le cours des ans ôte à ma vie qu'à la sienne, je l'envisage à la fois comme m'ayant précédé dans ce monde et comme devant m'y survivre. De là une pensée un peu mélancolique, non que j'envie à mon pauvre bâton ce privilége de sa nature, mais parce qu'il n'est pas donné à l'homme de voir sans regret la jeunesse en arrière et en avant le déclin [1]... »

Le chapitre qui suit, sur le *pinceau*, a beaucoup de piquant ; le caractère du pinceau, suivant M. Töpffer, c'est d'être capricieux ; il est le contraire du bâton, de l'ami solide. Il a des moments sublimes, d'autres détestables ; il emporte son maître et lui joue des tours. Méfiez-vous du pinceau.

Sur les limites du *procédé* et de l'*art* : qu'*il est bon que pour chaque homme l'art soit à recommencer* ; sur la dif-

1. IIe livre du *Traité du lavis à l'encre de Chine*.

férence fondamentale de la peinture antique et moderne; sur le clair-obscur et Rembrandt; qu'en face de la nature *les plus serviles ont été les plus grands*, et que *c'est bien ici que ceux qui s'abaissent seront élevés*, que la peinture pourtant est un mode, *non pas d'imitation*, *mais d'expression*: il y a là-dessus une suite d'instructifs et délicieux chapitres, où la pensée et le technique se balancent et s'appuient heureusement, où le goût pour la réalité et pour les Flamands ne fait tort en rien au sentiment de l'idéal, où Karel du Jardin tient tête sans crânerie à Raphaël. Tout au travers passe et repasse plus d'une fois, avec complaisance et nonchaloir, un certain âne qui sert à l'auteur de démonstration familière à ses théories, et cela le mène à venger finalement l'honnête animal, son ami, calomnié par cet autre ami la Fontaine. Ce chapitre de réhabilitation est victorieux et restera dans l'espèce[1]; mais, pour commencer, on ne peut tout citer.

En lisant ces pages pittoresques et vives, où la lumière se joue, on ne peut s'empêcher de partager les espérances de l'auteur, lorsque vers la fin, en vue de l'avenir de l'art dans ces contrées où il n'eut point de passé, on l'entend qui s'écrie: « Toutefois, Suisse, ma belle, ma chère patrie, les temps sont venus peut-être! J'en sais, de vos amants, qui vous rendent plus que le culte de l'admiration, qui étudient vos beautés, qui se pénètrent de vos grandeurs, à l'âme de qui se découvrent vos charmes méconnus. » Le brouillard dans ces vallées se lève tard; voilà qu'il semble se lever aujourd'hui. Ce sont des amants qui aimaient trop et de trop près; à force de sentir, ils ne pouvaient dire. A leur tour enfin de parler.

Dans la Suisse allemande, cela s'est passé un peu

1. Chap. VIII du IIIe livre du *Traité*.

autrement, je pense. Par la poésie au moins et par la littérature, la Suisse allemande, dès Haller et Gessner, s'est bien plus exprimée elle-même que la Suisse française ne l'a fait encore. Celle-ci a eu Rousseau, sans doute ; comment l'oublier ? Mais tout en la peignant, il l'a désertée autant qu'il a pu. Le grand historien helvétique, un des plus grands historiens modernes, le vrai peintre et comme le poëte épique des vieux âges, Jean de Müller, est de cette autre Suisse qui n'a point, entre l'Allemagne et elle, les mêmes barrières de croyances et de purisme que la Suisse française se sent à l'égard de la France. Et ici je me permettrai de blâmer M. Töpffer sur un point.

Indépendamment des articles d'art et des piquants chapitres sur le lavis, il en a fourni plusieurs autres à la *Bibliothèque universelle de Genève*, excellent recueil en beaucoup de parties et digne d'une cité qui a produit au début Jean le Clerc, le second et très-estimable journaliste à côté de Bayle. Mais trop souvent dans ces articles de M. Töpffer[1], comme dans la plupart de ceux que la *Bibliothèque universelle* publie sur la littérature, je regrette de trouver la France traitée comme une *nation* étrangère, nos écrivains à la mode pris à partie et entrechoqués, comme on le pourrait faire par delà le détroit. Cette espèce d'opposition, inutile d'abord, est surtout disgracieuse ; rien de moins propre à diminuer nos préjugés d'ici. Nous avons du purisme à l'endroit de Genève ; on y répond par du puritanisme, et notre purisme va en redoubler de dédain. Une telle polémique, morale par l'intention, mais où il entre pour le détail beaucoup d'inexactitudes, tend à prolonger un état de roideur et de secte, un système de défensive qui ne me paraît point du tout favorable à ce que je désire le plus

1. Quelques-uns ont été recueillis dans un volume de *Nouvelles et Mélanges* (Genève ; Cherbuliez, 1840).

avec M. Töpffer, l'expression libre et poétique de la Suisse par elle-même.

Assez de critique. M. Töpffer commença à peindre comme romancier dès 1822, par un charmant opuscule, *la Bibliothèque de mon oncle*, qui fait aujourd'hui le milieu de l'*Histoire de Jules*. L'année suivante, il publia la première partie du *Presbytère*[1]; après quoi il se délecta, non pas, dit-il, à faire des *suites* à ces deux parties, mais à compléter le tableau dont elles étaient pour lui un fragment. *Élisa et Widmer* ne fut même qu'une étude où il s'exerçait à trouver des tons pathétiques pour la fin du *Presbytère*. En 1834, il donna *l'Héritage*, où ces tons touchants, pour être contrariés par une veine bizarre, ne ressortent que mieux. J'indiquerai encore, dans l'intervalle de 1833 à 1840, comme ayant paru à part ou dans la *Bibliothèque universelle, la Traversée, la Peur*, et quelques petites relations de voyages, *la Vallée de Trient, le Grand Saint-Bernard, le Lac de Gers, le Col d'Anterne*[2]. De ces derniers petits récits, j'aime la vérité simple, la grâce rustique et naturelle, la belle humeur et la moquerie sans ironie. D'ordinaire, il y intervient un touriste ridicule, un Anglais gourmé, un Français entreprenant, une jeune fille charmante et qu'on protége, et qu'il faut trop tôt quitter. J'y vois une sorte de protestation modeste et de reprise en action contre les trop spirituelles impressions de voyage et les enjambées de nos grands auteurs, par quelqu'un du terroir, et qui, ayant beaucoup laissé dire, se décide à son tour à raconter. Chaque année, en effet, en de certains mois, les voyageurs fondent sur la Suisse de tous les points de l'horizon, comme des volées d'étourneaux qui s'abattent.

1. Aujourd'hui le premier des cinq livres dont se compose ce roman (*le Presbytère*, 2 vol. in-8, 1839).

2. Le tout recueilli dans le volume déjà cité, de *Nouvelles et Mélanges* (Genève, 1840).

C'est une manière de transformation civilisée des anciennes invasions barbares : il y a aussi, selon le plus ou moins de talent, les simples pillards et les conquérants. Ils sont jugés, les uns et les autres, très-justement, très-finement, par les humbles habitants ou *naturels* du lieu (comme dit George Sand), qui souffrent dans leur cœur de ces légèretés de passage, qui s'en affligent pour les objets de leur culte, et qui entre soi, après, se gaussent des railleurs. M. Töpffer répond à ce sentiment local dans ses gouaches franches sans hâblerie et sans pompe.

Chose bien singulière et petite moralité à tirer pour nous chemin faisant! nous autres Français qui, en France et chez nous, distinguons si parfaitement les Gascons et croyons leur fixer une part, une fois à l'étranger, nous faisons tous un peu l'effet de l'être.

La Peur est un récit minutieux et dramatique d'une impression d'enfance. Agé de sept ans environ, le jeune enfant se promenait en un lieu solitaire, et non loin du cimetière de la ville, avec son digne aïeul qui lui servait presque de camarade, comme c'est la coutume des excellents grands-pères, depuis le bonhomme Laërte jusqu'à grand-papa Guérin[1]. Mais, au milieu des jeux folâtres et au sortir du bain qu'il prend en s'ébattant dans une petite anse, voilà tout d'un coup qu'à la vue d'un débris, ou, pour parler net, d'une carcasse de cheval étendue sur le sable, l'idée obscure de la mort se pose à lui pour la première fois ; un vague frisson l'a saisi pour tout le reste du jour. L'année suivante, son aïeul meurt, et l'enfant, qui suit le convoi sans trop savoir, se retrouve

1. Le vieil et célèbre avocat Loisel, retiré à Chevilly, près Villejuif, tout à la fin de ses jours, et n'y ayant pour compagnie que son petit-fils, a fait ce distique charmant :

Quis Civiliaca lateat si quæris eremo :
Laertesque senex, Telemachusque puer.

tout ému aux mêmes lieux. Quelques années après encore, vers l'âge de douze ans, sorti de la ville au hasard, sous l'impression d'un chagrin violent et un peu burlesque, d'un précoce dépit amoureux, il se retrouve le soir, seul, dans le même endroit de mystère. Il oublie l'heure, les portes de la ville se ferment, et il est obligé de passer la nuit entière en proie aux terreurs. C'est la description de cette crise, dans toutes ses péripéties, que l'auteur a retracée avec un naturel parfait et comme minute par minute : joli tableau malicieux qui semble pointillé par la plume de Charles Lamb, ou sorti du pinceau d'un peintre flamand.

La Traversée rentre dans la donnée d'*Ourika* ou du *Lépreux*, c'est-à-dire dans le roman *par infirmité*. Il s'agit d'un jeune bossu qui a des instincts chevaleresques, des velléités oratoires, qui a surtout des besoins de tendresse et qui souffre de ne pouvoir se faire aimer. Toute la première partie de l'histoire est aussi vraie que touchante et délicate ; je hasarderai une seule critique sur la fin. Le petit bossu, dans une traversée qu'il fait aux États-Unis d'Amérique, parvient à se faire remarquer par ses soins auprès d'un passager malade et de sa jeune femme qui va devenir veuve. Arrivé à terre, il continue de les assister. La femme reste sans protecteur ; il l'épouse, il devient père, il est heureux. Il écrit à son ami de Suisse, confident de ses anciennes douleurs : « Envoyez-moi donc vos bossus, nous leur trouverons femmes.... » Ceci me choque. Ce jeune homme, même guéri de ses regrets, même heureux, ne devrait jamais, ce me semble, plaisanter de la sorte. Il a l'âme fière, chevaleresque. Or, les âmes fières, on l'a justement remarqué, aiment encore moins l'amour et son bonheur pour ce qu'elles y trouvent que pour ce qu'elles y portent, et l'infirmité inévitable qu'il y porte, et qui l'a humilié si longtemps, devrait lui coûter à rappeler, à nommer, à moins pourtant qu'il ne soit devenu tout à fait *Américain*, ce qui est très-possible, mais qui n'en serait pas plus aimable.

On ne saurait croire, hors de Paris, combien nous sommes sensibles, au delà de tout, aux plus légers manques de *distinction* à l'extrême surface, et c'est aussi la seule raison (si raison il y a) qui m'empêchera d'oser considérer comme chef-d'œuvre *l'Héritage*, dont l'idée est très-heureuse et l'exécution souvent fine et toujours franche. Un jeune homme de vingt ans, orphelin, destiné à une immense fortune que lui assure un oncle son parrain, s'ennuie et bâille tout le jour. Il se croit malade par manie, il se fait élégant faute de mieux; sa jeunesse se va perdre dans les futilités, et son âme s'y dessécher, lorsqu'une nuit, allant au bal du Casino, un incendie, qu'il admire d'abord comme pittoresque, le prend au collet sérieusement; il est obligé de faire la chaîne avec ses gants blancs. Il s'irrite d'abord, puis la nouveauté de l'émotion le saisit; le dévouement et la fraternité de ces braves gens du peuple lui gagnent le cœur : il a retrouvé la veine humaine, et son égoïsme factice s'évapore. Une jeune fille qu'il aperçoit, saisie elle-même par la chaîne, et qu'il reconduit ensuite avec une modestie discrète, achève la guérison. Le voilà amoureux d'une inconnue distinguée et pauvre. Son oncle, qui l'apprend, et qui avait sur lui d'autres projets, l'en plaisante comme d'une fredaine; puis, le trouvant sérieux, il se fâche et finalement le déshérite. Lui, tout allégé, épouse la jeune fille et trouve le bonheur. On conçoit le charme et le profond de l'idée; mais, dans toute la première partie, le jeune homme, qui est un élégant de là-bas, ne nous paraîtra pas tout à fait tel ici. C'est une affaire d'étiquette et de tailleur peut-être, affaire des plus importantes toutefois pour notre superbe délicatesse. Ce jeune homme parle beaucoup trop de ses *instruments de barbe* (est-ce qu'on se fait la barbe encore?), de son *savon perfectionné*, de son *cure-dent* surtout et de la *côtelette* qu'il mange. Ce sont des riens; ils font tache pour nous, sans qu'il y ait guère de la faute de l'auteur, qui n'était pas tenu de deviner nos entre-sols de *lions* à la mode, quand il ne peignait qu'un *mirliflor* du quartier.

N'est-ce pas à propos de *l'Héritage* encore, et comme venant aggraver ces élégances qui *retardent*, qu'il m'est permis de noter grammaticalement plusieurs locutions particulières qui se reproduisent assez souvent dans les pages de M. Töpffer, et qui semblent appartenir à notre vieille langue surannée? *Je leur bâille contre*, pour *je leur bâille au nez*. Et en parlant au valet qui annonce à contre-temps l'oncle parrain : « Imbécile! j'étais sûr que *tu me le pousserais dessus*. » Molière, dans la scène II du *Mariage forcé*, fait dire à Sganarelle, que Géronimo salue chapeau bas : « *Mettez donc dessus*, s'il vous plaît; » ce qui signifie : *Couvrez-vous*. Dans l'idiome du canton de Vaud, on dit encore vulgairement *je me suis pensé*, pour *j'ai pensé*; ainsi dans *les Contes et les nouvelles Récréations* attribués à Bonaventure Despériers, à la nouvelle LXV du tome II, on lit : « Ce régent *se pensa bien* que, pour aller vers une telle dame, il ne falloit pas estre despourveu.... » Toutes les locutions singulières du patois génevois ou vaudois sont loin sans doute de pouvoir ainsi s'autoriser par d'authentiques exemples. M. Töpffer le sait bien, et en général il fait choix; en vrai disciple de Paul-Louis Courier, il ne va pas toujours aussi couramment qu'il en a l'air. Tous ces mots du cru, ces locutions jusque-là éparses chez lui un peu au hasard, se sont même élevés à l'art véritablement, sous sa plume, dans quelques lettres de *Champin*, l'un des personnages du *Presbytère*. « On y peut voir, dit-il excellemment, ce qu'est notre idiome local parlé dans toute sa nationale pureté, et juger de la difficulté qu'on doit éprouver à se dépouiller, pour écrire purement, de cette multitude d'idiotismes dont les uns, inusités dans la langue française actuelle, n'en sont pas moins de souche très-française, dont les autres voilent sous une figure expressive le vice de leur origine, dont tous ont pour nos oreilles le caractère du naturel et le charme de l'accoutumance. » Quant à nous, pour qui cette *accoutumance* n'existe pas, quelque chose pourtant du charme se retrouve. Est-ce donc le pur caprice d'un palais blasé? Ce que je puis dire, c'est que ces idiotismes, ménagés et bien pétris dans un style simple, me font l'effet d'un pain bis qui sent la noix.

Les idiotismes s'en vont, on est trop heureux de les ressaisir; on l'est surtout de les retrouver autour de soi sans trop d'effort, et de n'avoir qu'à puiser. Ç'a été la situation de M. Töpffer. Et quel moment mieux choisi, si on l'avait choisi, pour oser toutes les expériences de couleur et de poésie dans le langage? Je conçois en d'autres temps du scrupule et la nécessité pour l'auteur de se tenir avant tout et de n'opérer qu'avec nuance dans le cercle régulier dessiné; mais aujourd'hui, qu'est-ce? le public d'élite et le cercle, où sont-ils? Je ne vois que des individus épars, une écume de toutes parts bouillonnante, et quelquefois très-brillante en se brisant, qu'on appelle *langue*, et des pirates intitulés *littérateurs* qui font la course. Sauve qui peut dans ce désarroi et butine qui ose! C'est le cas pour chacun d'aller son grand ou petit train intrépide : c'est le cas comme pour Montaigne, à la fin du seizième siècle. Laissons faire les petits Montaignes.

L'*Histoire de Jules* [1] n'est pas plus à analyser que le *Voyage autour de ma chambre;* elle se divise en trois parties dont le seul inconvénient est d'avoir l'air de re-

1. Un vol. in-8, Genève 1838.

commencer trois fois; mais on y consent volontiers à cause de la simplicité extrême. Les moments d'ailleurs sont différents. Dans le premier livre, intitulé *les Deux Prisonniers*, Jules est un écolier enfant, un adolescent à peine; il aime déjà Lucy. Dans le second moment, qui s'intitule *la Bibliothèque de mon oncle*, c'est de la jeune juive, si docte et si belle, qu'il est épris mystérieusement; elle meurt. Dans la troisième partie nommée du nom d'*Henriette*, et où Lucy mariée reparaît agréablement, le jeune homme a grandi, il est artiste et homme : la question sérieuse et moins fleurie aboutit à l'union durable.

Ce sont, on le voit, comme chez Nodier, des souvenirs *romancés* de jeunesse, mais moins *romancés* et avec moins d'habileté. Une certaine lenteur de ton qui se confond ici dans la grâce décente, l'honnêteté du cœur intacte avec la malice enjouée de l'esprit, la nature prise à point, respirent dans ces pages aimables : le sens moral qui en ressort tendrait à tuer surtout le grand ennemi en nous, c'est-à-dire la vanité. Dès le début, on voit l'écolier Jules se moquer en espiègle de son précepteur, M. Ratin, lequel a sur le nez une certaine verrue très-singulière ; cette verrue nous est racontée au long et décrite avec ses poils follets, ainsi que la lutte fréquente du bon pédant avec la mouche mauvaise qui s'obstine à s'y poser. De là le fou rire de l'écolier, de là les sorties de M. Ratin à tout propos contre le fou rire et contre les immoralités qu'il engendre. « Réfléchissant depuis à cette verrue, dit notre historien, je me suis imaginé que tous les gens susceptibles ont ainsi quelque infirmité physique ou morale, quelque verrue occulte ou visible, qui les prédispose à se croire moqués de leur prochain. » Chez quelques-uns, par une variété de la maladie, au lieu de se croire moquée, la verrue se flatte d'être admirée, elle se rengorge. C'est une infirmité dans les deux sens que M. Töpffer appelle, pour abréger *le bour-*

geon, le faible de vanité d'un chacun ; il déduit très-bien cela. Il y voit avec raison le germe de bien des travers et de bien des maux; *être et paraître;* c'est à l'écraser et à l'extirper, ce besoin de faire effet, qu'il croit que consiste le plus fort de la morale : Chose singulière! au delà de certaines limites, l'effort tourne contre vous, en voulant extirper le bourgeon, c'est un bourgeon que vous reformez à côté; vous dites : « Je puis me flatter « que je n'ai plus de vanité, » et ceci même est une vanité. Aussi, ajoute-t-il, ne pouvant tout faire, j'ai pourvu au plus pressé. Je lui laisse pour amusette mes tableaux, mes livres, en lui interdisant toutefois les préfaces, bien qu'il m'en conseille à chaque fois; mais il est de plus sérieuses choses que j'ai mises à l'abri de ses atteintes : ce sont mes amitiés d'abord.... » Ensuite ce sont ses plaisirs, ses jouissances saines d'homme naturel, d'artiste, le dîner du dimanche sous la treille, le coudoiement du peuple, la source perpétuelle de l'observation vive. « Sous ces feuillages je retrouvais, dit-il, les jeux charmants de l'ombre et de la lumière, des groupes animés, pittoresques, et cette figure humaine où se peignent sous mille traits de joie, l'ivresse, la paix, les longs soucis, l'enfantine gaieté ou la pudique réserve. » Jean-Jacques sentait de même, pauvre grand homme tant dévoré du bourgeon! L'auteur de *Jules* pratique à la Jean-Jacques et à moins de frais la nature et la foule; il y recueille, chemin faisant, une quantité de petits tableaux qu'il nous rend au vif, et qui ont la transparence d'un Teniers ou d'un Ostade. En voulez-vous un échantillon? « A droite, c'est la fontaine où tiennent cour autour de l'eau bleue servantes, mitrons, valets, commères. On s'y dit douceurs au murmure de la seille qui s'emplit.... » Rien que ces quelques mots ainsi jetés, familiers et envieillis, n'est-ce pas déjà harmonie et couleur.

Mais le véritable chef-d'œuvre de M. Töpffer, et que j'ai exprès réservé jusqu'ici, me paraît être le premier livre du *Presbytère*. Je dis le premier livre uniquement, parce qu'il a d'abord été publié à part, parce qu'il fait un tout complet, parce qu'il ne nous donne du sujet que la fleur, et que c'est précisément cette *fleur* qui était en question et que l'on contestait à la littérature de Genève. Les livres suivants ont grand mérite encore et intérêt, comme nous le devons dire ; mais on s'y enfonce dans le terroir, et ce n'est pas notre affaire, à nous lecteurs toujours pressés et légers.

Genève et la Suisse sont la partie moderne de l'idylle ; au pied des grands monts, dans ces petits jardins un peu pomponnés, on l'y pratique journellement, et cela même était une raison peut-être pour qu'on n'en écrivît point de distingués. Ce qu'on est en train de pratiquer et de *vivre*, on ne l'idéalise guère. Il faut être un peu à distance de son modèle pour le peindre. C'est toujours l'histoire de ces amants qui aiment trop pour pouvoir dire. Quoi qu'il en soit, voilà une idylle véritable, née du pays, fille du Salève, et digne de se placer modestement à la suite de toutes celles qui ont fleuri depuis *Nausicaa*, la première de toutes et la plus divine, jusqu'à *Hermann et Dorothée*.

Charles est auprès d'une mare, à midi, couché, à contempler trois graves personnages paisibles, trois canards endormis et bien heureux. Un malin désir le prend, il lance une pierre dans la mare et réveille du coup les trois heureux troublés. Lui-même, dans sa vie, il va éprouver quelque chose de semblable. Charles rêve, il rêve beaucoup plus depuis quelque temps ; il aime Louise, la fille du chantre, et, s'il en croit de chers indices, une main donnée et oubliée dans la sienne à une certaine descente de montagne, Louise tout bas le lui rend. Mais le chantre est un homme dur, sévère, impitoyable. Un mot de lui, jeté en un moment de colère, a cruellement appris à Charles qu'il est un *enfant trouvé*. Le pauvre enfant ne s'en était pas douté jusque-là, tant M. Prévère, le digne pasteur, avait été pour lui un bon père. Enfant trouvé, peut-il donc prétendre à la main de Louise? C'est ce jour même où Charles rêve près de la mare, et où il vient de troubler les canards avec sa pierre, c'est ce jour-là que l'orage va éclater. M. Prévère paraît à la fenêtre de la cure d'un air pensif; il a résolu d'éloigner Charles pour quelques années, de l'envoyer à la ville chez un ami près de qui le jeune homme pourra continuer ses études et se préparer, si Dieu le permet, aux fonctions du ministère. Avant qu'il ait appelé Charles pour lui signifier le départ, celui-ci, qui semble avoir le pressentiment de quelque explication, s'est dérobé de dessous les yeux de M. Prévère, à la suite de son autre ami le bon chien Dourack, arrivé là tout à propos. En s'approchant du mur qui soutient la terrasse de la cure, à quelques pas de la mare, sous un creux de buisson, il aperçoit le chantre en personne, faisant la sieste et tout au long étendu. Une lettre à demi ployée sort de sa poche; Charles l'a remarquée : une lettre!... De qui cette lettre? Lui-même il a, depuis six mois, ses poches remplies de lettres qu'il écrit sans cesse et qu'il relit solitaire, sans jamais oser les remettre. Si Louise avait écrit, si le chantre avait parlé à M. Prévère, si l'air pensif de M. Prévère se rattachait à cela?... la curiosité le saisit. Il s'approche du chantre endormi et dont le somme tire à sa fin, il rampe autour de lui, il lit déjà : c'est bien de Louise. Mais qu'est-ce? il est saisi tout d'un coup par un mouvement imprévu, par un *tressaut* [1] du dormeur; il est sous lui et ne peut plus s'échapper. Dou-

1. *Tressaut*, comme on dit *soubresaut*, *sursaut*, mot excellent et de vieille souche, que *tressaillement* ne supplée pas.

rack s'en mêle : réveil complet et grande colère du chantre. Bref, il est décidé, après un entretien à la promenade avec M. Prévère, que Charles partira le soir même pour Genève, et qu'il quittera pour longtemps la cure, pour toujours Louise et ses espérances. Mais de nuit, déjà en route, il revient sur ses pas ; il veut revoir les lieux encore, épier les derniers bruits du logis, la lumière de Louise s'éloignant. Presque surpris une seconde fois par le chantre soupçonneux qui rôde, il n'a que le temps de se réfugier dans l'église ; il s'y laisse enfermer, y passe la nuit, et, accablé de fatigue et d'émotions, s'y endort profondément. Le lendemain, au réveil, c'était dimanche, la foule va venir, il n'est pas l'heure de s'esquiver. Par bonheur l'orgue (Charles s'en ressouvient à temps) est en réparation et ne doit pas jouer ce jour-là ; il s'y cache. La prière commence ; M. Prévère ouvre la Bible et y lit ces mots comme texte du discours qu'il va prêcher : *Quiconque reçoit ce petit enfant en mon nom me reçoit.* En effet, le bruit s'était répandu par la paroisse du refus du chantre, du départ de Charles ; on plaignait l'un, mais on approuvait l'autre. Le cœur de M. Prévère s'en est brisé et il s'échappe devant tous en de chrétiennes plaintes. Éloquent et miséricordieux sermon durant lequel Louise, avant la fin, est obligée de sortir, qui fait fondre en pleurs tout l'auditoire, et amollit le chantre lui-même et sa dure nature ! Trois jours après, à Genève, Charles, qui s'y est rendu en sortant de sa niche dès qu'il a pu, reçoit du chantre une lettre qu'il faut lire en son idiome natif, et, jointe à la lettre, la montre de famille, gage des fiançailles.

On entrevoit assez sur cette simple esquisse tout un cadre ouvert à une attrayante vérité. Est-il besoin, pour la confirmer, de dire que le fond de ce naturel tableau procède de souvenirs qui appartiennent à la première enfance de l'auteur ? La cure, c'est le village de Satigny ;

l'original de M. Prévère, du pasteur comme se l'est peint la tendre imagination de l'enfant, a réellement existé : il existe encore ; c'est, m'assure-t-on, M. Cellérier, aujourd'hui courbé sous les ans et les travaux, le père du recteur actuel de l'Académie, et dont les sermons, plusieurs fois réimprimés, sont bien connus des protestants. Toutefois l'admirable discours de M. Prévère paraît avoir été plutôt inspiré de la manière de Réguis, éloquence simple et mâle et qui rappelle la belle école française [1]. L'exécution générale du style, dans ce que j'appelle l'idylle, reste à la fois naturelle et neuve, pleine de particularités et d'accidents, riche d'accent et de couleur : c'est un style *dru*, il sent son paysage. Les quelques taches de diction qu'on y peut surprendre seraient aussi aisées à enlever que des grains de poussière sur le feuillage verdoyant qui entoure la mare.

Les livres suivants du *Presbytère*, qui, à cause de leur spécialité et de leur dimension, ne sauraient s'adresser au gros des lecteurs d'ici [2], ne gardent pas moins, pour nous autres critiques, un intérêt prolongé et un mérite d'art auquel M. Töpffer ne s'était jamais élevé jusque-là. Charles, une fois à Genève, placé dans la maison de M. le pasteur Dervey, où il poursuit ses études, correspond avec Louise, avec M. Prévère, avec le chantre

1. Réguis, curé dans le diocèse d'Auxerre et ensuite dans celui de Gap, à une époque peu éloignée de la révolution française. Son nom manque dans toutes nos biographies ; il n'est connu que des protestants. Pour l'énergie et l'onction, il a des parties du grand orateur chrétien. On a réimprimé ses discours en deux volumes (in-8, Genève, 1829), sous le titre de *la Voix du Pasteur* ; mais, pour les mieux accommoder à l'édification des fidèles réformés, on en a souvent modifié le texte.

2. Nous étions trop timide, et nous ne présumions pas assez du goût émancipé des lecteurs français : M. Dubochet a depuis publié une édition complète du *Presbytère*, revue par l'auteur, et elle a réussi.

Reybaz. Ceux-ci lui répondent; les lettres de Louise surtout sont fort jolies et d'une piquante finesse. Un certain Champin, portier de la maison où demeure Charles, renoue avec Reybaz qu'il a connu autrefois, et devient bientôt le mauvais génie du roman. Ce Champin est une figure toute locale, comme qui dirait un ancien *jacobin* de Genève; moyennant les lettres qu'il lui prête, l'auteur a cherché à représenter le vieil idiome populaire de la cité et de la rue dans tout son caractère, tandis que par les lettres de Reybaz, il a voulu exprimer la langue des anciens de village, dans les cantons retirés où se conserve un français plus vieilli que celui des villes et plus coloré quelquefois. « Ce serait, dit-il de cette dernière, ma langue naturelle, si on se choisissait sa langue. » Sous cette histoire développée des deux fiancés, il y a donc une étude approfondie de style, si je l'osais dire, tout comme dans les *Fiancés* de Manzoni, auquel l'auteur a dû plus d'une fois penser; mais c'est le style génevois, tant municipal que rural, qui s'y trouve expressément reproduit dans toutes ses nuances, et cela circonscrit le succès. Il me semble pourtant, dût la proposition d'abord étonner un peu, que, maintenant que l'Académie française entreprend un Dictionnaire *historique* de la langue, ce dépôt de vieux parler cantonal rassemblé dans le *Presbytère*, pourrait devenir un des fonds à consulter; on en tirerait à coup sûr des remarques utiles sur la fortune et les aventures de certains mots. Parmi les observations plus ou moins sérieuses que Charles transmet à Louise à travers l'effusion de ses sentiments, il en est qui touchent à des personnages historiques, célèbres dans le pays; je noterai le dîner chez M. Étienne Dumont (lettre LIX). L'intégrité de vénération qui s'attache encore aux hommes méritants de ces contrées et qui lie les générations les unes aux autres s'y peint avec de bien profondes et pures couleurs. En lisant ces pages véridiques et me souvenant des objets, je comparais involontairement avec nous. Cela, me disais-je, ne peut se passer, se maintenir de la sorte que dans un ordre de société où cette rapidité dévorante ou futile, cette banalité qu'on appelle la mode ou la gloire, n'a pas flétri et usé les vertus. Ici, aussitôt parvenu à de certaines positions, on fait trop vite le tour de l'espèce; on la connait trop par tous ses vilains côtés; on ne croit plus en elle, à moins d'avoir un fonds incurable d'illusion ou une intrépidité voulue d'optimisme. La plupart des hommes célèbres en *France*, s'ils n'y prennent garde, meurent au moral, dans un véritable état de dilapidation, j'allais dire pis. Là-bas, les choses ont gardé leur proportion encore; les bons côtés ne sont pas trop entamés; la discrétion, le respect de soi-même et des autres, une certaine lenteur à vivre, subsistent et conservent. On peut s'y croire à l'étroit par moments, et trouver que le théâtre ne suffit pas; mais combien cette impression de gêne et à la fois de ressort est préférable à la lassitude des âmes qui sentent qu'elles ne suffisent pas elles-mêmes à leur théâtre et qu'elles s'y dissipent à tous les vents!

J'avais pensé à détacher et à citer encore, pour finir, deux lettres du *Presbytère*, à mon gré délicieuses (VIII et IX), l'une de Charles, l'autre de Louise. Ils se racontent leurs impressions, chacun de leur côté, durant un orage. « Que fait Louise à la cure dans ce moment même et sous ces nuages de grêle qui s'amassent? » se demandait Charles, une après-midi, accoudé à la fenêtre; et il s'amuse à le supposer et à le décrire. Louise, en réponse, lui raconte ce qu'elle faisait réellement, et où l'orage les a surpris. Différence et concordance gracieuse! Charles, en devinant, s'est trompé, mais de peu; il s'est trompé sur les incidents, non pas sur les sentiments. Puis l'impression de sourire tourne bientôt au sérieux, lorsque, dans une prochaine lettre du chantre, on voit que cet orage, qui n'a servi qu'à nourrir la rêverie des amants, a haché les grains, foudroyé un clocher, tué peut-être un sonneur; on est ramené au côté prosaïque de la vie. Mais je ne fais qu'indiquer ces passages, tout charmants qu'ils sont, pour ne pas tomber moi-même dans l'inconvénient de prolonger. Je renvoie aussi au livre pour le dénoûment final de l'histoire, lequel est trop triste et, à partir d'un certain moment, trop prévu.

En achevant cette lecture d'un auteur chez qui la littérature est née tout entière des habitudes morales et du foyer de la vie, est-ce une conclusion purement critique que je suis tenté d'y rattacher? Irai-je représenter à M. Töpffer qu'ayant une fois atteint à l'art, il faut tâcher désormais de s'y tenir; que l'inconvénient et la pente pour tout artiste, en avançant, est de se lâcher, surtout quand on manque d'une scène, d'un public sans cesse éveillé et jaloux : qu'il n'est déjà plus dans ce cas lui-même, et que, sans trop retrancher à ses plaisirs, il doit songer pourtant qu'il a contribué aux nôtres et que l'œil est sur lui? Oh! non pas; je laisse au *bourgeon*, comme il l'appelle, le soin de lui dire toutes ces choses, de lui en suggérer beaucoup d'autres; et bien plutôt, pour mon propre compte, je revois en idée les lieux, les deux coins de terre tranquilles qui se peignent dans ses écrits; il reste, à qui une fois les a bien connus, un regret de n'y pas toujours vivre. On se demande ce qui y manquerait en effet, à portée de l'amitié discrète, au sein de l'étude suivie, en face de la nature variée et permanente. Il y manquerait bien sans doute de certains petits coins de faubourg qu'on peut croire, sans flatterie, les plus polis et les mieux éclairés du monde. Mais quoi? dans cette vie, y aurait-il lieu vraiment à la moindre rouille pour l'esprit, pour le goût? Serait-ce jamais le cas au mot de Cicéron du fond de sa Cilicie : *Urbem, Urbem, mi Rufe, cole, et in ista luce vive?* Un peu d'accent peut-être, à la longue, à la fin, marquerait la parole, un peu d'accent tout au plus, et que nul n'apercevrait. Et qu'importe, si on avait le fond, si on était heureux et sage, si les dissipations de l'âme s'amortissaient? Et je me rappelais ces vers sentis qu'une muse du *Léman*[1] adressait au noble poëte Mickiewicz, lorsque hier la France le disputait à l'humble canton qui n'avait pas désespéré de le garder :

Dans nos vergers tout devient rêverie,
Vague bonheur que l'on garde à genoux,
Frais souvenir, souci de bergerie,
Clos d'une haie ainsi que la prairie ;
Plaisirs du cœur que le cœur seul varie...
Consolez-vous !

Il a été fort question d'idylle en tout ceci : nous ne pouvions mieux la clore.

1. Mme Caroline Olivier.

15 mars 1844.

Cinq ans à peine s'étaient écoulés, et, dans le *Journal des Débats* du 13 juin 1846, nous avions à écrire les lignes suivantes :

« M. Rodolphe Töpffer, ce romancier sensible et spirituel, ce dessinateur plein de naturel et d'originalité, dont les *Nouvelles* et les *Voyages* avaient obtenu, dans ces dernières années, tant de succès parmi nous, vient de mourir à Genève, après une longue et cruelle maladie, le 8 juin, à l'âge de quarante-sept ans..... » Et, après quelques détails biographiques rapides, nous ajoutions : « Pendant assez longtemps le nom de M. Töpffer et sa vogue n'avaient pas franchi le bassin de son cher Léman ; son ambition, vivant de la vie domestique, dirigeant une institution qui ne faisait qu'élargir pour lui le cercle de la famille, il ne voyait dans ses écrits, comme dans ses croquis, que des jeux et des délassements avec lesquels il se contentait de charmer ou d'amuser ce qui l'entourait. Pourtant sa réputation s'était étendue insensiblement; les belles éditions qu'avait données ici M. Dubochet, et pour lesquelles l'éditeur s'était procuré le concours d'habiles artistes et particulièrement de l'excellent paysagiste génevois Calame, avait nationalisé en France le nom de l'auteur. M. Töpffer, sans rien changer à sa vie modeste, avait fini par percer, par obtenir son rang, et il jouissait avec douceur des suffrages de cette estime publique qui, même de loin, ne séparait pas en lui l'homme de l'artiste et de l'écrivain. C'est à ce moment de satisfaction légitime et de plénitude, comme il arrive trop souvent, que sa destinée est venue se rompre : une maladie cruelle a, durant des mois, épuisé ses forces et usé son organisation avant l'heure, mais sans altérer en rien la sérénité de ses pensées et la vivacité de ses affections. La douleur profonde qu'il laisse à ses amis de Genève sera ressentie ici de tous ceux qui l'ont connu, et elle trouvera accès et sympathie auprès de ces lecteurs nombreux en qui elle a éveillé si souvent un sourire à la fois et une larme. »

Mais c'est trop peu dire, et ceux qui l'ont lu, qui l'ont suivi tant de fois dans ces excursions alpestres dont il savait si bien rendre la saine allégresse et l'âpre fraîcheur, ceux qui le suivront encore avec un intérêt ému dans les productions dernières où se jouait jusqu'au sein de la mort son talent de plus en plus mûr et fécond, ont droit à quelques particularités intimes sur l'écrivain ami et sur l'homme excellent. L'exemple d'une telle destinée d'artiste est d'ailleurs trop rare, et, malgré la terminaison précoce, trop enviable en effet, pour qu'on n'y insiste pas un peu. Avoir vécu, dès l'enfance et durant la jeunesse, de la vie de famille, de la vie de devoir, de la vie naturelle; avoir eu des années pénibles et contrariées sans doute comme il en est dans toute existence humaine, mais avoir souffert sans les irritations factices et les sèches amertumes; puis s'être assis de bonne heure dans la félicité domestique à côté d'une compagne qui ne vous quittera plus et qui partagera même vos courses hardies et vos généreux plaisirs à travers l'immense nature; ne pas se douter qu'on est artiste, ou du moins se résigner en se disant qu'on ne peut pas l'être, qu'on ne l'est plus; mais le soir, et les devoirs remplis, dans le cercle du foyer, entouré d'enfants et d'écoliers joyeux, laisser aller son crayon comme au hasard, au gré de l'observation du moment et du souvenir; les amuser tous, s'amuser avec eux; se sentir l'esprit toujours dispos, toujours en verve; lancer mille saillies originales comme d'une source perpétuelle; n'avoir jamais besoin de solitude pour s'appliquer à cette chose qu'on appelle un art; et, après des années ainsi passées, apprendre un matin que ces cahiers échappés de vos mains et qu'on croyait perdus sont allés réjouir la vieillesse de Goëthe, qu'il en réclame d'autres de vous, et qu'aussi, en lisant quelques-unes de vos pages, l'humble Xavier de Maistre se fait votre parrain et vous désigne pour son héritier : voilà quelle fut la première, la plus grande moitié de l'existence de Töpffer. La seconde moitié n'est pas moins heureuse ni moins simple : quand la célébrité fut venue, il resta le même; rien ne fut changé à ses habitudes, à ses pensées. Si l'étude réfléchie s'y mêla un peu plus peut-être, s'il surveilla un peu plus du coin de l'œil ce qui avait d'abord ressemblé à de pures distractions, on ne s'en aperçut pas auprès de lui. Il demeura l'homme du foyer, de l'institution domestique, le maître et l'ami de ses élèves. On me dit, à propos de ces élèves, qu'ils ne voulaient jamais aller en vacances, tant il les attachait et les captivait par cette éducation vive, libre, naturelle, pourtant solide, sans mollesse ni gâterie. Ce merveilleux talent d'artiste ne se réservait en rien pour le public, et il continuait de se dépenser *en nature* autour de lui. Lui, de son côté, il y trouvait son compte en expérience continuelle, en observation naïve. Quand on est moraliste et qu'on n'observe que des hommes faits, on court risque de tourner au la Rochefoucauld et au la Bruyère; si le regard se porte au contraire sur une jeunesse honnête et chaque jour renouvelée, on garde la fraîcheur du cœur jusque dans la connaissance du fond, la consolation dans les mécomptes, une vue plus juste de la nature morale dans ses ressources et dans son ensemble. Je ne sais qui a dit que l'expérience, dans certains esprits, ressemble à l'eau amassée d'une citerne : elle ne tarde pas à se corrompre. Pour Töpffer, l'expérience ressemblait plutôt à une source courante et sans cesse variée sous le soleil.

Ainsi, heureux et sage, la célébrité n'avait introduit aucune agitation étrangère dans sa vie, aucune ambition dans son âme. Au dernier jour, comme il y a vingt ans, voué tout entier à ce qu'il appelait *le charme obscur des affections solides*, on l'eût vu accoudé, le soir, entre son vénérable père, sa digne compagne, ses nombreux enfants et quelques amis de choix, confondre le sérieux dans la gaieté et faire éclore la leçon en passe-temps. Il continuait de vivre et de jouer sous ces mille formes que lui dictait un secret instinct; le crayon jouait sous ses doigts, et la saillie accompagnait le crayon, comme un air qu'on sait suit naturellement les paroles. Aussi, malgré ses souffrances des derniers temps, malgré les douleurs si légitimes et si inconsolables qu'il laisse en des cœurs fidèles, pourrait-on se risquer à trouver que cette fin même est heureuse et que sa destinée tranchée avant l'heure a pourtant été complète, si un père octogénaire ne lui survivait : les funérailles des fils, on l'a dit, sont toujours contre la nature, quand les parents y assistent.

Depuis quelques années, la santé de Töpffer, longtemps florissante, paraissait décliner sans qu'il en sût la cause. Il n'accusait que ses yeux, dont l'état de douleur s'aggravait et ne laissait pas de l'alarmer. En 1842, il fit avec son pensionnat son dernier grand voyage au Mont-Blanc et au Grimsel. Nous en avons sous les yeux le récit et les dessins, que M. Dubochet se propose de publier comme un tome second des *Voyages en zigzag*. Jamais, selon nous, Töpffer n'a mieux fait et n'a été davantage lui-même. Il semblait, dès le jour du départ, se dire que ce voyage serait le dernier; il embrassait, pour ainsi dire, d'une dernière et plus vivifiante étreinte cette grande nature dont il comprenait si bien les moindres accidents, les sévérités ou les sourires, *l'âpreté d'un roc*, comme il dit, *la grâce d'une broussaille*. Son triple talent d'observateur de caractères, de paysagiste expressif et d'humoriste folâtre, s'y croise et s'y combine presque à chaque page ; le pressentiment fatal à demi voilé s'y fait jour aussi : « Cette fois, en déposant le bâton de voyageur, nous dit-il, celui qui écrit ces lignes se doute tristement qu'il ne sera pas appelé à le reprendre de sitôt..... Pour voyager avec plaisir, il faut pouvoir tout au moins regarder autour de soi sans précautions gênantes, et affronter sans souffrance le joyeux éclat du soleil. Tel n'est pas son partage pour l'heure. Que si, par un bienfait de Dieu, cette infirmité de vue n'est que passagère, alors, belles montagnes, fraîches vallées, bois ombreux, alors, rempli d'enchantement et de gratitude, jusqu'aux confins de l'arrière-vieillesse, il ira vous redemander cet annuel tribut de vive et sûre jouissance que, depuis tantôt vingt ans[1], vous n'avez pas cessé une seule fois de lui payer! »

En novembre 1843, il écrivait à une personne de Paris, et pourquoi ne le dirais-je pas tout simplement? il m'écrivait à moi-même ces lignes aimables et familières, dans lesquelles il s'exagérait beaucoup trop sans doute la nature du service dont il parlait; mais, même à ce titre, elles me sont précieuses, elles m'honorent, elles me vengeraient au besoin de certains reproches qu'on me fait parfois de m'aller prendre d'abord à des talents moins en vue; elles le peignent enfin dans sa modestie sincère et dans sa façon allègre de porter ses maux :

1. C'est, en effet, de 1823 que datait la première excursion pédestre de Töpffer. Lorsqu'on aura publié ce dernier voyage de 1842, on aura sous les yeux la série de toutes ses courses depuis 1837. Il restera encore à publier quelques-unes de celles d'auparavant, qu'il avait également disposées pour l'impression.

« Bonjour..... monsieur, vous ne me reconnaissez point ! Je suis cet enfant de Genève dont vous voulûtes bien être parrain dans le temps. J'étais bien petit alors, et je ne suis pas plus grand aujourd'hui ; néanmoins, je ne vous ai point oublié, et c'est pourquoi, bien que je n'aie rien à vous dire, je n'éprouve pas que le silence soit l'expression convenable de la bonne amitié que je vous porte et de la reconnaissance que je vous ai vouée, à vous et à M. de Maistre, mon autre parrain [1].

« Que vous dirai-je donc, monsieur, n'ayant rien à vous dire ? Je vous dirai que M. R... m'a apporté des compliments que vous lui aviez remis pour moi et qui m'ont fait un bien grand plaisir. Il avait eu l'avantage, M. R.., de vous aller voir. Sur quoi je me suis informé auprès de lui de choses qui me tiennent à cœur. Devinez lesquelles ? vous ne le pourriez pas. Si vous êtes abordable, si vous êtes un homme avec lequel un provincial, qui irait à Paris, pourrait, tel quel, au coin du feu, s'entretenir bonnement, sans lorgnon ni manchettes ; si vous êtes etc., etc... Sur tous ces points, M. R... m'a édifié si bien, et tout s'est trouvé être tellement à mon gré, qu'il n'y a aucun doute que je me promets d'aller quelque jour frapper à votre porte, monsieur, et vous demander la faveur d'un bout de soirée employé en causeries. Comme j'ai les yeux dans un état misérable et que les docteurs inclinent de plus en plus vers un temps de repos complet et récréatif, j'espère les amener à m'ordonner de faire une pointe en Angleterre et un séjour

1. C'est bien à M. Xavier de Maistre, et à lui seul, que convient ce titre de *parrain* que lui donnait Töpffer. C'est à M. de Maistre que nous dûmes nous-même de mieux fixer notre attention sur celui qu'il adoptait si ouvertement. M. de Maistre, qui vit à cette heure en Russie et qui s'y défend de son mieux, dit-il, contre l'âge et le climat, octogénaire comme le père de Töpffer, aura eu la douleur, lui aussi, de voir disparaître ce filial héritier.

à Paris, que je n'ai pas revu depuis 1820 et que j'aimerais revoir de la même façon, c'est-à-dire perdu, flâneur, et, dans toute cette population entassée, connaissant seulement trois personnes choisies.

« Figurez-vous, monsieur, combien je suis malheureux : depuis près d'un an condamné à ne presque pas lire par mes yeux, à ne presque pas écrire aussi. Restent des leçons à donner ; c'est une façon pas mauvaise de tuer le temps, mais ce n'est rien de plus. J'en suis à avoir envie d'apprendre à *fumer* : l'on dit qu'enveloppé de ces bouffées odorantes, les heures coulent vagues et rêveuses, et qu'avec de l'habitude on devient stagnant comme un Turc. Sûrement vous ne fumez pas, sans quoi je vous dirais de me dire bien franchement ce qu'il en est de cette doctrine et si elle est fondée en raison.... »

Malgré cette fatigue d'organes, il ne travaillait pas moins, quoi qu'il en dît : il ne travaillait que plus, et comme s'il eût voulu combler les instants. Calame, le sévère paysagiste, qui le premier abordait par son pinceau les hautes conquêtes alpestres tant rêvées par son ami, venait dîner les dimanches d'hiver avec lui ; entre ces deux hommes de franche nature, auxquels se joignait quelquefois Töpffer le père, non moins passionné qu'eux pour son art, c'étaient des joutes de dessins, de lavis, qui produisaient dans la soirée une foule de vivantes pages. On peut juger des *Réflexions et menus propos* qui s'y mêlaient et qui donnaient le *motif*, par le morceau de Töpffer sur le *paysage alpestre*, inséré dans la *Bibliothèque de Genève* vers ce temps [1]. C'est en 1844 que l'état de maladie se déclara décidément et devint sérieux. Töpffer venait à peu près de terminer le roman de *Rosa et Gertrude*, dont la donnée et les situations lui avaient

1. Septembre 1843.

été suggérées par un rêve, et qu'il composa d'abord tout d'une haleine. Il alla prendre les eaux de Lavey. Son séjour à ces tristes bains produisit un charmant cahier de paysages qui fut publié au bénéfice des pauvres baigneurs de l'endroit. Ces bains d'ailleurs n'avaient produit aucun résultat ; l'affaiblissement, la maigreur augmentaient ; une fatigue insurmontable enchaînait déjà le malade sur un canapé. Son courage, plus fort que ses misères, tenait bon, et ses collègues de l'Académie le virent jusqu'au terme des cours se traîner à son devoir [1]. Pour la première fois il renonça à son voyage annuel avec sa jeune bande, et il allait partir pour son cher Cronay, petit bien de famille appartenant à sa femme, où il se réjouissait de passer les vacances, quand le voile se déchira. Je ne fais que transcrire ici les témoignages les plus proches [2]. Ce n'était pas des yeux que venait son mal, mais d'un gonflement redoutable du foie. Il fallut sur-le-champ partir pour Vichy. Il ressentit d'abord, en y arrivant, une grande impression de solitude ; le bruit et la vanité qui, jusque dans la maladie, continuent de faire la vie apparente de ces grands rendez-vous, l'offusquaient. Il avait, si l'on ose le dire, quelques préventions un peu exagérées contre ce qu'il appelait notre beau monde : nature *génuine*, comme disent les Anglais. Il avait avant tout horreur du factice ; mais il ne tarda pas à s'y lier d'un commerce en tout convenable à son caractère et à son esprit avec quelques personnes qui lui prodiguèrent un intérêt affectueux, et particulièrement avec M. Léon de Champreux, de Toulouse : « J'ai rarement vu, nous écrit M. de Champreux, autant de naïveté et de bonhomie réunies à un esprit plus pi-

1. Il était professeur de *belles-lettres générales* depuis 1832.
2. Je les dois à M. Sayous, parent et ami de Töpffer, et qui l'a si bien connu par l'esprit et par le cœur.

quant, plus original : chaque parole dans sa conversation était un trait ; mais, bon et affectueux par-dessus tout, sa plaisanterie était toujours inoffensive. Rien, même dans ses écrits, ne peut donner idée du charme de son intimité. Les horribles douleurs qu'il endurait n'altéraient en rien son égalité d'humeur, et, entre deux plaintes sur ce qu'il souffrait, il laissait échapper une de ces adorables saillies qui en faisaient un homme tout à fait à part. »

La fin du séjour à Vichy fut triste, le retour fut lamentable ; après quelques jours pourtant, il sembla que le mal avait un peu cédé, et l'ardeur du malade pour le travail aurait pu même donner à croire qu'il était guéri. Durant ces mois d'automne et d'hiver (1845-46), on le vit dessiner, en le refondant, *Monsieur Cryptogame*, composer et publier son *Histoire d'Albert* en scènes, à la plume, puis son *Essai de Physiognomonie*. Après quoi il reprit la suite de son *Traité du lavis à l'encre de Chine* (*Menus propos d'un Peintre genevois*), et en acheva une partie assez considérable et complétement inédite, dans laquelle, remuant et discutant à sa manière les plus intéressantes questions de l'esthétique, il a écrit, nous assurent de bons juges, des pages bien neuves, et les plus sérieuses qui soient sorties de sa plume. Son ambition n'était pas de proposer une nouvelle théorie après toutes celles des philosophes ; c'était en peintre et pour sa satisfaction comme tel, et pour l'intelligence de son art adoré, qu'il s'appliquait depuis des années à ce genre d'écrits, y revenant chaque fois avec une force d'application nouvelle. Ce qui troublait son zèle en réjouissant son âme, c'était de voir que la nouvelle école de paysage florissante à Genève marchait hardiment dans cette voie dont il avait été, lui, comme un pionnier infatigable ; cette haute couronne alpestre si belle de simplicité, de magnificence et de grandeur, il lui semblait qu'un art généreux, en la reproduisant, allait en doter deux fois sa patrie.

Ainsi il cherchait instinctivement dans ses travaux favoris, dans la poursuite de ses travaux les plus chers, une défense énergique contre la tristesse qui menaçait de l'abattre. Dans la conversation même, il s'animait très-vite : l'intérêt des idées qu'elle faisait naître le rendait complétement à son état naturel, et jamais son entretien n'était sans quelques-uns de ces traits amusants, inattendus, qui lui étaient particuliers. Mais au fond, depuis la fatale découverte et la perspective mortelle, quelque chose de grave et de résigné, de religieux, sans mots ni phrases du sujet, dominait dans sa pensée et se révélait indirectement dans ses discours par une plus grande douceur et une plus grande indulgence de jugement. Dès cette époque, le journal où il consignait les détails relatifs à ses affaires privées se remplit de pensées personnelles qui permettraient de suivre l'enchaînement de ses impressions, de ses alarmes, de ses espérances, de ses consolations aussi. Ce journal est aux mains de M. Vinet, qui en saura tirer le miel savoureux et la salutaire amertume.

Mais pourquoi prolonger ces longs mois d'agonie ? Ils ne furent bientôt plus pour Töpffer qu'une suite de pertes graduelles, de déchirements avant-coureurs. Vers la fin de l'hiver, il dut renoncer à son pensionnat, dont le fardeau lui avait jusque-là été si léger. Quittant avec un serrement de cœur sa chère maison de la promenade Saint-Antoine, il alla à Mornex, tiède village du Salève, se préparer à un second voyage de Vichy. Avant de partir, il eut la douleur de voir mourir sa mère. Au retour de Vichy, après divers essais de séjour aux champs, il revint à Genève. Hors d'état d'écrire, ou du moins de composer, encore moins de dessiner, il imagina alors de *peindre*, ce qu'il pouvait faire dans une posture encore possible. Appuyé sur les deux bras de son fauteuil, un petit chevalet placé devant lui, il peignait avec ardeur, avec un bonheur qui fut le dernier de sa vie ; c'était la première fois, depuis un ou deux essais tentés à l'âge de dix-huit ans, qu'il lui arrivait de peindre à l'huile. Ses yeux, qui s'étaient opposés dès sa jeunesse à ce qu'il continuât, il n'avait plus à les ménager maintenant, et il leur demandait comme une dernière sensation d'artiste ce jeu, cette harmonie des couleurs vers laquelle il se sentait irrésistiblement appelé ; il s'enivrait d'un dernier rayon. Calame venait lui donner des conseils, et les petits tableaux assez nombreux qu'il a exécutés durant ces deux mois à peine attestent quelle était sa profonde vocation native. Mais bientôt cette dernière diversion cessa ; et dès lors, durant les mois et les semaines du rapide déclin, il n'y aurait plus à noter que les délicatesses de son âme toujours ouverte et sensible à tout, les soins tendrement ingénieux d'une admirable épouse, la sollicitude unanime de tout ce qui l'approchait, jusqu'à ce qu'enfin à son tour, accompagné de la cité tout entière qui lui faisait cortége, ce qui restait de lui sur la terre s'achemina, le 11 juin, *vers cette dernière allée de grands hêtres qui mène au champ du repos.* C'est ainsi que lui-même nous les a montrés autrefois dans son gai récit de *la Peur*, c'est ainsi qu'il y revenait plus mélancoliquement dans son dernier roman de *Rosa et Gertrude*.

Il y a pour nous à dire quelque chose de ce roman qu'on va lire, et qui ne jurera en rien avec le récent souvenir funèbre. C'est une douce histoire, touchante, simple, savante pourtant de composition et sans en avoir l'air. Un bon pasteur y tient la plume et y garde jusqu'au bout la parole, M. Bernier, digne collègue de M. Prévère. Un jour, dans une rue écartée de Genève, par un temps de bise, en allant porter des consolations à un agonisant, M. Bernier a rencontré deux jeunes filles innocemment rieuses, qui se tenaient par le bras et se garaient de leur mieux contre les bouffées du vent. Comment il s'intéresse au premier aspect à ces deux jeunes personnes étrangères, comment il les remet dans leur chemin qu'elles avaient perdu, comment il les rencontre de temps en temps et se trouve peu à peu et sans le vouloir mêlé à leur destinée : tout cela est raconté avec une simplicité et un détail ingénu qui finit par piquer la curiosité elle-même.

Le bon pasteur, dans son récit, garde parfaitement le ton qui lui est propre, et rien ne le fait s'en départir jamais. On peut dire de lui ce que l'auteur a dit de certains dessinateurs d'après nature, qu'il réussit à exprimer ses vues et ses impressions « sinon habilement, du moins avec une naïveté sentie, avec une gaucherie fidèle. L'habileté est de la part de l'auteur qui se cache si bien derrière. Il y a un vrai charme à ce parler du bon vieillard, chez qui la candeur est toujours éclairée par la charité et par la lumière de l'Évangile. Si l'auteur a voulu montrer dans ce ministre (et il l'a voulu en effet) combien, avec un esprit juste, avec un cœur pur et droit, exercé par la pratique chrétienne, guidé par les inspirations de l'Écriture et muni d'une vigilance et d'une observation continuelles, on peut se trouver en fin de compte plus avisé que les malicieux, plus habile que les habiles, et véritablement un maître prudent et consommé dans les taverses les plus délicates de la vie comme dans les choses du cœur, il a complètement réussi. Les singuliers embarras de M. Bernier, chargé des deux nouvelles ouailles qu'il s'est données, ses tribulations croissantes et toujours consolées, depuis le moment où il sort de l'hôtel au milieu des rires et en les tenant chacune sous un bras, jusqu'au jour où il les recueille chez lui dans sa propre chambre et où la grossesse de la pauvre

Rosa se déclare, ces incidents survenant coup sur coup et l'un à l'autre enchaînés sont touchés avec un art secret et ménagés avec une conduite qui fait l'intérêt du fond. Le doyen de Killerine, ou le révérend Primerose, dans des situations analogues, ont une teinte assez prononcée de ridicule, que l'excellent M. Bernier sait mieux éviter. On sourit de lui, mais on n'a que le temps de sourire. Cet homme simple, et dont le lecteur croit devancer parfois la sagacité, se trouve toujours au niveau de chaque crise et la fait tourner à bien. Il y a des scènes parfaitement belles, celle, par exemple, du départ improvisé de M. Bernier, lorsque, tout sanglant de la chute qu'il vient de faire, il monte, de force et d'adresse, dans la voiture où le baron de Bulou enlevait les deux amies. Le moment où Gertrude lui apprend la grossesse de Rosa et où son premier sentiment, au milieu du surcroît d'anxiété qui lui en revient, est d'aller à la jeune mère et de la bénir, arrache des larmes par sa sublimité simple. Toutes les scènes qui se rapportent à la mort de Rosa sont d'une haute beauté morale; il sera sensible à tout lecteur que celui qui les a si bien conçues et représentées travaillait, lui aussi, en vue du sujet même, c'est-à-dire du suprême instant, et qu'il peignait *d'après nature*.

Il y a quelques défauts dans la forme, dans le style, et nous les dirons sincèrement. Töpffer, on le sait, a une langue à lui; il suit à sa manière le procédé de Montaigne, de Paul-Louis Courier. Profitant de sa situation excentrique en dehors de la capitale, il s'était fait un mode d'expression libre, franc, pittoresque, une langue moins encore génevoise de dialecte que véritablement *composite*; comme l'auteur des *Essais*, il s'était dit : « C'est aux paroles à servir et à suivre, et que le gascon y arrive, si le français n'y peut aller. » Cette veine lui est heureuse en mainte page de ses écrits, de ses voyages; il renouvelle et crée de bien jolis mots. Qui n'aimerait chez lui, par exemple, l'âne qui *chardonne*, le gai voyageur qui *tyrolise* aux échos? Mais le goût a parfois à souffrir aussi de certaines duretés, de rocailles, pour ainsi dire que rachètent bientôt après, comme dans une marche alpestre, la pureté de l'air et la fraîcheur. On rencontre de ces duretés ainsi rachetées dans le charmant récit de *Rosa et Gertrude*. En voulant conserver à M. Bernier le ton exact d'un ministre évangélique, l'auteur a, en quelques endroits, multiplié les termes familiers aux reformés et qui ne les choquent pas, comme étant tirés des vieilles traductions de la Bible qu'ils lisent journellement. Cela, pour nous, ne laisse pas de heurter et de faire disparate en plus d'un lieu; il y aurait eu certainement moyen, sans rien altérer, de mieux fondre. En nous permettant, même en ce moment, cette libre critique, nous avons voulu témoigner l'entière sincérité de notre jugement et nous maintenir le droit de dire bien haut, comme nous nous plaisons à le faire, que l'histoire de *Rosa et Gertrude* est une des lectures les plus douces, les plus attachantes et les plus saines qui se puissent goûter.

SAINTE-BEUVE.

Ce 1er octobre 1846.

Parmi les nombreux témoignages de regret et de sympathie qui ont été payés à la mémoire de Töpffer dans sa patrie même, nous avons distingué et nous reproduisons l'article suivant, inséré dans *le Fédéral* du 16 juin 1846, et qui est de M. le professeur de La Rive.

RODOLPHE TÖPFFER

Rodolphe Töpffer, enlevé si jeune encore à ses amis et à son pays, était né à Genève en 1799. Élevé au collége, il avait conservé un vif sentiment de reconnaissance pour cet établissement, dans lequel il avait éprouvé les premières jouissances de l'amitié et puisé les premières idées de nationalité génevoise. Les impressions de Töpffer furent en effet de bonne heure toutes patriotiques. Agé de 14 à 15 ans, il assista à toutes les scènes émouvantes qui précédèrent et accompagnèrent la restauration politique de son pays. Son âme ardente et sa vive imagination furent saisies par ce retour inespéré de Genève à l'indépendance. Il faisait partie de cette génération qui, ayant entrevu les mauvais jours de l'asservissement, participa aux joies pures de la délivrance, et qui apprit à aimer Genève en voyant ce que des citoyens dévoués pouvaient faire pour elle. Ces impressions ne s'effacèrent jamais chez lui; on en retrouve des traces dans toutes les circonstances de sa vie.

Fils d'un peintre de premier ordre, artiste par nature aussi bien que par l'effet des circonstances, Töpffer se livra avec ardeur, après avoir terminé ses études, à cet art de la peinture qui devait être sa carrière. Mais, au bout de peu d'années, une inflammation des yeux qui menaçait de devenir chronique l'obligea de renoncer à ce qui avait été pour lui le but de sa vie. Obligé de changer de carrière, il se décida à vingt ans pour celle des lettres, que lui rendaient facile les bonnes études qu'il avait faites. Tout en devenant littérateur, il ne cessa point d'être peintre; il suffirait, pour s'en convaincre, de jeter les yeux sur l'une quelconque de ses productions littéraires, quand de charmants croquis échappés accidentellement à son crayon ne seraient pas là pour l'attester. La peinture fut encore sa dernière ressource, comme elle avait été sa première occupation; il sut, pendant les derniers mois de sa vie, au milieu de souffrances aiguës et de douloureuses angoisses, trouver dans cet art, qui s'allie si bien à toutes les dispositions de l'âme, des moments d'une douce distraction.

Une fois décidé à se vouer à l'étude des lettres, Töpffer reprit ses auteurs classiques. Tout en s'attachant principalement à la lecture des anciens, il se nourrit également de celle des auteurs français du seizième et du dix-septième siècle; Montaigne, entre autres, avait pour lui un charme tout particulier. Cette circonstance explique la nature de son talent et de son style, surtout dans ses premiers essais. Le zèle qu'il mit à l'étude du grec et les succès qu'il y obtint l'engagèrent à publier, de concert avec deux autres littérateurs ses amis, des éditions de quelques classiques grecs, dont le texte revisé avec soin fut enrichi de notes originales.

C'est à cette époque qu'obligé de se faire une position il se voua à l'éducation de la jeunesse, et se mit bientôt lui-même à la tête d'un institut qui ne tarda pas à prospérer sous la direction d'un chef jeune, ardent et capable. En 1832, il fut appelé à la place de professeur de belles-lettres générales dans l'Académie de Genève. Le talent qu'il avait montré pour s'emparer de la jeunesse et pour la conduire, son habileté à développer chez les autres le pouvoir de sentir qu'il possédait lui-même à un si haut degré, le rendaient éminemment propre aux nouvelles fonctions qui lui étaient confiées, et dans lesquelles il a rendu pendant treize ans des services importants que relevait la plus sincère modestie. Il entra dans le corps de l'Académie avec joie; ce fut un vrai bonheur pour lui de s'y trouver associé aux travaux de quelques-uns de ses amis intimes, et d'y devenir le collègue des hommes éminents qui en faisaient alors partie; le rôle qu'il y joua lui-même par son activité, son excellent jugement, l'esprit de suite qu'il apportait aux fonctions dont il était chargé, et le charme qu'il savait répandre dans ses relations avec ses collègues, laissera des souvenirs qui ne s'effaceront point. Son attachement pour l'Académie fut profond et invariable; et ce n'était pas sans effroi que, durant le cours de sa maladie, il entrevoyait la possibilité d'être contraint à rompre un lien qui lui était si cher.

Au milieu de toutes ses occupations, Töpffer s'était créé une distraction qui devait contribuer, sans qu'il s'en doutât, à lui donner plus tard une position littéraire qu'il n'avait jamais cherchée, et qu'il n'avait pas même rêvée. Il écrivait souvent, et sa plume facile et gracieuse, cheminant au gré de cet esprit aimable et sensible, produisait ces petits chefs-d'œuvre de fraîcheur et de naïveté dans lesquels une pensée toujours élevée domine au-dessus de détails charmants de vérité et de naturel. Habile à pénétrer dans les replis les plus secrets de l'âme, non moins habile à rendre avec délicatesse et à exprimer avec bonheur les nuances les plus fines, Töpffer était dans ses opuscules ce qu'il était dans sa conversation : le poëte descriptif du cœur humain. Sous des formes tantôt burlesques, tantôt sérieuses, faisant le plus souvent usage du sentiment, quelquefois seulement de la froide raison, il savait aborder les sujets les plus différents de manière à faire toujours sensation. C'est que, plein de finesse dans l'analyse des impressions, il ne les disséquait pas, il les peignait; aussi prenaient-elles sous son pinceau cette teinte de poésie dont il savait colorer jusqu'aux moindres détails, tout en leur conservant leur cachet de vérité. Voilà le secret du charme que Töpffer répandait autour de lui, et dont ses écrits portent partout l'empreinte. Est-il nécessaire de nommer *La Bibliothèque de mon oncle*, *le Presbytère*, *le Col d'Anterne*, et tant d'autres charmantes productions que le public découvrit un jour, comme l'enfant découvre à la douce odeur qu'elle répand autour d'elle la modeste violette cachée sous sa feuille?

Moraliste aussi bien que poëte, Töpffer savait peindre avec vigueur les vices de l'époque et combattre les tendances démoralisantes du matérialisme pratique. Plusieurs morceaux pleins de verve et d'originalité attestent à cet égard la puissance de son talent et celle de ses convictions. Honnête homme dans toute l'acception du terme, doué d'un sens exquis du bon comme du beau et d'une inflexible droiture, il sut être et fut un excellent citoyen. La politique, dans laquelle il fut entraîné contre ses goûts, ne fut jamais autre chose pour lui qu'une question de haute moralité publique, et voilà pourquoi il y mit tout son talent comme tout son cœur. Il s'en occupa à une époque de crise pour Genève; il le fit avec courage, persévérance, énergie. Génevois avant tout, ce qu'il défendait, c'était moins certains principes, certaines théories politiques, que la nationalité, l'honneur et la moralité de son pays, qu'il croyait compromis par les événements dont il était le témoin.

Töpffer, avons-nous dit, avait été et était demeuré peintre; aussi aimait-il avec passion tout ce qui se rapportait à l'art, et savait-il en traiter les questions les plus délicates avec une supériorité reconnue par tous les hommes experts. Dans ses traités sur le lavis à l'encre de Chine, dans ses morceaux sur le paysage alpestre, tantôt il réduisait à leur juste valeur les procédés purement d'imitation, pour montrer que l'art est ailleurs; qu'il est essentiellement dans l'âme de l'artiste; tantôt il montrait à nos peintres des routes nouvelles dans cette région sublime des hautes Alpes, qu'il apprit à connaître par les fréquentes excursions qu'il y avait faites. Ses appels furent entendus, et les chefs-d'œuvre de l'école actuelle du paysage à Genève resteront toujours associés à la mémoire de Töpffer; c'est du moins l'hommage que lui rendent ceux qui les ont produits.

Dès son enfance Töpffer avait contracté, sous l'influence de l'exemple, l'habitude de rendre graphiquement, avec une facilité et en même temps une fidélité des plus grandes, toutes les impressions qu'il éprouvait. Il leur donnait un corps et savait ainsi les représenter par un ou deux traits caractéristiques. C'est à cette habitude, qu'il avait toujours entretenue, que nous devons ces séries de tableaux où l'imagination la plus vagabonde se trouve à chaque instant associée à la morale la plus sévère et au bon sens le plus pratique. Tantôt les ridicules du monde, tantôt les dangers de l'esprit de système, tantôt les leçons sérieuses d'une morale alarmée, tantôt simplement les élucubrations d'un esprit enjoué qui veut folâtrer, viennent prendre les formes les plus pittoresques et les plus propres à frapper l'imagination. Töpffer n'avait d'abord songé par ce genre d'ouvrages qu'à son propre divertissement et à celui de quelques amis intimes. Un mot de Goëthe le décida à les livrer au public, et le succès qu'ils obtinrent montre que le poëte avait touché juste. Une grande publicité atteignit également plus tard les récits illustrés de ses courses alpestres, que Töpffer autographiait lui-même chaque année à un nombre d'exemplaires suffisant seulement pour ses élèves et ses amis. Mais, quel qu'ait été le succès de la belle édition des *Voyages en zigzag*, nous n'oublierons jamais les modestes cahiers auxquels l'inspiration du premier jet et la coopération plus directe de l'auteur assureront toujours une véritable supériorité.

L'histoire de l'écrivain est chez Töpffer l'histoire de l'homme lui-même; aussi avons-nous peu de chose à ajouter sur ce qui le concerne. Au milieu des formes les plus vagues, on retrouve toujours cette individualité si constante, si prononcée. La plume ou le pinceau à la main, au milieu d'un cercle d'amis comme dans un tête-à-tête au coin du feu, entouré des beautés sublimes et effrayantes des grandes Alpes ou se promenant dans le sentier ombragé d'une simple ferme, c'était toujours l'homme aux impressions vives et vraies, dont le cœur ouvert aux jouissances simples et pures savourait avec délices les trésors cachés que la Providence ménage à ceux qui savent les chercher, et que personne mieux qui lui ne savait découvrir. Un fonds inépuisable de gaieté encadrait de la manière la plus heureuse ces dispositions si propres à faire son propre bonheur et celui de ses alentours.

Cette vie si douce, si simple, et ajoutons si pleine et si heureuse, fut troublée par la découverte d'un mal qui devait en amener le terme. Töpffer saisit avec énergie l'espoir d'une guérison; il fit durant deux ans avec courage tout ce qu'il fallait dans ce but. Lorsque la prolongation et l'intensité croissante de ses souffrances durent diminuer ses espérances, il n'en montra pas moins de patience et de courage; mais ce n'était plus la patience et le courage de l'homme qui espère guérir: c'était la force du chrétien qui, tout en regrettant amèrement les jouissances nobles et douces qui vont lui être ôtées, sait qu'il y a autre chose que cette terre, et que l'homme est destiné à un bonheur plus solide et plus complet que celui qu'il peut y trouver. Ces sentiments si élevés et en même temps si sincères chez lui expliquent sa douceur et son inaltérable patience au milieu de ses douleurs. Ils aidèrent aussi puissamment à soutenir ceux qui l'entouraient dans ses derniers jours, et surtout cette compagne de sa vie dont nous nous bornerons à dire, pour ne pas blesser une juste et légitime réserve, qu'elle fut toujours pour lui, dans la santé comme dans la maladie, son ange gardien.

Töpffer a succombé le 4 juin; le 24, il était accompagné au champ du repos par la réunion nombreuse de ceux qui, dans un même sentiment et la même pensée, pleuraient en lui l'ami, le collègue, le maître et le citoyen.

De la Rive.

ROSA ET GERTRUDE

I

Comme je me rendais un jour auprès d'un agonisant, en passant dans cette rue ordinairement déserte où s'embranche l'escalier des *Barrières*, et qu'on appelle, je crois, la rue du Cloître, je vis deux jeunes filles qui, se tenant par le bras et s'entr'aidant avec une gaieté amicale, s'efforçaient de maintenir leur ajustement contre les assauts de la bise qui soufflait avec une extrême violence. A ma vue, elles éprouvèrent d'abord quelque embarras; mais comme, à ce qu'elles m'apprirent elles-mêmes, elles s'étaient égarées tout justement en voulant fuir de rue en rue ces importunités de l'orage, sur leur demande, je les remis dans le chemin de leur hôtel, et, après les avoir accompagnées quelques instants, je pris congé d'elles pour me rendre en toute hâte dans la maison où j'étais attendu. Au moment où j'y entrai, l'agonisant venait d'expirer, en sorte que je ne pus qu'adresser aux parents qui s'y trouvaient rassemblés les consolations que notre divine religion met à la portée des affligés.

Ces deux jeunes filles s'étaient exprimées de manière à me faire croire qu'elles étaient Allemandes ; mais d'ailleurs leur air de richesse, de joie et de parure, m'avait fait une impression d'abord inaperçue qui se trouva être devenue très-vive au moment où j'entrai chez l'agonisant. C'était apparemment l'effet de ce contraste entre les âges, entre les situations, entre les destinées, qui, bien qu'il existe incessamment sur la terre, ne nous frappe pas toujours aussi visiblement, même dans les professions qui, comme la mienne, mettent en contact habituel avec les heureux et les malheureux de ce monde, qu'il fait quelquefois lorsqu'il vient à éclater fortuitement là où on ne le cherchait pas. Ce qu'il y a de sûr, c'est que rentré chez moi, j'essayai vainement de poursuivre la composition de mon sermon pour le dimanche suivant sur le texte qui m'en avait déjà inspiré une bonne moitié, et que bon gré mal gré, après avoir fait les plus grands efforts dans le but de ne pas me voir privé de cette bonne moitié de besogne toute faite, je fus obligé à la fin de changer de texte et de recommencer à nouveau. Alors néanmoins, placé par mes impressions et par mon ressouvenir entre l'image qu'avait laissée dans mon esprit l'apparition de ces deux jeunes filles si heureuses et celle que venait d'y mettre la vue de ce mort entouré de parents désolés, je composai avec assez de promptitude un autre sermon sur ce texte : *J'ai dit touchant le rire : Il est insensé; et touchant la joie : De quoi sert-elle?* (Ecclés., II, 2.) Mon fils, devant qui je lis toujours mes prônes, soit pour faire usage de ses remarques, soit pour que ces remarques lui profitent à lui-même, en tant qu'il se destine à entrer aussi dans la carrière du ministère évangélique, trouva bonnes certaines parties de celui-ci, et, quand il eut critiqué les autres, nous nous entretînmes ensemble des deux jeunes filles que j'avais rencontrées le matin.

II

Le dimanche suivant je montai en chaire et je prêchai mon sermon. Par malheur, la beauté du temps et une fête militaire qui avait attiré presque toute la population dans une prairie voisine de la ville furent cause que j'eus encore bien moins d'auditeurs ce jour-là qu'à l'ordinaire. C'étaient quelques vieillards, la plupart durs d'oreille, trois ou quatre dames âgées, tous groupés au bas de la chaire, et plus loin, seules assises dans le chœur désert de notre immense cathédrale, les deux amies à qui j'avais montré l'autre jour leur chemin. Je fus presque fâché de les voir là; car, s'il est bien vrai que notre divine religion ordonne qu'on prépare les heureux à l'infortune, puisqu'elle est à la fois le lot de tous les enfants d'Adam et le fouet qui, dans la main de Dieu, les chasse au salut, il est pénible en même temps d'anticiper auprès de la jeunesse sur les avertissements inévitables de l'infortune elle-même, et de troubler par des discours trop chagrins cette joie qui fleurit naturellement en elle. En outre, je ne me dissimulais pas que c'était l'apparition fortuite de ces deux jeunes filles, et l'impression qu'elle avait faite sur mon esprit, qui avait été pour moi un motif de changer de texte, en sorte qu'il me semblait qu'au lieu de dire comme à l'ordinaire des choses d'une application générale, je venais m'élever contre leur légitime allégresse et leur en faire injustement un péché. Cependant elles écoutèrent avec une religieuse attention, malgré un bruit lointain de détonations et de fanfares qui venait de temps en temps couvrir ma voix.

La prédication est un art si difficile et d'une réussite si chanceuse, que plus j'y avance, plus je demande pardon à Dieu dans mes prières de m'y être consacré avec d'aussi insuffisants moyens que ceux qu'il m'a départis. Il faudrait, en effet, pour se croire prédicateur efficace, être assez prompt d'idée et assez délié de parole pour ne faire son sermon qu'au moment même de le prêcher, après qu'on a vu d'un regard qui sont ceux qui vont l'écouter, et qu'ainsi l'on est à même de leur adresser des enseignements à leur taille et des appels à leur portée. Autrement le grain a beau être bon, faute de tomber en terre, il n'amène point d'épi, et la moisson du Seigneur manque ainsi par la faiblesse de ses ouvriers. C'est bien pourquoi je tâche que mon fils se délie aussi bien d'idée que de parole par des exercices qui conduisent à cette promptitude, et, le dimanche soir, tant chez moi s'il pleut, qu'à la promenade si nous nous trouvons dans un endroit solitaire, sur un texte que je lui donne il s'efforce de me prêcher, et de mieux en mieux y réussit avec plus d'onction et moins de besogne. Que le bon Dieu répande ses bénédictions sur ce garçon, qui fait mon unique joie en notre Seigneur Jésus-Christ!

III

Cependant quelques semaines s'étaient écoulées et j'avais perdu de vue les deux jeunes amies, lorsqu'il m'arriva un matin de les rencontrer devant moi, au moment où je sortais de l'allée de ma maison. En les voyant, je fus frappé de leur même air d'inaltérable union, qui était si marqué dans leur attitude et dans la vive intimité de leurs regards, que, bien sûrement, si j'avais rencontré l'une sans l'autre, il ne me serait pas advenu de la reconnaître. Dès qu'elles m'eurent reconnu elles-mêmes, elles me firent un salut plutôt de bon rire et de bienveillant ressouvenir que de politesse ordinaire ; et, comme leurs yeux semblaient m'appeler sans que leur retenue leur permît de m'aborder, je m'approchai d'elles et je leur fis quelques civilités. Alors toutes les deux me marquèrent une amicale reconnaissance de ce mouvement, et, continuant de m'entretenir, elles me parlaient avec cette confiance respectueuse dont les cœurs jeunes et bien nés font volontiers les avances à un vieillard qui est d'ailleurs revêtu du caractère que je porte.

Durant cet entretien, j'appris incidemment une chose dont je ne m'étais guère douté, tant il est vrai que, même lorsque nous devrions y être formés par la pratique du monde, nous sommes sujets à discerner mal la condition de notre prochain : c'est que, de ces deux jeunes filles, la plus jeune était mariée. Mais en vérité, à sa taille, à sa voix, à sa candeur de discours, je l'avais prise pour une enfant, et je ne pus m'empêcher de le lui dire. Elle rit alors de ma méprise, et son amie prenant la parole, me fit comprendre, par diverses insinuations, que, seules pour quelques jours encore dans une ville étrangère, elles aimeraient bien pouvoir se persuader qu'elles y avaient un ami, et, au besoin, un protecteur. « Qu'à cela ne tienne, leur répondis-je, mes chères enfants ; à l'un comme à l'autre titre, disposez de moi. » A cette appellation familière qui m'était échappée, au lieu de paraître choquées, elles se montrèrent heureuses et me serrèrent la main avec effusion, en telle sorte que, malgré la recherche mondaine de leurs attifements, je fus porté à conclure de la simplicité de leurs sentiments à l'honnêteté de leurs cœurs.

C'est chose bien singulière que, malgré l'image qui me reste nettement empreinte de la figure qu'avaient à cette époque ces deux jeunes amies, et vêtues qu'elles étaient de la même façon, je sois très-embarrassé à en faire quelque portrait qui vaille. Quant au visage, elles étaient délicates de traits, fraîches de teint, les yeux bleus, toutes les deux blondes et la figure encadrée en des boucles flottantes. Quant à la mise, je ne sais me ressouvenir que de chapeaux de velours ornés de bandelettes légères, d'une sorte d'écharpe dont la couleur m'échappe, et de robes d'un noir chatoyant, qui, le jour de bise surtout, se froissaient avec ce claquement que font entendre les étoffes de soie. Mais cette mondanité des ajustements, que la religion réprouve comme étant peu séante à des créatures pécheresses qui doivent plutôt nettoyer le dedans du vase que d'en décorer trop les dehors, bien qu'elle me soit d'ordinaire une cause de prévention défavorable, n'avait pu prévaloir ici sur l'indulgence que provoque le jeune âge, sur cette impression d'une étroite intimité de sœurs entre deux jeunes filles d'ailleurs étourdies et folâtres; et je ne puis nier qu'en cette occasion je ne me sois senti désarmé, alors que, dans d'autres occasions de même sorte, je me suis montré bien sévère. Nous ne sommes, ô mon Dieu, que faiblesse et injustice dans nos jugements, et, si les tiens devaient être semblables aux nôtres, pas même l'effort pour te plaire, tant tu discernerais mal, ne trouverait mieux grâce devant toi que l'impénitence volontaire et obstinée!

Ce jour-là, j'accompagnai jusqu'à leur hôtel ces jeunes dames, et, après que je leur eus réitéré mes offres de bons services, je pris congé d'elles pour aller reprendre le cours de mes affaires.

IV

La semaine suivante et les deux autres encore, excepté le dimanche où, de la chaire, je les voyais assister régulièrement au service divin, je n'eus point l'occasion de rencontrer ces jeunes dames et de m'entretenir de nouveau avec elles. Aussi, venant à songer que j'avais contracté à leur égard une sorte d'engagement de leur être utile si je pouvais, et me trouvant assuré d'ailleurs par leur présence à l'église que leur séjour à Genève se prolongeait, je me décidai un lundi à leur aller rendre visite.

M'y étant donc acheminé, j'arrivai bientôt à l'hôtel où je les savais logées, et, après qu'un garçon m'eût annoncé, je fus introduit auprès d'elles.

Dès l'abord, je remarquai dans leur accueil des signes marqués du vif plaisir que leur causait ma venue. Elles quittèrent bien vite la causeuse sur laquelle elles étaient assises, et, m'ayant pressé de m'y asseoir moi-même, elles approchèrent des sièges et s'y établirent familièrement auprès de moi. Alors elles me contèrent qu'ayant attendu M. le comte (c'est ainsi qu'elles désignaient le mari de la jeune dame) durant ces derniers jours, ou, à défaut, une lettre qui leur annonçât son arrivée prochaine, elles ne laissaient pas que d'être contristées à la fois de ce retard et de ce silence.

« Pour quelle cause, leur dis-je, vous a-t-il quittées?

— Pour faire une course à Hambourg à l'occasion de la mort de son père, qu'il a apprise par les lettres qui nous attendaient ici, et pour y régler les affaires de la succession.

— Les affaires, mes chères enfants, leur dis-je alors pour les tranquilliser, amènent les affaires, et il ne dépend guère de nous de les clore à heure fixe. Patience donc. M. le comte partage bien sûrement cette impatience que vous éprouvez de vous voir de nouveau réunis ; ainsi il est à croire que, s'il plaît à Dieu... »

Dans ce moment, un garçon entra pour annoncer une visite, et un jeune homme d'une mine distinguée se montra presque aussitôt derrière lui. A cette familière hardiesse je crus, moi, que c'était le comte; mais, à l'air de mécontentement qui se marqua chez les deux jeunes amies, et à la rougeur qui couvrit leur visage, je ne sus vraiment plus que penser, et je ne puis dissimuler qu'en moi même j'éprouvai à leur regard quelque ébranlement d'estime. Je voulus me retirer; mais elles me conjurèrent si ingénument et avec tant d'instance de rester, que de nouveau je revis pure leur physionomie, et vierges de souillure leurs attifements mondains.

Pour le jeune homme, au contraire, il ne me parut pas que ma présence lui fût agréable, et, à chaque fois que je m'efforçais de détourner vers des côtés plus sérieux son entretien trop frivole à mon gré, il traversa cet effort par quelque sèche brusquerie, voilée cependant sous des formes assez civiles. Et comme par l'habitude que je me suis faite de ne me prendre à aucun mauvais accueil, afin de pouvoir toujours m'approcher de tous et parler à qui que ce soit, je continuais tranquillement d'intervenir dans la conversation; impatienté de ma persévérance, et n'osant toutefois me manquer devant ces dames, dont il voyait l'attitude respectueuse à mon égard, il changea de tour, et se prit à railler avec une fine retenue mes propos un peu frustes et mes opinions surannées. En cela non plus il ne réussit pas à plaire aux jeunes dames, en sorte que tout à l'heure il se leva, prit congé, et se retira plus tôt apparemment qu'il n'aurait fait si je ne m'étais pas trouvé présent à sa visite.

Quand il fut parti, je remarquai que les deux jeunes dames étaient de plus en plus contristées et comme rougissantes encore de ce qui venait de se passer. « Je pense, leur dis-je aussitôt, mes chères enfants, que c'est de la visite de ce monsieur, et non de ce qu'il n'a pas paru content de me trouver ici, que vous êtes affligées et honteuses. En effet, un jeune homme plus délicat respecterait votre isolement, et il saurait que la porte d'une épousée d'hier ne s'ouvre qu'à son mari. » Alors elles pleurèrent; et, comme je leur demandais de m'ouvrir leur cœur, elles m'apprirent qu'en effet ce jeune homme leur faisait tourment par ses assiduités auprès d'elles; qu'après qu'elles s'étaient interdit jusqu'à la promenade pour n'avoir point à l'y rencontrer, elles avaient été en butte à ses visites, sans même oser tout à fait, dans la crainte d'attirer l'attention sur elles ou de paraître croire à des intentions malhonnêtes, lui fermer l ur porte. « Eh bien! leur dis-je, mes chères enfants, assurez-moi que vous la lui fermerez désormais; et, pour ce qui est de la promenade, je me chargerai, en retour, de vous y conduire tous les jours. »

Elles me le promirent, et nous convînmes que le lendemain, et jusqu'à l'arrivée de M. le comte, je serais leur cavalier pour la promenade, comme je voulais bien être, à leur demande, leur conseiller et leur protecteur, en vertu sans doute de mon amitié personnelle, mais en vertu aussi de l'obligation qui m'est assignée, comme ministre de notre Seigneur Jésus-Christ, d'être en aide à mes semblables et de ne refuser à aucun d'eux mon humble appui.

V

Comme je venais de les quitter, j'aperçus, qui se disposait à sortir de l'hôtel, le jeune monsieur de tout à l'heure, et, par une idée qui me vint, m'étant approché de lui, je lui demandai un moment d'entretien. « Eh bien! voyons, parlez; que vous faut-il, bonhomme? » me répondit-il.

Mon désir aurait été qu'il me fît entrer dans sa chambre, car j'avais à lui dire des choses privées, et le perron sur lequel nous nous trouvions était à chaque instant traversé, soit par des étrangers, soit par les gens de l'hôtel; mais, ne jugeant pas à propos d'insister : « Je veux vous faire considérer, lui dis-je, que, quelque honnête que soit votre intention, vos assiduités auprès de ces dames ne peuvent que les compromettre; puis, après que vous en serez tombé d'accord, je vous marquerai le désir que vous y mettiez un terme, comme aussi la reconnaissance que nous en aurons, moi et celles qui en sont l'objet.

— Et mais! que vous importe? répondit-il en me regardant d'un air courroucé; et qu'avez-vous à vous ingérer dans ce qui me regarde?... Plutôt mêlez-vous de vos prônes, et cessez vous-même de fréquenter ces dames, qui n'ont besoin ni de confesseur équivoque ni de protecteur officieux. »

Après quoi il me tourna le dos; mais l'ayant doucement retenu par le bras : « Comme ministre de notre divin Sauveur, lui dis-je, vous m'excuserez d'être un peu tenace. Mais voici : ces dames sont des brebis, et vous, vous pourriez être le loup ravisseur dont parle l'Apôtre ; jugez donc s'il est important que le chien fidèle fasse bonne garde autour d'elles.... »

Là-dessus il se prit à rire : « Allons, vieux fou, si vous êtes le chien fidèle, retournez-vous-en garder votre propre troupeau! » Puis, m'ayant quitté brusquement, il s'éloigna.

Je m'applaudis d'avoir fait cette démarche, parce qu'elle m'avait procuré l'occasion de reconnaître que ce jeune monsieur était bien un de ces enfants de l'opulence qui, dépourvus de principes et voués à l'oisiveté, emploient leur plus bel âge en œuvres de perdition et se font une occupation d'amorcer et de séduire celles qu'exposent à tomber dans leurs piéges, tout autant leur candeur et leur besoin d'aimer, que leur relâchement ou leur frivolité; mais je n'en fus que plus porté à concevoir des craintes pour la réputation de mes deux jeunes amies et pour le dépôt de cette réputation dont je venais en quelque sorte de me charger afin de pouvoir le rendre intact à M. le comte. Tout en cheminant donc, je demandai à Dieu sa protection dans cette œuvre, d'ailleurs conforme à ses commandements ; et considérant que ce jeune homme, en m'invitant à aller garder mon propre troupeau, m'avait donné en cela un juste avertissement de ne pas le négliger pour d'autres, je résolus de redoubler temporairement d'activité et d'ardeur, afin que ces promenades auxquelles je venais de m'engager n'allassent pas ôter à mes paroissiens un seul des soins que je leur devais. Quand j'eus pris cette résolution, la force me vint avec le calme, et je m'occupai sur l'heure même d'avancer ma besogne quotidienne.

VI

Dès le lendemain j'allai prendre les deux jeunes amies, et nous commençâmes nos promenades. Tantôt je dirigeais la marche, tantôt je me laissais moi-même diriger du côté qui agréait à mes compagnes; mais, lorsqu'elles eurent ainsi fait connaissance avec les environs de notre ville, ce fut insensiblement sur la promenade qu'on appelle *le Tour des jardins* que se fixa presque toujours leur choix. Cette promenade pourtant est solitaire, mélancolique, et des roches monotones, au pied desquelles coulent, pour se joindre bientôt au delà d'une grève déserte, l'Arve et le Rhône, y bornent l'horizon à peu de distance. Mais l'on y est seul; le cours des flots attache, et des saules vermoulus y abritent sous leur flexible branchage un sentier toujours frais. Moi-même, tant l'accoutumance a de pouvoir pour nous assujettir, j'avais fini par préférer cette promenade à toutes les autres, et il m'eût semblé éprouver quelque regret le jour où je lui aurais été infidèle. Aujourd'hui, dix ans plus tard, au moins une fois la semaine, je la fais encore.

Durant ces promenades, j'appris des choses qui me réjouirent; j'en remarquai d'autres qui me donnèrent à songer. Le jeune monsieur paraissait avoir cessé ses assiduités, et plus rien, depuis que ces dames avaient eu l'occasion de lui fermer leur porte pour me l'ouvrir plus souvent à moi-même, ne s'était passé qui pût compromettre leur réputation. Sous ce rapport donc, je m'applaudissais de leur être venu en aide, et je bénissais Dieu qui, lorsqu'on veut bien se mettre franchement sous sa garde, ne manque jamais de vous prêter main-forte.

Mais, sous d'autres rapports, j'éprouvai quelque sollicitude. A la vérité, ces dames étaient remplies à mon égard d'une grande confiance, et elles s'entretenaient en ma présence avec le plus entier abandon, au point qu'il me semblait, à les entendre si souvent faire l'éloge des vertus et des qualités du comte, que je l'eusse moi-même connu autant qu'estimé ; mais d'autre part, outre que je commençais à ne plus pouvoir m'expliquer, sans des pensers d'accident ou de catastrophe, ni les causes de son retard ni surtout celles de son silence, j'avais remarqué que ces deux jeunes amies, si expansives d'ailleurs, ne parlaient devant moi de leurs familles que rarement et avec quelque réserve. Sur ce point donc j'étais moins satisfait, et il m'arrivait de concevoir à ce sujet telles défiances qui m'étaient pénibles; car une des choses que m'a enseignées une longue pratique des hommes, c'est que, parmi toutes les garanties de conduite ou de caractère qu'on peut être à portée de désirer de leur part, il n'en est point qu'il faille mettre au-dessus des signes sincères d'une tendresse filiale franche et ouverte.

Au surplus, si mes deux compagnes étaient, à mon gré, trop réservées dans leurs témoignages à cet égard, elles répondaient d'ailleurs à mes questions complaisamment et sans artifice. J'appris ainsi qu'elles appartenaient à deux familles honorables de la ville de Brême, qu'elles s'étaient liées dès leur première enfance d'une vive et indissoluble amitié ; que l'une avait facilité le mariage de l'autre en lui promettant de ne point se séparer d'elle ; et que ce mariage lui-même avait été béni à Delmonhorst, qui est un petit bourg tout voisin de Brême, le jour même où elles avaient quitté leurs familles pour entreprendre le voyage qui les avait amenées à Genève. Quelques-unes de ces circonstances m'auraient, dans d'autres occurrences, paru plus romanesques qu'il ne convient, et marquant une grande inexpérience de la vie ; mais tel était le tour d'esprit à la fois ingénu et exalté de ces jeunes amies, qu'ici, au contraire, ces circonstances elles-mêmes confirmaient à mes yeux la fidélité de leur récit. Pour ce qui est de leur position de fortune, j'en jugeais moins par leurs discours que par leur mise, par l'hôtel qu'elles s'étaient choisi, et par les dehors d'opulence qu'on pouvait remarquer dans tout ce qui touchait à leurs personnes, en telle sorte que j'entrevoyais au moins par ce côté-là un motif de sécurité pour le présent et une ressource bien tranquillisante pour l'avenir, s'il arrivait qu'un long et coûteux voyage dût à la fin devenir leur seul moyen de rejoindre le comte ou d'être rendues à leurs familles.

VII

Aussi éprouvai-je une bien grande surprise lorsqu'un samedi au soir, au moment où je venais de reconduire chez elles mes deux compagnes, et comme je sortais de leur chambre, je vis devant moi l'hôte qui m'avait attendu tout justement pour me faire savoir que, n'ayant reçu aucun à-compte encore sur la dépense assez considérable que faisaient ces dames, il commençait à concevoir quelques inquiétudes à ce sujet, et pour me prier, en tant que j'étais la seule personne à qui il pût s'adresser dans cette occurrence, de vouloir bien leur faire comprendre la convenance d'acquitter tout ou partie de cette dépense sans trop de délai. Je lui répondis qu'il s'alarmait sans fondement, que la situation, tant de ces dames que de leurs familles, devait lui inspirer toute confiance, et qu'au surplus je me faisais garant que tous ses frais lui seraient intégralement remboursés. Ces paroles me parurent l'avoir rassuré pleinement, car aussitôt il m'exprima le regret d'avoir fait cette démarche, et le désir très-vif que je voulusse bien n'y donner aucune suite auprès de ces dames. Pendant que l'hôte me parlait, j'avais remarqué que le jeune monsieur de l'autre fois, sans paraître d'ailleurs prêter attention à notre entretien, se trouvait à portée néanmoins d'en entendre quelque chose.

Comme je regagnais mon logis en cheminant le long de la rue basse, un joaillier avec qui j'avais eu anciennement des relations de paroisse, accourut sur son seuil dès qu'il m'eut aperçu, et, m'ayant prié d'entrer dans sa boutique, il me mit sous les yeux deux belles agrafes d'or que j'avais effectivement vues figurer plusieurs fois dans l'ajustement des deux jeunes amies. « Je les ai achetées au poids, me dit-il; mais vous connaissez ces dames, puisque l'on vous voit chaque jour les conduire à la promenade : ainsi vous pourrez me dire si j'ai agi inconsidérément en faisant ce marché, que je suis d'ailleurs tout prêt à résilier. » Je lui marquai à la fois et ma surprise et mon chagrin d'apprendre que ces dames en fussent réduites à se défaire ainsi de leurs bijoux; et, tout en le priant d'ailleurs de vouloir bien garder les agrafes quelques jours encore, tout au moins jusqu'à l'arrivée du comte, dont le retard était sans doute la seule cause de cette gêne momentanée, je l'exhortai à n'ébruiter point une circonstance qui ne pouvait qu'attirer sur deux jeunes personnes, d'ailleurs aussi dignes d'intérêt que d'estime, des préventions offensantes ou défavorables. Il me le promit, mais sans me cacher que pour sa part il ne croyait pas beaucoup à la vertu de ces jeunes personnes, et encore moins à la réalité de ce comte si longtemps attendu et toujours invisible. Ce propos me fit une pénible impression, non point que je doutasse de la réalité de M. le comte, mais parce que n'étant point en demeure d'en fournir la preuve irrécusable, je voyais une jeune femme et son amie livrées ainsi à toutes les dangereuses médisances auxquelles donnent lieu une position incertaine et une situation louche.

Quand je fus rentré au logis, j'y trouvai une lettre qu'un homme venait d'apporter. Cette lettre, que j'ouvris aussitôt n'était pas signée ; mais d'ailleurs celui qui l'avait écrite s'y laissait intentionnellement deviner. La voici :

« Monsieur le ministre,

« Vous devez comprendre maintenant ce que sont vos protégées et ce qu'il y avait de sage dans mes paroles, lorsque, l'autre jour, en vous invitant à vous occuper de votre propre troupeau, je voulais indirectement vous sauver de la honte d'avoir été dupé par deux créatures que j'ai cessé de voir moi-même après que j'ai pu connaître de quelle sorte elles sont et ce que signifient leurs dehors d'opulence. Cessez donc de prostituer vos cheveux blancs, et ayez l'humilité de croire qu'en ces choses un jeune étourdi habitué au monde y voit plus clair encore qu'un ministre qui ne connaît que sa paroisse.

« Agréez mes salutations empressées. »

Cette lettre, tout en me causant autant d'indignation que de défiance à l'égard du jeune homme qui l'avait écrite, ne laissa pas que de me jeter dans une vive angoisse, et je le confesse aussi, dans des doutes auxquels les propos de l'hôte, ceux de l'orfèvre et ces agrafes qu'il m'avait montrées, offraient certainement quelque prise. Et, comme j'étais trop troublé pour prendre un parti sur l'heure, j'allai préalablement dans ma chambre, où, après une courte invocation, j'ouvris l'Évangile et je m'appliquai à en lire quelques pages avec un vif sentiment de ma faiblesse et un sentiment non moins vif du secours qu'on rencontre toujours lorsqu'on s'élève au-dessus des motifs et des préoccupations terrestres pour aller puiser à cette source de toute grâce excellente et de tout don parfait. Après cette lecture, je n'eus plus honte d'avoir pu, si tel était le cas, prostituer mes cheveux blancs au service d'une intention honnête et d'une erreur désintéressée; je me trouvai fortifié dans cette pensée, d'ailleurs charitable, qu'au milieu d'une si grande incertitude je devais attacher plus de foi encore aux marques d'honnêteté qui m'avaient inspiré de l'estime pour deux personnes d'âge encore si tendre, qu'aux propos toujours enclins à la malice et souvent criminellement intéressés du monde; qu'enfin, à supposer encore que ces deux jeunes filles fussent en effet des *créatures*, comme ministre d'un Seigneur qui vivait avec les publicains, qui tendait la main aux gens de mauvaise vie et qui relevait la femme adultère, je leur devais mon aide tout autant que si elles n'étaient que deux filles honnêtes et seulement imprudentes ou temporairement dans la gêne. Je résolus donc de redoubler de prudence, sans diminuer de charité, et, après avoir le soir même mis mon fils en part dans toutes mes anxiétés et dans toutes mes résolutions, soit afin d'avoir son avis, soit afin de le mettre en garde contre ce qu'il pourrait entendre dire, et aussi de le former insensiblement à démêler sa voie parmi les sentiers entrecroisés de cette terre, je gagnai mon lit, où je dormis d'un paisible sommeil.

VIII

Le surlendemain, qui était un lundi, quand je me rendis, à mon ordinaire, pour conduire les deux jeunes dames à la promenade, je les trouvai dans un état de désolation difficile à décrire, et ma première pensée fut qu'elles avaient reçu au sujet du comte quelque fâcheuse nouvelle qui exigeait leur départ précipité. Leurs effets étaient en désordre, leurs bijoux épars çà et là sur les meubles, et, pendant que la jeune mariée se livraït, à l'écart, à des pleurs et à des sanglots, son amie, plus calme, mais pâle et consternée, s'occupait de remettre des hardes à une femme que je pris d'abord pour la blanchisseuse. Mais, derrière cette femme, un homme, que je reconnus pour être un juif de mon quartier, semblait attendre qu'elle en eût fini avec ses hardes avant d'entrer en marché pour les bijoux, en sorte que presque aussitôt je présageai qu'il était question des exigences de l'hôte plutôt encore que de mauvaises nouvelles du comte

Ce n'était pourtant point encore cela, et l'humiliation bien plus que la détresse était la seule cause des pleurs que je voyais verser et de la scène dont j'étais le témoin. Après s'être précipitée dans mes bras sans pouvoir d'abord articuler une seule parole : « O mon bon monsieur Bernier, me dit à la fin l'épousée, voudrez-vous nous protéger encore après un si grand outrage qui nous couvre de honte et qui nous livre au mépris de tout le monde?

— Qu'est-ce donc, ma chère enfant? lui dis-je; et si vous n'avez pas fait le mal, comment le mépris pourrait-il vous atteindre? »

J'appris alors que, poussé probablement par de perverses intentions, l'auteur de la lettre que j'avais reçue, ce même jeune homme qui, la veille, avait écouté ma conversation avec l'hôte, s'était hâté de lui payer la dépense de celles qu'il croyait être des *créatures*, et qu'il avait osé se présenter ensuite chez ces dames, certain d'être toléré, ensuite agréé, après que sous la formule simulée d'un prêt d'argent, il se serait vu l'auteur de leur délivrance et l'arbitre désormais de leur sort; puis, qu'aussitôt que ces dames avaient eu compris, au travers de l'ambiguïté polie de ses propos, toute l'indignité de ce prêt officieux, elles avaient fait venir l'hôte pour lui déclarer qu'il serait payé avant une heure, et qu'avant une heure aussi elles auraient quitté la maison d'un homme assez méprisable pour compromettre gratuitement par sa basse cupidité la réputation des étrangers qui s'étaient choisi chez lui leur demeure.

De là la présence de cette femme et de ce juif; de là ce désordre d'effets et ces sanglots provoqués par un bien coupable affront. Pendant que la jeune épousée me contait ces détails, le marché avait été grand train, et une somme de quinze cents francs environ se trouvait réalisée. « Assez, dit alors l'amie; retirez-vous, et que l'hôte monte. » Quand celui-ci fut entré, il voulut s'expliquer, faire des excuses, proposer des délais; mais la même jeune fille : « Des délais! demeurer une minute de plus dans votre odieuse maison! Ah! ce lui est trop d'honneur, et à nous trop de honte, indigne que vous êtes, qu'une seule fois nous en ayons franchi le seuil! Voilà vos douze cents francs, donnez-m'en le reçu, emportez-les en présence de monsieur, n'ajoutez pas un mot, et que jamais nos regards ne soient plus souillés de votre vue! »

L'hôte accomplit ce qui lui était ordonné d'un ton si impérieux, et, après qu'il se fut retiré, je demeurai avec les deux jeunes dames, qui, insouciantes du reste d'effets encore épars dans leur chambre, m'entraînaient à quitter l'hôtel en toute hâte.

« Mais un moment, un moment, mes chères enfants, leur dis-je; encore faut-il que je sache où nous voulons aller! »

Alors, épuisées qu'elles étaient par la douleur et l'anxiété, elles s'assirent, et, à peine assises, elles fondirent en larmes.

« En effet, leur disais-je, vous avez été cruellement

outragées, et, si M. le comte n'arrive pas bientôt, votre situation menace de s'aggraver encore. Toutefois, mes chers enfants, l'imprudence, le malheur, la détresse, ne sont pas le péché, et, si l'épreuve vient de Dieu, la délivrance aussi vient de lui. Ayons donc bon courage, et une autre fois, en m'acceptant comme protecteur, ne vous réservez pas de me taire vos secrets ; car, si j'avais connu que vous êtes temporairement dénuées d'argent, par de bien faciles conseils, sinon par des sacrifices qui ne sont guère à ma portée, je vous aurais certainement épargné et cet outrage et ce désespoir. Pour l'heure, le plus pressé est de vous trouver un gîte honnête et modeste, et je vais m'y employer ; ainsi, employez-vous vous-mêmes à enserrer dans vos valises ce reste d'effets qui peut vous devenir plus précieux que vous ne pensez, et, dans une demi-heure environ, je reviendrai vous tirer d'ici pour aller loger en lieu sûr. »

Elles se conformèrent à cet avis, et après m'avoir averti de heurter, à mon retour, d'une certaine manière qui me fît reconnaître, tant elles avaient peur que l'hôte ou le jeune monsieur ne vinssent à se présenter à leur porte, elles s'enfermèrent intérieurement à double tour, pendant que j'allais leur chercher un logement.

IX

Cet incident, quelque pénible qu'il fût en lui-même, avait néanmoins affermi mon opinion de la veille à l'égard de ces deux jeunes dames, et jusqu'à leur étourderie au sein de la détresse, jusqu'à cette précipitation qui les poussait à se mettre à la rue sans seulement songer à emporter le reste de leurs effets, mais uniquement afin de se voir plus vite à l'abri d'impures machinations, tout me portait à croire que j'avais bien fait de les juger plutôt d'après leur air et leurs discours que d'après quelques actes fâcheux sans doute, mais excusables pourtant, et d'ailleurs envenimés par la médisance. D'un autre côté cette découverte que je venais de faire de leur dénûment et du secret qu'elles en avaient gardé auprès de moi me donnait des doutes que je n'avais pas eus encore, sinon sur leur honnêteté, du moins sur leur situation, et je me disais qu'il était possible, après tout, que je n'en connusse pas le mystère. Comment pouvait-il se faire, en effet, que ce comte abandonnât, sans donner signe de vie et sans lui avoir laissé les moyens de se procurer de l'argent, une si jeune épousée ? Comment expliquer aussi que ces dames, à mesure que se prolongeaient l'absence du comte et leur séjour à l'auberge, à mesure par conséquent qu'elles se voyaient plus près d'un dénûment prochain, n'eussent pas recouru dès longtemps à leurs familles, toutes deux opulentes? Ces choses, je l'avoue, ébranlaient ma confiance. Certainement ce n'étaient pas là des *créatures*, suivant l'infâme expression du jeune libertin; mais certainement aussi ce n'étaient pas des dames dont la position offrît cette simplicité de rapports qui est d'ordinaire, à première vue du moins, la plus claire marque d'une vie régulière et d'une conduite sans nuages.

J'allai m'adresser à la famille justement de cet agonisant dont j'ai parlé. Ces gens étaient peu aisés, et désireux à cause de cela de se décharger d'une partie de leurs dépenses en me sous-louant au profit des jeunes dames leur meilleure chambre. D'ailleurs, ils s'engageaient pour un prix raisonnable à leur fournir la nourriture et à faire eux-mêmes leur petit service journalier. Je conclus donc avec eux, et, pendant qu'ils disposaient quelques meubles de façon à rendre l'habitation de cette chambre plus ornée et plus commode, je les quittai pour aller chercher les deux dames. Mais cette fois je ne franchis pas le seuil de cette maison sans me ressouvenir que déjà le contraste n'existait plus entre l'insouciante joie des deux amies et la tristesse de ces affligés, en sorte que, songeant à mon sermon, dont je m'étais reproché, au moment de le débiter, les appels trop chagrins, je regrettais au contraire qu'il n'eût pas été assez éloquent pour préparer efficacement à l'épreuve celles que j'y voyais en butte maintenant. Ainsi, ô mon Dieu, nous flottons au souffle de toutes les impressions et de tous les changements, quand nous devrions avoir saisi une bonne fois pour toutes le gouvernail de ta loi. Tes voies ne sont pas nos voies, mais notre faiblesse est toujours notre faiblesse, et notre orgueil toujours notre piége; que ta miséricorde soit sur nous!

X

Quand je fus de retour à l'hôtel, j'y trouvai les effets emballés, et les deux jeunes dames qui erraient toutes tremblantes dans leur chambre nue et comme inhabitée déjà. C'est que, pendant mon absence, on avait frappé à plusieurs reprises à leur porte, et qu'à la fin le jeune monsieur avait vivement insisté du dehors pour être introduit un moment, afin, disait-il, de pouvoir tout au moins justifier ses démarches et expliquer ses intentions. Aussi, ne voulant point laisser seules mes deux compagnes dans un moment où je les voyais en proie à un si extrême effroi, de la fenêtre j'appelai un portefaix qui stationnait sur la place, et, lui ayant donné l'ordre de porter les malles rue de la Prison, 37, au quatrième, je m'y acheminai moi-même, ayant à chacun de mes bras une des jeunes dames. Des gens dont la scène du matin avait éveillé l'attention s'étaient placés sur l'escalier de l'hôtel ou groupés sur le perron du seuil, et le spectacle insolite d'un vieux pasteur devenu le cavalier de deux jeunes personnes d'une moralité à leurs yeux équivoque faisait naître sur leurs visages, à mesure que nous passions, le sourire impitoyable de l'ironie. Quand nous eûmes franchi le seuil, des rires, quelques huées se firent entendre, et à ce moment j'eus bien de la peine à soutenir ma compagne de droite, de qui les jambes défaillaient sous elle. Mais son amie vint à mon aide, et, une fois placée entre nous deux, elle put avancer plus aisément.

« Mes chers enfants, leur disais-je en cheminant, pour les instruire de mes démarches et pour les ragaillairdir en même temps, car leur trouble me faisait pitié, je vais vous loger tout à côté de l'endroit où je vous ai vues pour la première fois ; c'est donc en façon de ressouvenir de cette rencontre où s'est nouée notre affection. L'endroit n'est pas bien beau, vous le savez, et la bise y souffle un peu ; mais de braves gens, un gîte sûr, une chambre qui, toute modeste qu'elle est, vous laisse voir de la fenêtre un beau coin des œuvres de notre bon Dieu : le lac, les coteaux, les montagnes, ce grand ciel aussi d'où il nous voit, d'où il nous protége et où il nous appelle. Avec de modiques ressources, vous pourrez vous y suffire jusqu'à des jours meilleurs et y abriter sous ma garde votre honnêteté, qui est après tout le meilleur et le seul de tous les trésors. J'irai vous y voir plus souvent, à cause de la proximité de ma demeure, et, aussitôt que vous serez refaites de cette épouvante bien naturelle, nous recommencerons nos promenades. Allons, mes chères enfants, n'ayez pas plus de crainte que moi qui vous suis attaché; acceptez l'épreuve comme étant utile à l'âme encore plus qu'elle n'est amère à la chair, et vous retrouverez dans cette retraite où je vous mène le courage, la paix, le contentement même, en attendant qu'il plaise à Dieu de vous ramener l'époux d'où dépendent votre réjouissance et votre sécurité. »

Durant ces propos, nous atteignîmes à la rue, à l'escalier qui est obscur, à l'appartement enfin. Les gens, en voyant la parure de mes deux protégées, parurent éprouver du mécompte autant que de la surprise, et d'empressés que je les avais laissés, je les retrouvai incertains, inactifs, douteusement disposés, surtout après que les deux jeunes dames, sans leur avoir encore rien dit d'affectueux à cause de l'émotion qu'elles éprouvaient, se furent précipitées dans leur chambre pour s'y abandonner de nouveau aux transports de la plus vive douleur. Je fus donc obligé de vite fermer la porte; après quoi je leur représentai qu'en se comportant ainsi elles risquaient d'effaroucher les gens simples chez qui je les avais placées, et, dans tous les cas, d'attirer de nouveau sur elles l'attention et de se préparer des ennuis pour la suite. Aussitôt elles comprimèrent leurs sanglots, et, ayant rouvert elles-mêmes la porte, derrière laquelle au reste les gens de la maison étaient demeurés aux écoutes, elles leur témoignèrent avec bonne grâce le plaisir qu'elles avaient de se trouver au milieu d'eux, combien la chambre leur paraissait agréable, et la reconnaissance qu'elles ressentaient de ce qu'ils s'en étaient privés en leur faveur. A ces démonstrations, les gens me parurent avoir repris de la confiance; ils m'aidèrent à compléter l'établissement de ces dames, et, lorsque je les eus vues plus tranquilles, je me hâtai de retourner à mes affaires, dont le cours avait été bien fâcheusement interrompu par l'incident que je viens de raconter.

XI

Quand je rentrai au logis après avoir fait quelques visites, j'y trouvai le jeune monsieur qui m'attendait, et dès l'abord je lui dis sans façon :

« Arrière de moi, Satan !... et, puisque aussi bien le temps est précieux, retourne à tes perversités, pendant que je retourne à mes affaires. »

En même temps je lui ouvrais la porte de ma chambre, en lui indiquant clairement par là que je préférais qu'il me laissât seul. Mais il ne fit aucun mouvement pour sortir, et, au contraire, ayant pris un siége, il s'y assit en me disant :

« Morbleu! j'ai juré que je vous parlerais, et vous m'écouterez!

— Il ne tiendra pas à moi que vous n'ayez fait un faux serment, lui répondis-je alors; mais, de grâce, dépêchez-vous; il se fait tard, et j'ai encore beaucoup de besogne. »

Alors il s'efforça, tout en inculpant la légèreté de mes jugements et en faisant profession d'être chrétien autant qu'un autre, de me persuader qu'il avait agi dans des intentions honnêtes, et qu'ayant l'avantage de connaître un peu ces dames, il lui avait paru naturel de leur épargner le désagrément d'avoir à se procurer de l'argent, en couvrant lui-même leur dépense par un prêt spontané. Je l'arrêtai là :

« Et votre lettre? lui dis-je.

— Quelle lettre? »

Je la lui montrai, et, tout en la saisissant pour la déchirer avec indignation :

« Une infamie, monsieur, une abomination! et j'ai le droit de m'offenser de ce que vous avez pu m'attribuer cette pièce un seul instant. »

Puis, sortant un billet de sa poche :

« Voyez au surplus si cette écriture, qui est la mienne, a le moindre rapport avec celle que vous me présentez.

— Arrière, Satan! repris-je alors tout court; et,

ouvrant de nouveau ma porte : Je vous ai écouté ; c'est à vous maintenant d'être complaisant en vous retirant au plus tôt de céans. »

Mais il ne sortit point, et revenant à ces dames, il me dit que l'une d'elles en effet lui avait plu, qui était libre encore; que, libre lui-même et possesseur d'une belle fortune, il n'avait visé dans toutes ses démarches, et en particulier dans ce prêt qui m'avait injustement indigné, qu'à se faire agréer par un bon office, en endormant ainsi, à l'insu de ces dames, la cupidité de l'hôte; que l'éclat était provenu d'une susceptibilité excessive que j'avais moi-même encouragée malencontreusement, et qu'il en avait éprouvé la plus vive douleur.

« Voilà pourtant, ajouta-t-il, où peut conduire une bonne action. Vous qui devriez être le premier à en faire l'éloge, vous la blâmez hautement, et ces dames, ou tout au moins l'une d'elles, à qui j'aurais été disposé à offrir ma fortune et ma main, ces dames, grâce à vous, sont remplies à mon égard des préventions les plus défavorables ! Toutefois, je consens, si vous voulez bien ne plus vous trouver sur mon chemin, à réparer tout le mal que j'ai pu faire involontairement et à rendre peut-être à des personnes désintéressées et sans ressources une fortune à la fois et un protecteur. »

Alors, pour la troisième fois :

« Arrière de moi, Satan !... Et, si vous ne sortez pas, c'est moi qui sortirai; voyez ce que vous préférez.

— Plus qu'un mot, continua-t-il, et je me rends à votre sommation, qui, au surplus, n'est pas polie. Ces dames, n'est-ce pas, attendent le comte?

— C'est possible.

— Avant peu?

— Je n'en sais rien.

— Ou, à défaut, des lettres?

— Cela ne vous regarde pas.

— Eh bien, je vous dis cela pour votre gouverne : les lettres ne viendront jamais, et le comte pas davantage. »

Là-dessus, il me salua et il partit incontinent.

XII

La séance m'avait été rude; mais ce dernier mot me terrassa, et je ne sais quel éclair vint à traverser mon esprit, qui illuminait comme d'une funèbre lueur la sorte de mystère qui y planait encore sur la situation réelle des deux jeunes dames. « Avec cela, me dis-je bientôt, quelle créance méritent les paroles du méchant, et est-ce donc du loup ravisseur que le chien fidèle doit attendre la vérité?... » Mais quoi! si la médisance nous prend à elle, la calomnie aussi se trouve des issues pour pénétrer dans notre esprit, et, à partir de ce moment, je ne recouvrai plus la pleine sécurité et l'intègre confiance qui, à quelques impressions près, avaient jusqu'alors accompagné mes démarches et mes services auprès des jeunes amies.

« Le comte, avait-il dit, ne viendra jamais ! » Que signifiaient alors la tranquille persuasion de sa jeune épousée, ses épanchements dont j'avais été le témoin, son ingénuité à laquelle ma vieille expérience s'était séduite d'emblée et à tant de reprises, comme à la marque d'une âme honnête et d'un cœur exempt de corruption? Ou bien avais-je affaire réellement à telles de ces femmes prématurément vicieuses et dissimulées, dont l'artifice, par sa merveilleuse perfection, atteint au dehors les plus vrais de la candeur et de l'innocence? Ou bien encore, car je me fais vieux et l'esprit baisse avec les années, n'étais-je point la dupe maladroite d'un artifice même mal fait, et ma sénilité elle-même ne m'avait-elle pas tendu le piége auquel je m'étais pris en me faisant le protecteur de deux aventurières intéressées à cacher leurs vices et leur déportements derrière le voile respecté de ma robe? En vérité, je ne savais plus que penser, et telle était mon angoisse, qu'ayant eu recours comme l'autre fois à la lecture de l'Évangile, et ne m'en trouvant guère plus calmé, je commençai à croire qu'en effet j'avais pu, même par une erreur désintéressée, compromettre mon caractère, et, tout en croyant sauver de mal ces deux jeunes femmes, ne faire que faciliter leurs péchés et abriter leur impénitence.

Les nuits sont bien cruelles alors qu'on est en doute sur les choses de cette sorte, et qu'incertain à la fois sur son prochain et sur soi-même, l'on craint aussi bien d'être charitable que de ne l'être pas. Aussi l'insomnie me vint visiter cette nuit-là, en telle sorte que le lendemain je me trouvai incapable de quitter le lit.

XIII

J'envoyai ce jour-là et les suivants mon fils demander des nouvelles de ces dames, qui, ayant entendu sa voix et après s'être fait dire qui il était, voulurent faire sa connaissance et recevoir sa visite. Il les avait trouvées modestement établies, assez tranquilles, et s'occupant d'ouvrages de couture. Autant qu'il avait pu s'y connaître, elles faisaient pour leur usage ordinaire des robes plus simples que celles qu'elles avaient portées auparavant et mieux appropriées à leur nouvelle situation. J'y vis, je l'avoue, une preuve de bon goût de leur part, sans compter que l'extrême mondanité de leur parure avait toujours été pour moi le sujet d'un secret reproche dont je me trouverais désormais déchargé. Les Miller d'ailleurs (ce sont les gens chez lesquels je les avais placées) paraissaient plus contents, et ils s'étaient mis à les servir avec assez d'empressement. Une chose surtout les avait touchés : c'est que ces dames avaient d'elles-mêmes offert de manger à la table de la famille, ce qui simplifiait beaucoup le service et en même temps diminuait la dépense, le tout au profit de ces bonnes gens à la fois peu aisés et très-laborieux.

De leur côté, ces dames s'étaient louées auprès de mon fils de la bonne volonté des Miller, et elles avaient insisté pour qu'il m'assurât que, grâce à mes bons soins, elles se trouvaient logées à leur entière satisfaction. Puis, à propos de la résolution qu'elles avaient prise de ne pas sortir du tout jusqu'à l'arrivée du comte, ce qui les empêcherait d'aller elles-mêmes porter et retirer leurs lettres à la poste, elles avaient réclamé de lui, comme un service dont elles seraient infiniment reconnaissantes, qu'il voulût bien, à l'heure de la journée qui lui conviendrait, remplir à leur place cet office quotidien. Mon fils s'était acquitté déjà deux fois de cette commission. A chacune il avait porté des lettres à la boîte, mais il n'en avait point rapporté, et tout aussitôt ces dames, qu'il avait quittées peu d'instants auparavant animées, gaies, remplies d'espoir, étaient retombées devant lui dans toutes les alarmes de l'incertitude. Lui-même s'était surpris à partager ces alarmes, et, tout en s'efforçant néanmoins de les dissiper, non-seulement il s'était convaincu que jamais époux n'avait été chéri avec une plus pure tendresse que celui dont l'arrivée était attendue avec de si vifs battements de cœur, mais

BIBLIOTHÈQUE NATIONALE ESTAMPES

il avait appris différentes particularités qui semblaient mettre à néant toutes les suppositions auxquelles le mot du jeune homme avait donné lieu dans mon esprit.

Une chose encore avait contribué à rendre ces visages agréables à mon fils, c'est la manière dont ces dames lui avaient parlé de moi. Le pauvre garçon en était tout pénétré, et il ne lui venait guère à l'esprit qu'on pût marquer tant d'estime et d'affection pour son père sans en être soi-même digne sans réserve. La jeune fille lui avait même dit, en apprenant que nous n'avions point de servante à domicile, qu'elle se reprochait de n'être pas accourue pour me soigner durant mon indisposition, et que, si cette indisposition se prolongeait un jour de plus, rien au monde ne l'empêcherait de venir à la maison, d'autant plus qu'elle voulait me demander quelques livres de piété. Je lui fis passer ces livres de piété, et, comme ces bonnes nouvelles avaient accéléré mon rétablissement, je joignis à ce message l'assurance que j'irais moi-même lui porter dès le lendemain des nouvelles de ma santé.

XIV

En effet, dès le lendemain j'allai rendre visite à ces dames; et comme ce fut la femme Miller qui m'ouvrit la porte du logis, avant de me faire introduire, j'eus avec elle quelque entretien. Cette femme me dit qu'elle était très-satisfaite de la bonne grâce de ses deux pensionnaires et de la tranquillité de leur vie ; que rien ne semblait changé dans la maison depuis leur venue, tant elles donnaient peu d'embarras ; que tous les matins elles faisaient venir son plus jeune enfant pour lui donner de petites leçons de lecture, et qu'elle-même ayant été un peu indisposée, elle avait eu à se louer des bons procédés de ces dames. « Seulement, ajouta-t-elle, elles consomment beaucoup de linge, de l'eau à profusion pour des propretés superflues, et nous croyons, mon mari et moi, qu'elles n'ont pas encore fait usage de leurs lits depuis leur entrée ici. Ce nous est pénible, monsieur le pasteur, car les lits sont en bon état, et nous avons tâché de les contenter. »

Sur ce dernier point, je fis observer à la femme Miller qu'elle n'avait ni à souffrir ni à s'affliger le moins du monde ; que ces dames m'avaient fait dire qu'elles se trouvaient logées à leur entière satisfaction, et que le tout était, non pas de faire ainsi ou ainsi, mais de se convenir, quand on loge sous le même toi. Puis, après avoir recommandé de nouveau que, excepté mon fils et moi, l'on n'introduisît aucun homme auprès de ces dames, sous quelque prétexte que ce fût, je les fis prier de me recevoir.

A peine cette demande eut-elle était faite, que je

me trouvai avoir les deux amies dans mes bras, de sorte que, gros et replet comme je suis, j'avais un peu de peine à répondre des deux côtés à la fois à la vivacité de leurs caresses. Elles m'entraînèrent dans leur chambre, et là, m'ayant fait asseoir sur une grande vieille bergère qui était, disaient-elles, leur trône d'honneur, avant même que je fusse bien établi, elles m'avaient déjà supplié de rester bien, bien longtemps. Dès l'abord je vis avec plaisir qu'elles portaient les robes dont m'avait parlé mon fils, sans trouver que cet accoutrement, pour simple qu'il était et de couleur brune, je crois, ôtât rien à l'agrément de leurs figures et à la distinction de leurs personnes. Leurs cheveux aussi s'épandaient en moins de boucles ; mais ceci faisait découvrir quelque maigreur dans leurs visages, que je trouvai d'ailleurs un peu changés en pâleur et en traces de lassitude. Et comme je leur demandai si elles passaient de bonnes nuits, elles m'assurèrent que oui, tout en m'avouant que, la première exceptée, où il leur avait été peu possible de dormir dans leurs lits, elles avaient mis à profit toutes les autres au moyen de la bergère et de quelques ajustements de meubles. Je tâchai de leur persuader qu'il valait mieux encore forcer leur délicatesse à supporter quelques incongruités que de continuer sur ce pied ; mais, sans contester sur ce point, elles ne me promirent pas d'ailleurs d'obtempérer à mon avis.

J'en vins ensuite à l'article qui me tenait à cœur. « Point de lettres, mes chères enfants ? leur dis-je.

— Point, point, jamais ! répondit l'épousée en s'attristant soudainement ; aussi mes alarmes au sujet de Ludwig (c'était le prénom du comte) croissent de jour en jour, et je suis bien malheureuse. »

Là-dessus vint l'attendrissement, et ses larmes coulèrent.

— Eh bien ! repris-je, il faut à tout prix sortir de cette situation, et, dès aujourd'hui, vous-même, ou moi, si vous l'aimez mieux, nous écrirons à vos familles pour qu'elles aient à vous faire chercher au plus vite. Une fois rendues au milieu d'elles, M. le comte vous y rejoindra aussi bien qu'ici, et d'un autre côté vous serez bien plus à portée d'en avoir certainement et presque immédiatement des nouvelles. »

A cette proposition, les deux amies rougirent, et leur attitude marqua beaucoup d'embarras. « Cela, dit enfin craintivement l'épousée, n'est pas possible.

— Pas possible ! pas possible, dites-vous ?

— Non, monsieur Bernier, cela n'est pas possible. Notre seul appui, notre seule ressource, notre seul bonheur, notre seul avenir à toutes les deux est dans Ludwig, mon époux. Pour nos familles, il ne nous appartient pas d'en rien attendre !

— Ah ! malheureuses ! m'écriai-je en me levant par un mouvement de blâme, de terreur et de pitié tout à la fois; quoi! le rameau s'est séparé du tronc, la fleur s'est détachée de sa tige? J'ai affaire à des filles coupables! Je protége celles qui ont renié les seuls protecteurs que Dieu leur reconnaisse! Je seconde ce qui doit être empêché, proscrit, maudit à tout prix, la rébellion filiale, l'outrage fait au plus saint des devoirs et au plus sacré des commandements! Pauvres enfants, qu'avez-vous donc osé faire, et comment se peut-il que, criminelles comme vous l'êtes, j'aie pu vous consacrer mes services et vous vouer mon affection?... »

Après ces mots, vaincu par ma propre angoisse, je retombai dans la bergère, pendant que, contraintes et désolées tout ensemble, les jeunes dames se livraient séparément à la silencieuse effusion de leur peine.

Au bout d'un moment : « Que signifie alors ce que vous me dîtes un jour, que ce mariage avait été béni à Delmonhorst, dans la journée même où vous quittâtes vos familles?

— Cela est vrai, répondirent-elles toutes les deux à la fois; cela est vrai, monsieur Bernier.

— Ce sont donc vos familles qui ont accompli cette union, Rosa (c'était le nom de la mariée)?... »

Elles se turent. « Ah! malheureuses! m'écriai-je encore; et veuille Dieu lui-même vous prendre sous sa protection, puisque aussi bien j'entrevois que la mienne, bien humble qu'elle est, va pourtant devoir vous être refusée!... »

Alors elles m'entourèrent, et, se saisissant de mes mains comme pour me retenir à elles, elles les inondaient de pleurs et les couvraient de baisers. Mais j'en éprouvais peu de miséricorde : « Ah ! Rosa, ah ! Gertrude ! continuai-je ; sur ce point donc aussi, et après que je vous ai grondées pour m'avoir caché votre dénûment, vous m'entreteniez dans une grossière erreur ; et moi, qui vous aimais à cause de votre ingénuité, vous me dupiez par votre artifice ! Honte aux jeunes filles qui se jouent des cheveux blancs, de la probité, du bon vouloir ! Honte aux jeunes filles qui, après avoir trompé leurs parents, s'en viennent encore tromper le vieil ami que la Providence leur envoie, et qui s'en servent comme d'un reste de manteau dont on cache ses laideurs ! »

Ici, je dus m'arrêter ; car de sanglots en cris, et de cris en défaillance, Rosa était devenue froide, insensible et d'une mortelle pâleur. Pendant que je la retenais appuyée sur mon corps, Gertrude courut dans la cuisine chercher du vinaigre, Mme Miller arriva, et au bout de quelques minutes Rosa eut repris connaissance. Mais le bruit avait attiré jusqu'aux enfants de la maison, et, quand j'eus à les prier de sortir de la chambre, je vis bien à leur air qu'ils n'auraient garde malheureusement de taire dans leurs porpos la scène dont ils avaient été les témoins.

« Oui, reprit Rosa dès qu'elle fut revenue à elle

oui, mon cher monsieur Bernier, nous avons manqué de respect envers vos cheveux blancs; mais si vous imputez ce tort à notre intention, au lieu de l'imputer à notre timidité, à notre crainte ou à notre situation, alors vous êtes injuste envers nous, et votre reproche est bien cruel..... Si nous ne vous avons pas tout dit, jamais, je le jure, nous ne vous avons trompé; jamais même, j'ose le dire, nous n'avons concerté entre nous le projet de vous rien cacher, et, en quelque moment que vous nous eussiez adressé les mêmes avis ou les mêmes questions qu'aujourd'hui, vous auriez obtenu les mêmes éclaircissements et les mêmes réponses. Ainsi ne nous abandonnez pas dans cette détresse si grande, dans cet isolement sans remède, et en butte à ces hommes affreux qui ont déjà réussi à salir notre couronne jusqu'alors sans tache! »

Les pleurs l'empêchèrent de nouveau de poursuivre, et Gertrude, suppléant son silence, me fit, dans le même langage, des supplications encore plus affectueuses et plus pressantes. « Ayez, ajouta-t-elle, ayez, monsieur Bernier, de l'indulgence pour deux jeunes filles bien plus inexpérimentées que coupables, et, puisqu'elles se sont attiré votre juste colère par des réticences qui, je vous le jure aussi, ne furent jamais concertées, daignez alors écouter leur histoire tout entière, afin qu'il ne soit pas dit qu'elles aient pu cacher une seule de leurs actions, ni un seul de leurs sentiments, à un ami aussi bon et aussi vénérable que vous l'avez été pour nous et que vous le serez encore, je vous en supplie, je vous en conjure! »

Ici, elle allait se mettre à deux genoux. Je la retins, et, les voyant dans un état qu'il ne fallait pas prolonger si je voulais éviter que toutes les deux ne retombassent dans une crise comme celle de tout à l'heure : « Assez pour aujourd'hui, leur dis-je. Oui, mes enfants, je vous écouterai, je vous servirai, je vous protégerai selon mes forces, et je retire ce mot peu charitable que m'arrachait la première impression de votre immense faute. Pour l'heure, efforcez-vous de vous calmer, faites dans les livres que je vous ai prêtés une sainte lecture, ne changez rien à vos habitudes et à vos façons de vivre auprès des Miller, et tout aussitôt que j'en serai libre, je reviendrai vous voir, vous écouter et vous conseiller. Adieu. »

Là-dessus elles imprimèrent chacun un baiser sur ma main, et je les quittai au moment où mon fils fort triste lui-même de ce message venait leur annoncer qu'il n'avait point trouvé de lettre à la poste.

Quand je fus sorti de leur appartement, je trouvai la femme Miller qui m'attendait pour me questionner sur ce qui s'était passé. Il m'était impossible, comme on peut en juger, de lui révéler les confidences de ces dames; aussi fus-je bien embarrassé : car, même là où elle est commandée, la tromperie répugne comme une souillure. J'usai donc de termes vagues plutôt que mensongers pour lui faire entendre que des difficultés de famille et une attente trompée avaient été la cause du chagrin de ces dames. Mais je vis bien que mes réticences lui causaient quelque mécontentement, et que son amour-propre souffrait de ma réserve.

« A la bonne heure, dit-elle, et monsieur le pasteur a sûrement ses raisons pour être discret. Mais il faut espérer que des crises de cette sorte ne se renouvelleront pas souvent; sans quoi, n'en sachant pas la cause et étant comme chacun sous la langue du quartier, des bruits pourraient courir qui nous seraient nuisibles.

— Madame Miller, lui dis-je, les bruits, c'est à nous de n'y pas donner prise par l'intempérance du babil, et, à ce propos, je vous invite à brider celui de vos enfants, puisque le hasard les a amenés là où il aurait mieux valu qu'ils ne se trouvassent pas. Croyez que, si je suis obligé d'être discret avec vous, que je connais pour une brave et pieuse femme, c'est qu'il convient encore plus que vous et les vôtres vous le soyez avec ceux qui ne vous valent pas. Ainsi je m'en fie à vous, et là-dessus je vous salue, ma bonne dame Miller. »

XV

En sortant de chez Mme Miller, je pris par l'escalier des Barrières pour aller faire une tournée de visites dans le quartier de la Madeleine; et, comme je venais d'entrer sur la place, j'y vis, qui adressait la parole à une mauvaise femme de ma paroisse, le jeune homme de l'autre jour. Il ne me voyait pas venir, étant tourné à l'opposite, mais j'aperçus bien que, sur un signe qui lui fut fait, il quitta subitement cette femme pour disparaître dans une ruelle voisine; puis, faisant le tour par le petit perron, il se trouva devant moi au moment où j'allais déboucher sur la place du Molard. Cet endroit est étroit, sale, obscur, et bordé de cabarets où les buveurs font leur vacarme tout le long du jour. « J'allais chez vous, monsieur, dit-il en me saluant.

— C'est heureux, dans ce cas-là, lui répliquai-je sans m'arrêter, que j'en sois sorti. Mais faites, allez, et laissez-moi poursuivre.

— Vous voudrez bien au moins, me dit-il, m'indiquer une demeure, celle d'un marchand horloger que les gens de ce te rue n'ont pas su m'indiquer?

— Il n'y a point de marchand horloger dans tout ce quartier, et il n'est pas un habitant de cette rue qui ne vous l'eût dit, si vous le lui aviez demandé.

— Mais justement, je l'ai demandé à une femme. .

— Arrière de moi, Satan! » interrompis-je alors, et je voulus passer outre. Mais lui, me barrant le chemin : « Veuillez considérer, mon cher monsieur, qu'il n'y a ici d'autre Satan que vous!..... Je vous le répète, le comte ne viendra jamais, et ces jeunes personnes sont abandonnées. Si donc je veux bien épouser Gertrude et me charger de l'autre, et que vous traversiez de toutes vos forces cet honorable dessein, qui êtes-vous autre que Satan lui-même, jetant dans la perdition celle que j'en veux préserver? »

Sans rien répondre cette fois, je brusquai, et, m'ouvrant un chemin, j'allai achever ma tournée de visites.

Quand je rentrai au logis, mon fils m'apprit qu'il était demeuré auprès de ces dames lorsque je les eus quittées, et qu'elles avaient parlé, sans se contraindre devant lui, des motifs de leur affliction. Rempli de droiture comme il l'est, mon fils avait blâmé avec modestie leur conduite, en leur disant que rien selon le monde, et rien selon l'Écriture, n'autorise jamais les enfants à secouer le joug des pères et mères; qu'en conséquence il ne pouvait s'empêcher de partager à leur égard les sentiments que je leur avais manifestés; mais en même temps, plus encore que moi, il avait marqué de la compassion pour leur douleur, ainsi que la vive espérance qu'aidées désormais de mes conseils elles avanceraient vers une réconciliation avec Dieu. Après cela, sur la proposition qu'elles en avaient faite, il leur avait lu un chapitre de la Bible, puis il s'était retiré en les laissant plus calmes et comparativement plus sereines que lorsqu'il était arrivé.

XVI

Comme c'était la semaine de la Pentecôte et que j'avais un sermon à composer pour ce jour-là, je fis dire le lendemain à ces dames qu'elles ne m'attendissent pas avant le lundi suivant, et que, dans le cas où elles seraient disposées à communier, comme au reste je les y invitais, mon fils les accompagnerait à l'église, qui est toute voisine de la demeure qu'elles occupaient. En même temps je leur faisais passer quelques directions sur la manière dont elles devaient, dans leur situation particulière, se préparer à s'approcher de la sainte table, et je réitérais auprès d'elles l'avis que, renfermées chez elles pendant le reste du temps, elles n'y commissent aucune imprudence, et qu'elles ne reçussent ni message ni visite de qui que ce fût, excepté de mon fils ou de moi.

C'est qu'en effet cette entrevue que j'avais surprise la veille entre le jeune homme et cette mauvaise femme, et surtout l'artifice qu'il avait tenté d'employer pour me donner à penser que cette entrevue n'avait été qu'accidentelle, m'avaient causé de vives alarmes et les plus sérieuses inquiétudes. Comme on sait, il y a au fond de toutes les paroisses, dans les grandes villes surtout, une lie d'êtres pervers qui, après avoir été corrompus eux-mêmes, se font un affreux plaisir, et comme une vengeance du mépris auquel ils sont condamnés, de corrompre à leur tour et d'aider de leur entremise quiconque aspire à entraîner autrui dans la fange où ils se débattent eux-mêmes. Cette femme, déchue d'une condition honnête qui lui avait laissé le bon goût du langage et le vernis des manières, d'ailleurs habile, intelligente, et qui connaissait aussi bien que moi le personnel du quartier, était un de ces êtres immondes; et dès l'abord je n'avais pu douter que le jeune homme n'eût été chercher auprès d'elle, sinon un abominable appui de ruse, de perfidie et de sourde intrigue, du moins des renseignements dont il pût lui-même faire usage. Ce qui m'y confirmait au surplus, c'était la persistance qu'il avait mise à m'affirmer par deux fois *que le comte ne viendrait pas* et *que ces jeunes personnes étaient abandonnées sans retour*. Ne devait-il pas en effet parler ainsi, lui dont à l'occasion de la lettre j'avais pu connaître l'astucieuse effronterie, s'il avait quelque projet de faire tomber dans les rets de son libertinage, au moyen d'une fausse amorce d'hyménée, les deux jeunes dames qu'il convoitait? Aussi ne doutais-je presque plus déjà que son propos ne fût un mensonge intéressé, et je revenais insensiblement de cette terreur que j'en avais ressentie la première fois, alors que j'étais allé jusqu'à m'imaginer que non-seulement il n'y avait peut-être point de comte au monde, mais que, s'il y en avait un, c'était peut-être aussi, comme l'homme à qui je parlais, quelqu'un de ces roués de haut parage, qui, après avoir séduit une jeune fille et consommé sa perte, l'abandonnent ensuite à sa honte, à ses remords, à sa détresse, et souvent à son trépas.

Sans doute, l'honnêteté native de ces dames, et toute cette cuirasse d'habitudes, de timidité et de pudeur, qui défend même des jeunes personnes moins bien élevées contre les tentatives du vice, me garantissaient assez qu'aucune atteinte quelconque ne pouvait être portée à leur chasteté, et que toute démarche directe pour les perdre, ou seulement pour les séduire, n'aboutirait au contraire qu'à réveiller en elles cette horreur qu'elles avaient déjà ressentie à l'occasion d'une démarche pourtant furtive, et encore plus équivoque que directement offensante. Mais si, d'une part, je savais que leur situation même les exposait à se laisser graduellement enlacer dans des rets d'intrigue, car, une fois exilées du colombier, comment de pauvres colombes éviteraient-elles, ici le plomb, là le rets du chasseur? d'autre part, j'avais la crainte bien plus prochaine de quelque tentative détournée, qui, en amenant des propos, des soupçons, quelque éclat, effrayerait les Miller pour eux-mêmes, chasserait les deux amies de leur maison, et les replacerait encore une fois dans la rue, plus humiliées, plus avilies, et plus près en cela même de devenir la proie peut-être du ravisseur qui rôdait autour d'elles. « Ah ! mon Dieu, disais-je avec ferveur en songeant à tant de dangers, qui menacent de toutes parts la fille abandonnée, combats avec ton faible serviteur pour sauver ces deux enfants, et pour que sauvées, elles retrouvent le toit paternel, la garde de leurs mères, l'arche de leurs familles, et la bénédiction à laquelle elles se sont témérairement soustraites ! »

XVII

Le dimanche suivant, je prêchais à Saint-Pierre, et, après le sermon et la préparation, je descendis de la chaire pour donner la coupe. Il y avait grande affluence de fidèles, et mes deux jeunes dames, vêtues avec modestie, étaient perdues dans la foule. A la fin leur tour arriva de se présenter devant la table sainte, et je leur adressai en commun ce passage que j'avais gardé en réserve pour elles : *Je m'en irai vers mon père, et je lui dirai : Mon père, j'ai péché contre le ciel et contre toi !* Comme on peut croire, et c'était mon intention, elles éprouvèrent un grand trouble religieux à l'ouïe de ce passage; mais d'ailleurs je l'avais prononcé à voix basse, et de façon à ce qu'il parût m'être échappé à la file des autres sans intention concertée, en sorte que personne n'eût lieu de rien remarquer à ce sujet. Un moment après, je vis à l'autre table, à celle des hommes, le jeune libertin qui passait aussi, et de telle sorte qu'il ne put manquer d'être vu de moi. Alors je me dis en moi-même, et pour moi-même : *Ne jugez point, afin que vous ne soyez point jugés;* car, un moment de plus, et j'allais réjouir mon orgueil de cette pensée : *Celui-ci boit et mange sa propre condamnation.*

La communion terminée, et après avoir assisté au service de l'après-midi, nous allâmes, mon fils et moi, faire le *tour des jardins*. Tout en cheminant, il me mit au fait de ce qui s'était passé ces derniers jours chez les Miller. Point de lettres toujours. Mais la tristesse de ces dames à ce sujet lui avait paru se manifester moins vivement qu'auparavant, à raison même de ce qu'elle se confondait avec l'affliction dans laquelle mes discours les avaient plongées. Elles s'étaient remises à coudre durant les intervalles de leurs longs entretiens; mais le jeudi et le vendredi, Rosa ayant été très-souffrante, il n'avait pas pu être introduit dans la chambre, en sorte qu'il s'était borné, après y avoir fait faire son message, à recommander de nouveau ces dames à la femme Miller. Mais celle-ci lui avait paru avoir de l'humeur, et son mari étant survenu avait marqué du mécontentement de ce que ces dames, en ne se comportant pas comme les autres personnes de leur condition et en demeurant cloîtrées tout le jour, quand d'ailleurs chacun les savait logées chez eux, apprêtaient à jaser ; que le juif du coin avait prétendu que c'étaient les mêmes demoiselles qui lui avaient vendu des bijoux pour payer leurs dépenses à l'auberge ; qu'enfin le bruit s'était répandu dans le quartier que l'une d'elles se disait mariée à un comte allemand, quand même il n'en était rien. A tout cela mon fils avait allégué qu'il fallait laisser jaser les gens sans y apprêter soi-même par des indiscrétions, et qu'il devait suffire aux Miller, pour braver tous ces bruits, de savoir que son père connaissait ces dames, qu'il savait toute leur histoire, et que c'est à cause de cela justement qu'il les avait prises sous sa protection et placées chez des personnes choisies, à qui il ne voulait certainement que du bien.

Tout ceci, sans me surprendre trop, ne m'en causa pas moins beaucoup de chagrin ; car, outre que je prévis que j'aurais bien de la peine à maintenir les Miller dans leurs bonnes dispositions et mes jeunes dames à l'abri de la maligne curiosité des gens du quartier, il ne m'échappa pas de comprendre que l'un de ces bruits, dont le mari Miller s'était fait l'organe, je veux dire le dernier, partait évidemment d'une source empoisonnée, et que le concert que j'avais redouté entre le jeune homme et cette mauvaise femme dont j'ai parlé n'était que trop réel. De mon côté, je mis mon fils au fait de tout ce que je savais, et après nous être entretenus des pensées sérieuses que faisait naître le triste spectacle de ces jeunes femmes malheureuses par les suites de leur filiale rébellion, et de ces êtres dégradés se liguant pour les perdre, nous reprîmes le chemin de notre logis.

XVIII

Le lundi, selon ma promesse, je me rendis chez les deux jeunes amies. Ce fut cette fois la petite Miller qui m'ouvrit la porte. « Eh bien ! mon enfant, lui dis-je, comment va-t-on par ici? » Alors cette petite, effrayée qu'elle était et baissant la voix, me dit que cela allait très-mal ; qu'au milieu de la nuit Mlle Rosa s'était levée pour faire, la lampe à la main, un tour de cuisine, que dès le matin, elle avait mis ses plus beaux habits et s'était montrée tout à coup joyeuse ; qu'elle avait fait acheter des fleurs pour beaucoup d'argent; qu'enfin, en la voyant si subitement changée, sa mère avait pris la crainte que Mlle Rosa ne fût devenue folle, et qu'elle venait de descendre à l'atelier de Miller pour s'en entretenir avec lui et lui confier cette appréhension. A ce moment, la porte de chez ces dames s'ouvrit, et, étant entré aussitôt, j'y trouvai en effet des vases de fleurs disposés çà et là, Rosa toute parée, de qui les traits respiraient la plus douce joie, et Gertrude dans ses habits et dans son expression de tous les jours, qui me sembla n'être point en part dans l'allégresse de son amie.

« Mais, au nom du ciel, mes chères enfants, leur dis-je alors, qu'est-ce que tout cela signifie, et avez-vous donc reçu depuis hier des nouvelles du comte?

— Oui, monsieur Bernier, répondit Rosa avec une expression de visage où se peignait en effet une sorte de joie fébrile ; oui, monsieur Bernier... cette nuit, je l'ai vu; je l'ai vu en songe, tendre, bon, fidèle, comme au plus beau temps de nos plus chères amours, et il m'a dit, l'œil mouillé de larmes : « Rosa, ma bien-aimée Rosa, combien tu as souffert « durant cette séparation par laquelle j'ai voulu « éprouver ton amour! mais l'heure est venue d'y « mettre un terme.... Demain, demain, ma bien-« aimée, je serai sur ton seuil! » Après m'avoir ainsi parlé, il a disparu en me jetant mille baisers, et la joie m'a réveillée. Alors j'ai allumé ma bougie, et j'ai été regarder l'heure à la pendule des Miller. Minuit n'avait pas encore sonné ; c'était donc bien aujourd'hui qui est le demain si désiré, si attendu, et ma joie est inexprimable! »

En vérité, je commençai à être un peu de l'avis des Miller. « Rosa, mon enfant, lui dis-je, êtes-vous bien dans votre bon sens?

— Votre question, répondit-elle en souriant, m'embarrasse un peu, mon cher monsieur Bernier; car les preuves ne vous manquent pas, à vous, que je n'y ai pas toujours été. Aussi, tout ce que j'y puis répondre, c'est que je me crois dans mon bon sens, non pas plus, mais autant qu'à l'ordinaire.... Est-ce donc que, dans cette contrée ci, vous ne croyez ni aux pressentiments ni aux songes?... »

En cet instant mon fils entra en disant qu'il n'y avait point de lettres : « Quel bonheur! s'écria Rosa; car, pour aujourd'hui seulement, j'ai redouté d'en recevoir!... C'est donc bien lui, vous le voyez, qui doit venir! « Je serai, m'a-t-il dit, sur ton seuil... » Et elle se livra aux folles démonstrations de la plus vive joie.

Pour moi, ne sachant plus que penser, je regardais Gertrude, à qui ces démonstrations semblaient être pénibles. « Comme à vous, me dit-elle, cette joie de Rosa m'est pénible, monsieur Bernier, mais elle ne me surprend pas. J'ai aussi connu ces illusions, j'ai écouté ces pressentiments, j'ai cru à ces rêves, et bien souvent je n'ai pas eu d'autres motifs d'agir contre mes devoirs ou de donner de téméraires conseils. » Ici elle s'attendrit. « Aujourd'hui je m'en défie. Les rêves, je commence à l'éprouver, ne sont que mensonge et que séduction, et, si Rosa avait voulu m'écouter cette nuit, elle ne travaillerait pas à cette heure à se forger un décourageant mécompte. »

Alors Rosa s'approchant de Gertrude, et tout en passant un bras autour de son cou : « Ma sœur, lui dit-elle, mon unique et tendre amie, vous souvient-il de ce songe commun que nous nous confiâmes un matin l'une à l'autre, et qui détermina le don que je fis de mon cœur, de ma destinée et de ma personne au plus aimable et au plus vertueux des hommes? Alors, Gertrude, les songes vous paraissaient comme à moi une voix du ciel; et que de fois depuis, témoin que vous étiez du bonheur dont me comblait Ludwig et des sages discours qui sortaient de ses lèvres, vous vous êtes confirmée, et moi avec vous, dans cette douce croyance!... Néanmoins, ma Gertrude, je vous vénère autant que je vous chéris, et, puisque vous ne partagez pas mon espoir, il faut bien qu'il soit sans objet. Je vais donc, autant qu'il est en moi, le chasser de mon cœur. J'ôterai ces habits, monsieur Bernier, je jetterai ces fleurs, je reprendrai mon faix de tristesse, et je ne croirai plus que la Providence nous envoie durant le sommeil l'annonce chérie du bonheur! »

En disant ces derniers mots, Rosa avait quitté Gertrude pour ouvrir la croisée, et elle allait jeter les fleurs dans la rue, lorsque je l'en empêchai. Puis, comme je désirais qu'elle ôtât au plus tôt ses beaux habits pour reprendre sa mise ordinaire et son train de vie habituel : « J'étais venu, mes enfants, leur dis-je, pour écouter ce récit que vous m'aviez promis; mais voici arrivé le temps dont je pouvais disposer. A demain donc, et, de grâce, quelque songe que vous ayez, ne faites aucune de ces choses qui, comme celle d'aujourd'hui, peuvent attirer sur vous l'attention. »

En sortant de la chambre, je trouvai tous les Miller réunis dans la cuisine, et je compris qu'ils s'étaient tenus aux écoutes pendant tout le temps de ma visite. Comme ils attendaient des récits que je n'eus garde de leur faire, le père Miller dit avec assez d'humeur qu'il se repentait d'avoir loué sa chambre pour qu'on y jouât des comédies qui n'avaient pour objet que de tromper M. le pasteur.

« Miller, lui dis-je alors, faites éloigner vos enfants, qui n'ont que faire de s'ingérer dans tout ceci, et j'écouterai ce que vous pourriez avoir à me dire en preuve du propos que vous venez de tenir. »

Il ne se fit pas prier, et quand nous fûmes seuls :

« Voici, monsieur le pasteur. Une de ces demoiselles se dit mariée et ne l'est pas ; tout le quartier vous le dira.

— Ceci, Miller, n'est qu'un bruit de rue, que j'estime être sans aucun fondement ; mais tout à l'heure vous parliez de comédie?

— Eh bien ! reprit-il, quand même on m'a fait promettre de garder le secret, je dirai tout. »

Alors il me conta que, tout à l'heure, un monsieur était venu dans son atelier pour lui commander quelques meubles ; que, de fil en aiguille, ce monsieur lui avait parlé de ces dames qu'il connaissait, et que, comme lui-même, à cette occasion, lui avait raconté ce qu'il savait d'un rêve, d'une parure et d'achats de fleurs, à propos du comte qui doit arriver aujourd'hui, il s'était pris à sourire en disant :

« C'est pour tromper le pasteur; le comte ne viendra jamais! »

« Miller, lui dis-je aussitôt, si vous êtes un brave homme, vous n'aurez plus d'autres rapports avec ce monsieur que celui de lui envoyer ses meubles quand ils seront faits. Et écoutez-moi bien : c'est par lui, et jamais par ces dames, je m'en fais garant, que le scandale entrera dans votre maison. Vous voilà bien averti, et là-dessus je vous salue. »

XIX

Cependant le mécompte que Rosa avait éprouvé l'avait, dès la veille, rejetée dans un grand désespoir, en sorte que, lorsque je me présentai chez elle le lendemain, je la trouvai si affaiblie par une fièvre ardente, que je dus, par humanité, abréger ma visite. D'ailleurs, comme la violence du mal l'avait contrainte à s'étendre tout habillée sur son lit, il lui répugnait que je l'eusse surprise dans cette position, et j'avais hâte de délivrer sa pudeur de l'importunité de ma présence. Toutefois Gertrude saisit le moment de m'accompagner pour verser quelques larmes dont elle voulait dérober la vue à son amie, et elle me dit qu'à voir les défaillances de Rosa se succéder à tant de reprises durant cette nuit cruelle, pour la première fois elle avait entrevu la possibilité de la perdre et celle de mourir de douleur après lui avoir fermé les yeux.

En la quittant, j'allai faire mes visites de paroisse, et, comme ma profession m'appelle à entrer jusque dans les lieux les plus décriés, l'idée d'être de quelque utilité à mes pauvres protégées fut cause que j'allai sonner à la porte de la mauvaise femme. Quand j'eus sonné, quelque bruit se fit entendre dans l'appartement, et tout à l'heure cette femme elle-même vint m'ouvrir.

« Puis-je entrer? lui dis-je.

— Pourquoi donc pas, monsieur le pasteur? » répondit-elle; sur quoi elle me fit passer dans une chambre d'où elle sortit aussitôt, en me priant de l'attendre un instant. Une odeur d'impureté s'exhalait de ce réduit affreux, où l'on voyait épars sur des meubles malpropres, ici des bouteilles vidées, là des bas troués, et auprès, sur un support, un chapeau de toilette neuf et garni de fleurs. D'ailleurs aucune trace d'ordre, de soin, de travail, de vie domestique; et telle était autour de moi l'absence de toute impression honnête et consolatrice, qu'au bout de quelques instants passés dans cette solitaire attente, je ressentis un frisson auquel une sorte de terreur n'était pas étrangère. « Béni sois-tu, disais-je, ô mon Dieu, de ce que tu es à côté de ton serviteur! car ici c'est bien ta droite qui retient, et ta présence qui empêche de fuir. »

La femme rentra. « Rien qu'à voir cette chambre, lui dis-je, je devine, Marie, que vous vivez toujours dans le même dérèglement, mangeant, buvant, livrant votre chair aux impuretés et votre âme aux flammes de la géhenne?

— Je fais mon métier, reprit elle, tout comme vous faites le vôtre; à chacun dans ce bas monde de se tirer d'affaire comme il peut.

— C'est à chacun, au contraire, Marie, de vivre selon la justice et la tempérance, afin d'être épargné au grand jour du jugement. Mais encore, que songez-vous à vous aller charger d'iniquités gratuites, et pourquoi vous concertiez vous l'autre jour avec ce misérable qui veut se servir de vous dans ses complots? Savez-vous, fille d'enfer, que, si vous ne craignez pas la colère d'en haut, il vous faut tout au moins (pardonne, grand Dieu, le blasphème de ce parallèle!) redouter les sévérités de la police?... »

Au moment où j'achevais ces mots, trois hommes sortirent bruyamment de la pièce voisine, et, s'étant jetés sur moi, ils me colletaient en me faisant entendre d'horribles menaces de coups et de mort, si je venais à dénoncer Marie ou à traverser le moindre de leurs desseins. Comme j'avais bien moins de peur alors que quand je m'étais vu seul tout à l'heure dans cette chambre :

« Et toi aussi, Pierre, tu menaces ton pasteur ! » dis-je tranquillement en m'adressant à l'un d'eux, dont j'avais autrefois fait l'instruction religieuse et aidé la famille.

Soudainement déconcerté par ces paroles, cet homme se découvrit d'abord, puis, tournant presque aussitôt sa fureur contre ses deux camarades :

« Vous ne m'aviez pas dit, brigands, s'écria-t-il en saisissant un couteau qui se trouvait sur la table, qu'il s'agissait de ce pasteur-là ! Osez le toucher, et je fais un malheur !

— Pierre, lui dis-je, tu vas me donner ce couteau, et m'obliger ensuite en te retirant.

— Alors retirez-vous le premier, monsieur le pasteur; retirez-vous, vous dis-je. Ceux-ci ne vous en veulent pas, mais nous ne sommes pas seuls ici.

— Je le sais, répondis-je ; vous êtes tous les trois payés et lancés par un monsieur qui est dans la pièce voisine; mais n'aie crainte ni que ce monsieur me touche, ni seulement qu'il se montre. »

En m'entendant ainsi parler, les deux autres hommes s'évadèrent en toute hâte, Pierre les suivit, et je me retrouvai face à face avec Marie.

« Mon enfant, lui dis-je, toute perverse que tu es, et parce que tu es perverse, j'aurais voulu te faire quelque bien, comme c'est mon devoir ; mais avoue que tu as mal payé ma bonne intention, et tâche de retrouver un peu de cette honte que tu as perdue depuis si longtemps, à force de t'endurcir dans l'effronterie du vice et dans la moquerie de la religion. Je te savais une prostituée, mais je ne te savais pas encore en voie de descendre de degré en degré jusqu'au fond de ces cachots qui ne sont, tu le sais, pas bien loin d'ici. Eh bien! puisque je ne puis t'aider à rebrousser vers Dieu, en revanche je pourrai quelque jour par mon témoignage t'aider à descendre dans ces cachots, et j'aurai ainsi du moins rendu un service à cette société contre laquelle tu conspires de concert avec le mauvais sujet qui est là dedans. C'est ce que je voulais te dire. A présent, retourne à lui, et moi je retourne à mes affaires. »

XX

J'ai l'opinion que les méchants sont toujours moins forts pour nuire quand, au lieu de les attendre, on ose les aborder, et tel avait été au fond l'unique motif qui m'avait porté à entrer chez cette femme. Aussi, malgré le petit désagrément d'avoir été colleté, je sortis de chez elle plus léger d'inquiétude que quand j'y étais entré, et, comme je me trouvais en veine, je fis ce jour-là la tournée de tous les vauriens de ma paroisse.

L'un d'eux, au surplus, m'apprit une chose précieuse à connaître, et qui me fit songer que, dans les mains de la bonne Providence, les vauriens sont encore utiles à quelque chose : c'est qu'un jeune monsieur s'était loué un pied-à-terre au cinquième étage de la maison dont il habitait lui-même le rez-de-chaussée, et qu'il lui arrivait d'y monter à toute heure du jour et de la soirée. « Que voulez-vous? lui dis-je; il se rencontre des fantaisies encore plus étranges. » Et je détournai l'entretien sur d'autres objets. Mais, quand je me retrouvai dans la rue, je ne manquai pas d'examiner les croisées du cinquième étage, et je reconnus qu'en effet l'endroit était merveilleux pour voir tout à la fois l'atelier de Miller, les abords et les êtres de la maison qu'il habitait, et jusqu'à la chambre des jeunes dames, dont les croisées étaient à peine un peu plus élevées que celles du pied-à-terre de ce jeune monsieur. Non-seulement je fis mon profit de cette remarque, mais je commençai à me persuader que ce jeune monsieur n'était pas, comme je l'avais cru d'abord, un simple libertin qui cherchait à séduire les jeunes femmes que le hasard, les aventures ou la détresse mettaient à sa portée, mais un roué habile, tenace, maître de lui, parce qu'il était sans cœur, plus jaloux de se choisir des victimes que d'en immoler de toute sorte, et qui paraissait avoir formé sur les deux jeunes dames des projets fixes et arrêtés. J'en gémis en moi-même, et, considérant que dès lors la religion et ma conscience m'ordonnaient plus hautement encore de veiller au dépôt que la Providence avait commis à ma garde, je m'apprêtai avec tristesse à soutenir une lutte étrangère à mes habitudes, nuisibles à mes occupations, et bien rude à mon âge.

En m'en retournant, j'entrai dans l'atelier de Miller, à qui je demandai si les meubles avançaient et s'il avait revu son jeune monsieur. Après quelque hésitation, il me dit qu'il avait vu dans la matinée (c'était alors six heures du soir), mais qu'il n'avait parlé avec lui que de choses étrangères aux deux dames.

« Miller, lui dis-je alors, vous êtes un brave homme, ainsi je dois vous croire; mais, si vous n'étiez pas un brave homme, je penserais que vous me mentez. »

Alors Miller marqua beaucoup d'embarras, et, posant son rabot :

« S'il faut que je vous dise vrai, monsieur le pasteur, on a parlé de ces dames; mais ce que je puis affirmer, c'est que ce monsieur en a encore meilleure idée que moi, et peut-être que vous. Il dit qu'elles sont de bonne famille, honorables à tous égards, excepté en un point où elles vous trompent, et que nous devons nous estimer heureux de les avoir chez nous.

— Est-ce tout, Miller?

— C'est tout.

— Eh bien! mon ami, puisque vous m'avez donné tout à l'heure le droit de ne pas croire à votre premier dire, j'en profite pour vous déclarer que certainement vous me cachez une partie de la vérité.

— Je vous cache, monsieur le pasteur, seulement ce qui est désagréable à vous faire entendre; mais, si vous y tenez, je ne suis pas pour vous en priver.

— J'y tiens, Miller encore plus qu'à tout le reste.

— Eh bien, voici, monsieur le pasteur. Il m'a dit qu'à très-bonne intention sans doute, mais au grand détriment de ces dames, et faute de connaître le monde, vous n'avez pas cessé de traverser et d'empêcher de tout votre pouvoir ce qu'il aurait été dans le cas et dans la volonté de faire pour elles; que lui connaît leur position, tandis que vous ne la connaissez pas; et qu'en outre, avec le bandeau de préventions que vous avez sur les yeux, vous les menez à leur perte, au moment même où il fait tous ses efforts pour les mener à leur délivrance; que malheureusement (et c'est bien naturel, a-t-il ajouté), les jeunes personnes sont toujours portées à se défier de tout jeune cavalier pour se confier à tout vieillard qui porte votre robe, et que c'est pour cela qu'il se fait dans le monde tant d'imprudences, de malheurs et de ruines, qui n'ont que le mérite d'être réputés honorables par les dévotes de la paroisse. « Ah ! » s'est-il écrié en frappant de sa main sur ce banc, « si vous saviez, si « vous pouviez savoir, mon bon monsieur Miller, « ce qui menace ces respectables dames dans le cas « où elles continueraient d'être dirigées par ce bon « pasteur, et ce qui les attend dans le cas où elles « viendraient à être retirées de ses mains, bien sûr « alors vous seriez tout le premier à seconder dis- « crètement leur affranchissement, et à échanger « contre l'indemnité qui vous est due les embar- « ras, les ennuis, le décri qui ne manquera pas « d'atteindre votre maison, si elles continuent d'y « être logées avec le pasteur pour maître et leur « dénûment pour payer. » Voilà.

— Ah! poison! malice, perversité détestable! m'écriai-je à mon tour. Et que vous dirai-je, mon pauvre Miller, si de pareils propos ont pu ne pas vous frapper par leur astuce diabolique et ébranler votre confiance jusqu'ici fidèle envers votre vieux pasteur? Mon Dieu! mon Dieu! est-ce donc que l'imposture a des secrets pour persuader que n'a pas la probité? Non, je ne connais pas toute l'histoire de ces dames; mais je les vois honnêtes, craintives de toute impudique atteinte, et se jetant dans mes bras, non pas parce qu'ils sont forts, mais parce que point d'autres ne se sont ouverts pour elles!... Je ne connais pas davantage l'histoire de leur vertueux libérateur; mais je le vois qui joue avec la parole, qui écrit des lettres infâmes, qui se loue des pied-à-terre clandestins, qui vit et se concerte avec des prostituées, qui lance sur votre vieux pasteur des garnements pour le menacer de violence et de mort s'il ne lui abandonne la proie qu'il convoite! Maintenant, Miller, entre l'honnêteté malheureuse et l'imposture criminelle, choisissez sans retard! car, si vous n'êtes pas en entier pour moi et avec moi, vous tous et les vôtres, moi aussi je vous offre le vil appât de l'indemnité, et aujourd'hui même, en plaçant ces deux infortunées ailleurs que chez vous, je vous délivre de ces embarras, de ces ennuis, de ce décri qu'on vous fait craindre; je vous délivre de payer au Seigneur votre pite d'œuvres; je vous délivre de mon joug, de mon patronage et de ma présence. »

En m'entendant ainsi parler, Miller marqua du repentir; il témoigna de sa confiance en moi, et il finit par déclarer que, insensible aux suggestions du jeune homme, il voulait désormais s'appliquer à me seconder dans ma tâche. C'est dans ces dispositions que je le quittai.

XXI

Rosa, durant le reste de la semaine, continua d'être malade, et j'appris même qu'il avait fallu surmonter les répugnances dont j'ai parlé pour s'aliter cette fois tout à fait. Comme j'étais inquiet de ne pas voir s'opérer son rétablissement, et que d'ailleurs j'avais de plus en plus la crainte qu'il ne s'ourdit quelque machination autour d'elle et de sa compagne, le jeudi je lui fis demander de me recevoir, et, sur sa réponse qu'elle serait toujours visible pour moi, je m'y rendis aussitôt que mes affaires m'en eurent laissé libre. Je la trouvai au lit, en effet, et si changée que, sans lui marquer toutefois ma pénible surprise, je lui proposai de faire venir le médecin. Au premier mot que j'en eus touché, son visage se colora d'une vive rougeur, et elle me supplia de n'en rien faire.

« Aussi bien, ajouta-t-elle bientôt en s'attendrissant, je suis si découragée et si malheureuse, que cette souffrance, en me détournant de mes pensers habituels, m'est presque un soulagement. »

Alors Gertrude s'approcha d'elle comme si, n'ayant à lui offrir aucune parole de consolation, elle eût voulu du moins tempérer son chagrin par la chaleur de ses témoignages d'amitié en lui prodiguant les plus vives caresses.

Dans cette occasion, comme dans bien d'autres, j'admirai avec sympathie, et non pas néanmoins sans quelque effroi, l'étroite et rare intimité de ces deux amies. C'est qu'en effet, outre que je savais qu'en général il ne peut y avoir rien d'avantageux à ce que, chez des jeunes filles surtout, l'intimité réciproque prévaille sur celle qui devrait exister entre chacune d'elles et sa mère, j'en savais d'ailleurs assez déjà sur ces pauvres enfants pour pressentir qu'en ce qui les concernait cette intimité même avait dû être la première cause de leur perte, en les affranchissant peu à peu de la tutelle de leurs parents et en leur faisant insensiblement substituer les élans séducteurs de leur mutuelle exaltation à la clairvoyante vigilance de l'amour maternel. Ce que je ne tardai pas à apprendre me confirma pleinement dans cette opinion, dont au surplus mille autres exemples que le monde fournit tous les jours démontrent la justesse.

« Je ne veux point vous fatiguer, Rosa, lui dis-je; mais peut-être sera-ce plutôt un délassement pour vous, dans l'état où je vous trouve, que de me conter l'histoire de votre mariage. Laissez, je vous en prie, parler Gertrude, et efforçons-nous de nous entretenir aussi paisiblement que possible sur une union qui, quelque coupable qu'elle ait pu être au point de vue de la déférence et de la soumission filiales, n'en est pas moins actuellement le seul port de votre honneur, et, je l'espère, le rivage aussi d'où bientôt vous pourrez cingler vers vos familles réconciliées avec vous et heureuses de vous revoir. »

Gertrude alors, assise auprès du lit et la main de son amie dans la sienne, commença ce récit; mais, après qu'elle m'eut parlé de son enfance, de leur liaison, des serments par lesquels elle et Rosa s'étaient juré dès leur première jeunesse une indissoluble amitié, et à mesure qu'elle approchait de l'époque où avaient commencé les amours du comte et de Rosa, celle-ci prit insensiblement la parole, et, s'animant par degrés, sans que sa pudeur, tant était grande la vivacité passionnée de son discours, l'avertît plus d'observer ses mouvements et de ramener comme d'ordinaire jusque sur ses épaules les bords de sa couverture, elle me fit de ses amours la peinture la plus exaltée, des sentiments et des vertus du comte le tableau le plus touchant, et enfin du bonheur dont elle avait joui auprès de lui, durant quatre semaines de vie commune, l'image la plus attrayante et la plus sentie tout à la fois. Mais il résultait de ce récit, dont Gertrude reprit le cours lorsque Rosa, épuisée, fut retombée presque défaillante sur sa couche, que le comte, après que sa demande en mariage avait été écartée par les parents de Rosa, avait déclaré à Gertrude qu'il ne pourrait pas survivre à un coup si cruel; que dès lors les deux amies avaient cherché à le consoler à l'insu de leurs parents en ne lui cachant pas que Rosa elle-même, décidée à la vérité à être soumise aux auteurs de ses jours, mais d'ailleurs sensible à sa tendresse, avait pris la résolution, ne pouvant être à lui, de n'appartenir du moins à aucun autre; qu'à ce sujet une correspondance n'avait pas tardé à s'établir entre les deux amies et le comte, dont la santé, au su de toute la ville, déclinait de plus en plus, et que c'était dans cette correspondance que, quelques mois plus tard, s'étaient traitées entre eux, et avec le complet assentiment de Gertrude, les conditions d'un mariage secret ; qu'au jour fixé, et après que tout avait été régularisé auprès de l'autorité civile par un homme de loi affidé au comte, elles avaient quitté à dix heures du matin la maison paternelle, sous prétexte de faire une partie de campagne, puis qu'elles s'étaient rendues à Delmonhorst pour y joindre le comte et pour y faire bénir le mariage par le pasteur du lieu, qui, sur la vérification faite devant elle de toutes les pièces fournies par l'autorité civile, avait procédé à cette célébration ; qu'aussitôt après la cérémonie, elles étaient montées dans la voiture du comte, pour entreprendre le voyage qui les avait amenées à Genève ; qu'à Genève, le comte, ayant reçu la fatale nouvelle de la mort de son père, avait été obligé de les quitter en toute hâte pour faire une course à Hambourg, et qu'à partir de ce funeste départ je savais par moi-même le reste de leur histoire.

Comme on peut croire, ce récit fit sur moi une cruelle impression. Cependant, ne voulant pas renouveler mes reproches de l'autre jour, je me bornai à faire quelques questions sur différents points de détail, en particulier sur celles des circonstances de ce récit qui supposaient des différences entre nos institutions civiles en matière de mariage et celles qui régissent la contrée où ces dames avaient pris naissance. Après quoi, je leur dis : « Est-ce bien tout, mes chères enfants ? »

Cette question les affligea. « Si j'insiste, ajoutai-je, ce n'est pas que j'aie aucune défiance au sujet de votre véracité, et au surplus vous m'avez confié là assez de choses à votre charge pour que je sois porté à vous croire parfaitement sincères ; mais c'est que, désireux que je suis, avec l'aide de Dieu, de vous servir efficacement, il importe au plus haut degré que je connaisse bien votre situation, et que par inadvertance vous n'ayez omis dans le récit que vous venez de me faire rien d'essentiel.

— C'est tout, mon bon monsieur Bernier, dirent-elles avec un commun empressement ; nous n'avons rien oublié, rien omis, et notre histoire vous est connue maintenant aussi bien qu'à nous-mêmes.

— Eh bien, cela vous sera un soulagement que de me l'avoir confiée, et il ne tiendra pas à moi que cela aussi ne vous tourne à profit. Mais pour aujourd'hui il faut que j'évite de vous fatiguer davantage. Touchez-moi la main, soyez bien prudentes, tenez vos rideaux fermés, puisque aussi bien de ces fenêtres d'alentour, on a la vue sur votre chambre, et attendez-vous à me voir revenir très-prochainement. »

Là-dessus je les quittai.

Contre mon attente, et pour la première fois, je

ne rencontrai aucun des Miller dans la cuisine ; et, si je fus bien aise de n'avoir pas à éluder leurs questions, encore plus embarrassantes à la vérité qu'indiscrètes, leur absence, outre que je me l'expliquais, m'inspira des inquiétudes. Où était l'obstacle, en effet, à ce que le jeune homme, qui, de son galetas, pouvait surveiller les mouvements de tous les Miller, profitât d'un semblable moment pour se présenter à la porte et pour s'introduire dans l'appartement de ces dames, après que Gertrude, pour obliger les Miller, serait elle-même venue pour ouvrir et pour répondre à leur place ? Et, comme cette réflexion m'importunait, quoique j'eusse déjà redescendu deux étages, je remontai, je sonnai ; Gertrude vint en effet m'ouvrir, et je lui recommandai de bien se garder d'en faire de nouveau autant pour qui que ce fût, en l'absence des Miller. Elle me le promit avec une sorte d'effroi, sans oser me demander le motif de cet avis, et je ne la quittai pas sans éprouver moi-même un sentiment de pénible impression.

XXII

Le lendemain, quand je revis ces dames, j'appris qu'effectivement, quelques instants après que je les eus quittées la veille, une personne était venue sonner, et que, toutes tremblantes à cause de la sinistre impression qu'elles avaient reçue de ma recommandation, au lieu d'aller ouvrir, elles avaient fermé leur porte à double tour, et s'étaient tenues serrées dans les bras l'une de l'autre pour conjurer leur peur et pour s'empêcher de jeter des cris qui auraient attiré les voisins. Cette alarme avait fait beaucoup de mal à la pauvre Rosa, que je trouvai en effet en proie à une fièvre brûlante, et levée néanmoins, à cause de la frayeur extrême qu'elle avait de pouvoir être surprise au lit. Du reste, la personne, après avoir sonné avec obstination durant dix minutes environ, s'était retirée, et, une demi-heure après seulement, la femme Miller était rentrée. A ce propos, elles me dirent qu'elles comptaient tenir leur chambre habituellement fermée, soit pour plus de sûreté, soit parce qu'elles n'avaient plus autant de confiance dans les Miller qu'elles en avaient eu les premiers temps de leur séjour chez eux. Et sur ce que je voulus connaître ce qui avait ainsi diminué leur confiance, elles me dirent qu'elles n'avaient rien de précis à articuler, mais que c'était là l'impression commune qu'elles avaient ressentie ces derniers jours du ton, de l'air et des manières de leurs hôtes auprès d'elles.

Elles me dirent aussi qu'elles avaient beaucoup réfléchi sur leur situation, sur leurs torts envers leurs familles et sur ce qu'il était impossible qu'elles abusassent beaucoup plus longtemps des bontés que j'avais pour elles, au grand détriment de mes affaires et au risque de compromettre jusqu'à ma santé par le surcroît de courses et d'inquiétudes qu'elles imposaient à mon grand âge; qu'en outre, leur alarme au sujet du comte et de ce qui devait lui être arrivé pour qu'il se trouvât obligé de les laisser ainsi sans nouvelles et sans argent étant arrivée à son comble, l'heure était venue de tâcher d'y mettre un terme sans plus tarder; que d'un autre côté, dans l'impossibilité où elles se trouvaient de s'adresser directement à lui, puisque aucune de leurs lettres ne paraissait lui être parvenue, elles étaient décidées à mettre leurs propres familles au fait de leur situation, en implorant leur pardon et en les suppliant en même temps de faire prendre à Hambourg des renseignements au sujet du comte; qu'en conséquence, aussitôt que Rosa serait rétablie, elles s'occuperaient ensemble d'écrire à leurs parents, et qu'elles me prieraient de donner à cette démarche un poids qu'elle n'aurait pas sans cela, en écrivant moi-même une lettre dans laquelle, tout en confirmant la sincérité de leurs sentiments, j'intercéderais en leur faveur.

Comme elles achevaient de m'exposer ce sage projet, qui était de tout point conforme à ce que j'avais compté leur proposer moi-même, la cloche de la cuisine se fit entendre. Aussitôt les deux amies, saisies d'épouvante, se rapprochèrent de moi en saisissant mes mains et en m'entourant de leurs bras. Ainsi qu'hier, la femme Miller venait de sortir, et, comme j'étais entré dans la maison par une allée qui est du côté de la prison, en sorte que du galetas l'on avait pu voir sortir la femme Miller, sans d'ailleurs s'apercevoir de ma venue, je résolus d'aller moi-même ouvrir la porte, afin de m'assurer si ce n'était point le jeune monsieur lui-même qui tentait ainsi de s'introduire subrepticement, quitte à trouver ensuite une excuse à sa hardiesse dans l'ardeur même de ses sentiments et dans le désir d'entretenir ces dames de ses vœux ou de ses projets. Ayant donc prié Rosa et Gertrude de me laisser libre de ma personne et de s'enfermer dans leur chambre jusqu'à ce que je fusse revenu auprès d'elles, je traversai la cuisine tout doucement, j'allai me placer derrière la porte, et, au premier coup de cloche qui se fit entendre de nouveau, j'ouvris soudainement; autant que l'obscurité de l'escalier me permettait d'y voir, je discernai une femme coiffée d'une *barrette* ou coiffe noire, et vêtue d'ailleurs comme le sont les filles du canton de Vaud qui viennent servir à Genève. « Que vous faut-il? » lui dis-je. Et, remarquant qu'au lieu de me répondre elle se disposait à redescendre précipitamment l'escalier, je la saisis par le bras, je l'entraînai dans la cuisine, et, sous ce déguisement d'une domestique de bonne maison, je reconnus la fille Marie!

« Ah! c'est toi? lui dis-je, tout en refermant la porte; tu vas alors me conter ce qui t'amène et ce que signifie ce billet que tu viens de soustraire à mes regards. » Comme elle ne se hâtait pas de parler : « Songe bien, ajoutai-je, que tout mensonge serait ici dangereux, car il n'aboutirait qu'à détourner sur toi la sévérité de la police, au lieu de la laisser se diriger sur celui qui t'envoie. »

Alors elle sortit le billet de dessous son mouchoir, et me l'ayant livré : « Je me moque bien de la police, s'écria-t-elle d'un ton plein d'effronterie; j'apportais une lettre à Mme Miller pour qu'elle la remît à ces dames qui logent chez elle. C'est tout, et ce n'est pas de quoi me faire pendre, je crois!... A présent, laissez-moi partir.

— Un moment, » lui dis-je pendant que j'ouvrais le billet pour m'assurer que ce devait bien être là l'objet de son message.

Mais, pendant que j'étais occupé à le lire, Mme Miller rentra. Alors, sans en avoir l'air, j'observai attentivement son attitude, son regard, sa curiosité même, et, après que je me fus bien convaincu qu'elle ignorait absolument qui était cette femme, et qu'en conséquence sa sortie, au lieu d'avoir été le fruit d'une criminelle complicité, avait été au contraire entièrement fortuite, je reployai tranquillement le billet, je le mis dans ma poche, et je dis à celle qui venait de me le rendre : « C'est bon; vous pouvez aller. »

Quand Marie se fut éloignée : « Eh bien ! madame Miller, comment vont les choses par ici ? Notre jeune dame, à ce que je vois, a été bien souffrante.

— Votre jeune dame, répondit-elle avec humeur, votre jeune dame n'est pas la mienne. Quand on s'enferme tout le jour à clef, ce n'est assurément pas pour bien faire. On vous abuse, monsieur Bernier, et je vois venir que c'est nous qui porterons l'endosse de votre erreur. Ignorez-vous donc qu'elles ont vendu leurs robes et leurs bijoux pour pouvoir payer leur folle dépense à l'hôtel ? Ignorez-vous que l'une d'elles...

— Vos propos, dame Miller, repartis-je en l'interrompant, ne sont guère charitables. Au surplus, puisque ni le jeune âge, ni l'abandon, ni l'infortune, n'ont de pouvoir pour vous rendre compatissante, voici deux motifs qui vous engageront du moins à patienter. L'un, c'est qu'avant deux ou trois semaines au plus ces dames auront quitté votre maison pour se rendre auprès de leurs familles ; l'autre, c'est que je me fais garant que vous n'aurez pas une obole à perdre sur ce qui vous sera dû par elles au moment de leur départ. »

Là-dessus je quittai la femme Miller, et, ayant frappé à la porte de la chambre, Gertrude vint m'ouvrir.

XXIII

L'on peut juger l'état d'anxiété dans lequel je retrouvai les deux amies. Sans rien dire elles interrogeaient ma figure, mon regard, chacun de mes gestes, et quand j'eus retiré le billet de ma poche : « Qu'est-ce ? s'écrièrent-elles avec un mouvement de frayeur.

— C'est, repartis-je, une lettre d'amour qui est principalement à votre adresse, Gertrude ; mais n'en concevez pas de chagrin, mon enfant, car elle vient du même monsieur qui vous a toutes les deux outragées à l'hôtel, en sorte que ce n'est point ici un affront nouveau. Il y a plus, si je ne connaissais pas d'ailleurs et par moi-même ce qu'il faut penser de celui qui a écrit cette lettre, je serais exposé à le juger sans trop de défaveur, tant les sentiments qui y sont exprimés paraissent sincères, et tant la forme dans laquelle ils sont exprimés est irréprochable. Mais, mes chères enfants, c'est ainsi qu'en tout temps les loups ravisseurs, pour pouvoir approcher de leur proie, se couvrent d'une peau de brebis, et qu'ils contraignent leur voix rauque à ne faire entendre que d'innocents bêlements. »

Après que je leur eus dit ces mots, je lus la lettre à haute voix. Le jeune monsieur y débutait par des excuses polies au sujet de la scène de l'hôtel, dont il rejetait le malheur, en partie sur sa propre inexpérience, en partie sur la manière tout à fait erronée dont j'avais interprété sa démarche, mais en reconnaissant, toutefois, qu'en ces choses une morale chrétiennement rigide, à la condition qu'elle se laisse désabuser lorsque l'honnêteté des intentions a été plus tard reconnue, ne saurait jamais être blâmée d'avoir trop tôt pris l'alarme et d'avoir recouru à des précautions même superflues. Après cela, venant à ses sentiments envers ces dames, le jeune monsieur en faisait la peinture la plus délicate, jusqu'à ce que, passant peu à peu à Gertrude, il marquait pour elle une passion sérieuse, profonde, maîtresse de son âme tout entière, et faite, selon que le ciel en ordonnerait, pour lui valoir une incomparable félicité ou pour le plonger dans un désespoir qui aurait au moins pour effet d'abréger certainement ses jours ; qu'au surplus, s'il s'était décidé à faire connaître l'état de son cœur, c'était dans l'intention que ces dames pussent s'expliquer ainsi l'élan inconsidéré qui l'avait porté à faire sa démarche de l'hôtel, et non point dans l'idée d'être prochainement admis à les voir, quelque désir qu'il en eût, et encore moins dans l'idée d'obtenir du retour de la part de Gertrude, quand même son repos, son bonheur et sa vie étaient à ce prix ; que son seul et incertain espoir était dans le cours du temps et dans la respectueuse ardeur de ses sentiments.

La lecture de cette lettre produisit sur ces dames la même impression de dégoût qu'elle avait produite sur moi, et peut-être, comme moi aussi, firent-elles, entre ce langage et celui que le comte avait naguère tenu à Rosa, un triste rapprochement; se rappelant que c'était à des protestations toutes semblables qu'elles avaient cédé pour conclure, sans la participation de leurs familles, un mariage clandestin. Tout au moins me marquèrent-elles un grand regret d'avoir consenti à en écouter la lecture, sans aller pourtant jusqu'à insister sur ce qu'elles pouvaient y avoir remarqué de platement romanesque ou de follement exagéré.

« Mes enfants, leur dis-je alors, ceci est la lettre ; mais je ne vous ai pas encore lu le post-scriptum, où est caché sous un bien dangereux artifice le piége dans lequel, je l'espère, vous saurez, aujourd'hui et toujours, ne pas tomber. Le voici :

« *P. S.* Je serais à même de vous communiquer « des nouvelles du comte que je n'ose pas confier à « ce papier, tant je sais peu s'il vous parviendra, « mais que je serai toujours prêt à vous aller porter, à la seule condition, dont je vous expliquerai « plus tard les louables motifs, que vous vouliez « bien, et sur cette lettre, et sur la visite que vous « jugeriez à propos de réclamer de moi, me garder « le secret le plus absolu auprès de M. Bernier. »

La lecture de ce post-scriptum jeta Rosa dans un état extraordinaire d'agitation. « Il faut alors, monsieur Bernier, que vous tâchiez de voir ce jeune monsieur, s'écria-t-elle ; il faut que vous l'imploriez, que vous le conjuriez, que vous lui promettiez notre éternelle reconnaissance, s'il veut bien nous faire savoir, par votre entremise, des nouvelles du comte.... Ah ! moi-même, moi-même, si j'en avais la force, j'irais me jeter à ses pieds.... Mais j'y songe, vous, Gertrude, accompagnez M. Bernier, courez, volez ; qu'avant une heure j'aie su du moins si je dois attendre encore mon Ludwig, ou s'il ne me reste plus qu'à mourir de la douleur de l'avoir perdu !... »

En achevant ces paroles, Rosa se rejeta contre le dossier de la bergère, les yeux secs, et en proie néanmoins à de convulsifs sanglots.

« Rosa, Gertrude, leur dis-je alors, car je voyais bien que celle-ci était prête à tout tenter pour soulager l'angoisse de son amie, il n'y a ici qu'un artifice grossier et pas l'ombre de nouvelles du comte. Cet homme, écoutez-moi bien, n'avise qu'aux moyens de vous arracher à ma garde pour vous faire tomber dans les rets de son libertinage. »

Et comme à ce mot elles frémirent toutes les deux d'horreur et de honte : « Dans les rets, répétai-je, de son libertinage ; et j'en ai cent preuves dont j'avais cru pouvoir jusqu'ici épargner à vos oreilles le sale récit. »

Alors je leur contai, en termes ménagés, l'histoire de la lettre, celles de mes rencontres successives avec le jeune monsieur, celle de mon aventure chez la fille Marie, et comment enfin c'était par l'intermédiaire de cette détestable créature que tout à l'heure, et par une faveur signalée de la bonne Providence, la lettre était tombée entre mes mains au lieu de tomber directement dans les leurs. Ce récit leur fit la plus sinistre et la plus profonde impression, en telle sorte que, toutes tremblantes encore à la pensée du danger qu'elles avaient couru, elles venaient de se rapprocher instinctivement de moi, lorsqu'on frappa à la porte de la chambre. Alors elles poussèrent un cri, et, se jetant au-devant de mes pas, elles me conjuraient de ne pas ouvrir. Mais je ne tins aucun compte de leurs obsessions, et, ayant au contraire ouvert sur-le-champ, je vis dans la cuisine un des enfants Miller, et, sur le seuil même de la chambre, un homme que je reconnus à ses insignes pour être un agent de police.

« Excusez, dit cet homme en se découvrant; mais, sur la dénonciation de la fille Marie, qui a, dit-elle, incidemment découvert la retraite de ces dames, j'ai été chargé de venir réclamer leurs papiers, afin qu'on puisse régulariser leur position. »

Plus mortes que vives à cet humiliant discours, les deux amies gardaient le silence. A la fin Gertrude, s'adressant à moi : « Tout ce que je sais de notre position, monsieur Bernier, c'est que nous étions portées toutes les deux sur le passe-port du comte, en sorte que, jusqu'à son retour, nous n'aurons absolument point de papiers à remettre.

— Faites tout uniment cette déclaration, dis-je alors à l'homme dans le but d'abréger sa visite, et ajoutez que moi, le pasteur Bernier, je passerai au bureau de police pour m'en faire le garant, et pour m'entendre au sujet des mesures qu'il y a à prendre afin de régulariser la position de ces dames. »

L'homme sortit aussitôt pour aller faire son rapport, et, après que je fus resté encore une heure auprès de Rosa et de Gertrude dans le but de leur rendre un peu de calme et quelque sécurité, je dus, avant d'avoir eu la satisfaction d'y être parvenu, les quitter pour aller à mes affaires.

XXIV

C'est ainsi que, malgré tous mes efforts, le danger et l'humiliation menaçaient de plus en plus près mes deux protégées. Sans doute je m'applaudissais d'avoir été conduit sur leur chemin pour leur être en aide, et je comprenais qu'à cette heure même, par une grande faveur du ciel, je venais de les préserver du plus imminent péril qu'elles eussent encore couru; mais d'un autre côté, à voir de quelle sorte de poursuite elles étaient l'objet, et à combien de perversité, d'astuce, d'opiniâtre perfidie elles se trouvaient en butte, je désespérais d'être toujours aussi heureux, en sorte que le découragement s'emparait de moi. Mais la pensée d'aller faiblir dans une œuvre si évidemment commandée par les premiers préceptes de la charité évangélique me causait une vive honte, et, venant à songer alors au divin exemple de notre Sauveur Jésus-Christ, je rougissais avec contrition d'avoir pu broncher ainsi dans ma voie, et je reprenais courage pour poursuivre. Toutefois, c'étaient plutôt ici les fatigues de la chair qui, bientôt lassée, demande grâce et repos, que ce ne pouvaient être les vraies suggestions de mon cœur; car je m'étais attaché davantage à ces deux infortunées à mesure que je m'étais plus occupé d'elles, et en mainte occasion, les voyant si déchues et si abandonnées, la pitié était descendue jusqu'au fond de mes entrailles. L'âge, d'ailleurs, nous rend plus enclins à une paternelle tendresse envers la jeunesse confiante; et si, à la vérité, ces deux amies avaient mérité leur épreuve en violant, à l'égard de leurs familles, le plus sacré des commandements, elles possédaient néanmoins toute sorte de bonnes qualités, et il m'arrivait souvent, à les trouver si crédules au bon et à l'honnête, si reconnaissantes à l'affection et à la tutelle, de m'imaginer qu'elles avaient été égarées tout autant par leur propre innocence que par leur insoumission à la loi de Dieu.

Rosa avait toutes les étourderies, mais toutes

les raretés aussi d'une âme sensible, confiante, passionnée; toutes les inexpériences d'un cœur jeune, ardent, enflammé, mais tous les avantages aussi d'un naturel expansif, tendre et plein d'ouverte vivacité. Pour Gertrude, qui m'avait d'abord paru ressembler de tout point à Rosa, j'avais insensiblement reconnu qu'elle était plutôt encore exaltée que naturellement ardente, et que c'était au tour plus réfléchi de son caractère, autant qu'à une raison plus formée, qu'il fallait attribuer l'ascendant qu'elle exerçait sur son amie. Une sorte de mélancolie pensive, l'instinct de la sollicitude, le feu du dévouement : tels me semblaient être les traits distinctifs de son âme; et, si elle était d'ailleurs aussi sincère, aussi franche, aussi droite que Rosa, c'était plus encore chez elle le résultat d'une sérieuse élévation que ce n'était, comme chez Rosa, l'effet immédiat d'un naturel incapable d'aucune feinte et transparent d'ingénuité.

Du reste, ces diversités qui s'étaient développées sous mes yeux se marquaient chaque jour davantage, à mesure que la position des deux amies devenait plus cruelle et leur destinée plus incertaine. Rosa, les premiers jours si brillante d'allégresse et de bonheur, avait promptement tourné moins encore au chagrin qu'au trouble, qu'à l'agitation, qu'aux transports; et c'étaient les secousses bien plus que les tristesses de son âme qui par deux fois déjà avaient brisé son corps, enflammé son sang, et fait fléchir sa fraîche santé sous les étreintes d'une fièvre brûlante. Gertrude, au contraire, plus vite atteinte que son amie par les avant-coureurs du désenchantement et de l'inquiétude, mais bien plus qu'elle aussi maîtresse de ses impressions, s'était maintenue dans une sorte de souffrance tempérée par le courage et distraite par le dévouement, en telle sorte que, malgré les soins assidus qu'elle prodiguait nuit et jour à son amie, dont l'état lui causait de vives alarmes, non-seulement elle avait conservé sa santé, mais son visage, hormis une pâleur plus habituelle, ne portait aucunement encore des traces de rongeante douleur ni de maigreur maladive.

Ce même jour, dès que j'eus achevé mes affaires, je me rendis au bureau de police. La nature même de la dénonciation qu'y avait faite la fille Marie, comme aussi le fait que cette dénonciation était parvenue par son entremise, avait naturellement agi sur l'esprit des employés, et j'eus à répondre là, au sujet de la condition de ces dames et de leurs moyens d'existence, à telles questions dont la moins avilissante elle-même, si elles avaient pu l'entendre, aurait porté dans leur âme pudique les inconnus bouleversements d'une irrémédiable épouvante. Moi-même, j'étais navré jusqu'au fond du cœur d'avoir à les subir, et il fallait que je pesasse de toute la force de ma prudence sur l'essor de mes sentiments en révolte, pour n'éclater pas, au milieu de tout ce monde, en plaintes amères contre l'accueil fait aux insinuations d'une créature infâme qui n'avait eu d'autre mobile que celui d'exercer une basse vengeance; contre l'indifférence administrative qui, confondant les témoignages, appelait la chasteté elle-même à venir se justifier de déréglements qu'elle ignore; enfin contre la curiosité personnelle des assistants, qui, pour se satisfaire, tenait sur la sellette un vieux pasteur dont la seule apparition aurait dû suffire pour écarter de ses protégées tout injurieux soupçon....

Mais de pareils propos n'eussent fait qu'ébruiter sans profit un scandale déjà bien assez affligeant, en sorte que je me bornai à déclarer la position de ces dames, à me faire le garant de leur irréprochable conduite, et à promettre que, sous peu de semaines, j'aurais à présenter leurs papiers en règle. Alors seulement le chef des employés, mû sans doute par un sentiment de regret autant que de justice, me témoigna les égards auxquels je m'étais cru droit d'emblée, et voulant me marquer sa bonne volonté, il m'invita à passer au bureau des passe-ports afin d'y vérifier si celui du comte n'y aurait point été enregistré à sa date, auquel cas, la situation de ces dames devenant sur l'heure suffisamment régulière, on se ferait un plaisir de leur délivrer une carte de séjour. Lui-même m'accompagna à ce bureau, où pendant qu'il procédait à l'examen du registre, je vis, parmi d'autres paperasses éparses sur un pupitre, le passe-port du jeune monsieur, qui venait d'être visé pour Bâle, à la date de la veille. Ceci me causa quelque consolation; et, bien certain cette fois que dans ce cas particulier j'avais surpris la vérité, j'en conçus l'espérance que très-prochainement mes jeunes dames allaient être délivrées des piéges et des embûches de cet audacieux pervers, et que nous pourrions dès lors procéder en commun et avec avantage à leur réconciliation avec leurs familles. Du reste, on ne trouva rien sur le registre, et ces messieurs eux-mêmes s'expliquèrent cette lacune par ce que je leur appris du comte, qui avait dû, sur la nouvelle de la mort de son père, repartir en toute hâte pour Hambourg, et même éviter avec soin des formalités qui auraient eu pour effet de prolonger son séjour à Genève quelques heures de plus.

XXV

Les jours suivants il ne se passa rien de fâcheux, en sorte que ce répit inespéré, après tant de tracasseries et de secousses, suffit, quelque ingrat qu'il fût, pour hâter le rétablissement de Rosa. Les Miller eux-mêmes paraissaient, sinon plus prévenants ou mieux disposés à l'égard de ces dames, du moins plus indifférents à ce qui les concernait, et j'attribuai ce changement aux deux motifs que je leur avais donnés pour les engager à patienter. D'ailleurs, aucune nouvelle démarche n'avait eu lieu de la part du jeune monsieur depuis sa lettre à Gertrude; et je comprenais de reste qu'ayant échoué si pleinement dans cette tentative directe et décisive, il regardât désormais la partie comme perdue, et qu'il se fût mis en devoir de quitter le pays pour aller tenter la fortune sur un autre théâtre.

Aussi, dès la fin de la semaine, je m'entretins de nouveau avec ces dames de l'affaire de leur réconciliation, et après leur avoir donné mes avis, je les engageai à tenir prêtes pour le lundi suivant deux lettres à leurs familles, qui partiraient avec celle que j'aurais écrite pour le même jour. Dans cet entretien, j'eus lieu de me convaincre de leur religieux retour au principe d'une filiale soumission, en sorte que, hormis les réserves que j'approuvais moi-même, et qui avaient pour objet, quant à Rosa et au comte, leur condition désormais sainte et indissoluble d'époux bénis de Dieu et consacrés par la loi, je ne pus que donner mon entier aquiescement à tous les sentiments qu'elles se proposaient de manifester pour obtenir grâce devant leurs parents justement irrités. Au surplus, me dirent-elles, telles étaient les dispositions du comte, qu'en se montrant elles-mêmes repentantes, respectueuses, prêtes à tous les sacrifices qu'on pourrait exiger d'elles, elles ne faisaient que suivre les conseils qu'il leur avait déjà fait entendre, et qu'anticiper sur ce que lui-même s'était montré résolu à tenter le plus tôt qu'il serait possible. « Ah! que ne l'avez-vous connu, mon bon monsieur Bernier! ajoutait Rosa; non-seulement vous jugeriez notre faute avec plus d'indulgence encore, tant il vous semblerait excusable que nous l'eussions pris pour guide, mais vous comprendriez que, pour avoir pu m'épouser sans la participation de mes parents, il a fallu, non pas que Ludwig fût moins sévère dans ses principes que celui qui l'est le plus au monde, mais seulement que, jeune, tendre, passionné, il m'aimât comme jamais femme n'a été aimée!... Mais il viendra, il viendra, poursuivit-elle avec le sourire exalté de l'espérance certaine; vous le connaîtrez alors, vous l'aimerez, vous le bénirez, et mon bonheur sera inexprimable : car pour qu'il compte, pour qu'il soit saint devant Dieu et devant les hommes, le baptême de l'honneur, de la probité, de la vertu, c'est de mains comme les vôtres, mon digne monsieur Bernier, qu'il faut l'avoir reçu! »

En achevant ces paroles, Rosa se jeta avec effusion dans mes bras, et, bien que j'eusse beaucoup à redire à ce discours où éclataient à la fois l'inconséquence des jugements et l'emportement de la bienveillance elle-même, je ne pus que laisser cette enfant, à peine rétablie et encore si frêle, me prodiguer des témoignages dans l'exagération même desquels son âme ardente se trouvait à l'aise et comme au grand air, au sortir de cet étouffoir d'inquiétudes, de craintes, d'angoisses, que l'incertitude, le délaissement et l'humiliation avaient progressivement formé autour d'elle.

Après cet incident qui nous avait détournés de notre objet, Gertrude y revint, et elle me dit qu'il y avait d'autant plus d'urgence à écrire à leurs parents, que, s'étant occupée la veille avec Rosa de faire un inventaire de leurs ressources, il s'était trouvé qu'après avoir déduit des trois cents francs qu'elles avaient apportés de l'hôtel les frais relatifs à leurs deux robes et à quelques menus objets d'indispensable nécessité, il leur resterait à peine de quoi payer aux Miller cinq semaines de séjour chez eux; qu'à la vérité elles possédaient encore deux ou trois bijoux de quelque valeur, mais dont elles seraient bien jalouses de ne se dessaisir jamais : les uns consistant en quelque or qui servait de garniture à des portraits de leurs parents, les autres en anneaux de souvenir, en deux chaînes échangées entre elles à l'âge de onze ans, le jour même où on les leur avait données, enfin l'alliance de Rosa. Je leur dis à ce sujet que, n'ayant moi-même rien d'accumulé, à cause de la modicité de ma paye, sur laquelle nous avions vécu mon fils et moi, je ne pouvais pas leur garantir dès à présent qu'elles seraient toujours à portée de conserver ces objets, mais que, bien certainement, tant que je pourrais les aider de mes petites ressources courantes, nous pourrions éloigner le terme auquel il serait devenu indispensable de s'en défaire; qu'au surplus il était bien peu probable qu'elles dussent en venir là, puisqu'il ne s'écoulerait pas plus d'une quinzaine de jours avant que la réponse à leurs lettres eût le temps de nous parvenir, et qu'en attendant, à la condition d'observer en toutes choses une stricte économie, elles seraient dispensées de vendre le reste de leurs effets. Rassurées alors par ces paroles, elles me firent voir, avec cette sorte de gracieux contentement que donne toujours la conscience d'avoir triomphé du dénûment par l'ordre et le travail, l'arrangement qu'elles entretenaient dans leurs chambres, dans leurs hardes, dans leurs valises; les vêtements encore assez sortables qu'elles s'étaient faits des débris de leurs anciennes parures; leurs bas, leurs gants, et jusqu'à leurs chaussures raccommodés de leurs propres mains, et les règles qu'elles s'étaient imposées pour assurer autant que possible la durée de leurs modiques ressources. J'applaudis à ces soins bien entendus, et, tout en leur sachant bon gré en moi-même d'avoir su prendre ainsi les sévères habitudes de leur condition nouvelle, je leur dis :

« N'est-ce pas, mes enfants, que la détresse a ses leçons et l'épreuve ses plaisirs ? Ainsi, bénissons Dieu qui n'a point voulu que cette coupe ne fût rien qu'amère, et tâchons de profiter de l'adversité pour nous approvisionner de patience, d'humilité et de charité ! »

Là-dessus je les quittai, les laissant calmes, reposées, et jusqu'à un certain point doucement réjouies.

XXVI

Le lendemain, j'eus le plaisir de voir ces dames à l'église, où, sur la demande qu'elles m'en avaient faite, je prêchai de nouveau ce même sermon que j'avais composé à leur occasion sur ce texte austère : *J'ai dit touchant le rire : Il est insensé; et touchant la joie : De quoi sert-elle?* Mais, soit que j'eusse mis dans mon accent plus de conviction que l'autre fois (car comment n'aurais-je pas été plus pénétré encore de la vérité de ces paroles de l'Ecclésiaste ?), soit que mes paroles s'appliquassent avec une trop frappante justesse à leur situation si changée, soit quelque malaise de Rosa, qui était à peine rétablie, elles se levèrent pour sortir de l'église avant la fin du service. Quand il fut terminé, j'envoyai mon fils à leur demeure pour s'informer de leurs nouvelles; mais il revint sans qu'on lui eût ouvert la porte, parce qu'apparemment les Miller n'étaient pas encore revenus eux-mêmes de l'église. Comme je devais me présenter chez ces dames dans l'après-midi, je ne jugeai pas à propos d'y retourner sur l'heure, au risque de leur causer une nouvelle alerte; en sorte que, pour profiter de la journée, qui était radieuse, nous nous acheminâmes mon fils et moi dans la campagne.

Mais quel fut notre étonnement lorsque, après une promenade de trois heures environ, et comme nous tournions la dernière rampe qui conduit à notre demeure, nous aperçûmes les deux amies qui se tenaient blotties au fond de l'obscur corridor sur lequel s'ouvre notre porte! « Qu'est-ce donc, mes enfants, m'écriai-je, et que s'est-il passé? » Alors, après que notre venue leur eut rendu la sécurité et la joie tout à la fois, elles me racontèrent que Rosa ayant pris mal durant le service, elles étaient sorties de l'église pour rentrer chez elles, mais que n'y ayant trouvé aucun des Miller qui vînt leur ouvrir, la frayeur d'être surprises sur l'escalier par l'horrible femme de l'autre jour les avait portées à s'enfuir dans la rue; que là même, dans la crainte d'être aperçues du jeune monsieur, si par hasard il venait à passer, elles avaient erré pendant une demi-heure en se cachant dans les allées lorsqu'elles croyaient entendre quelqu'un venir, jusqu'à ce qu'ayant pu se faire indiquer par une vieille dame la demeure du pasteur Bernier, d'allée en allée elles y étaient parvenues, mais pour n'y trouver non plus personne; qu'alors elles avaient résolu d'y attendre mon arrivée plutôt que d'essayer de retourner chez les Miller, et que depuis trois heures de temps elles étaient demeurées là sans trop d'impatience, heureuses encore de se sentir sous la protection de mon domicile et dans le voisinage de locataires qui sûrement leur prêteraient leur appui par considération pour moi, si, contre toute apparence, elles étaient relancées jusque dans cette retraite.

Durant ce récit, j'avais ouvert l'appartement. « Eh bien ! mes pauvres enfants, leur dis-je alors, vous avez fait ce qu'il y avait encore de mieux à faire, et j'y gagnerai, moi, que nous allons dîner ensemble. Seulement, comme je n'ai point de servante, et qu'à cause du saint repos du dimanche la vieille femme qui fait notre petit service se borne à préparer le samedi notre repas du lendemain, je ne vous promets de chaud que notre cordialité, et d'abondant que le plaisir avec lequel nous vous verrons à notre table. »

Là-dessus, aidé de mon fils, qui, à cause de l'extrême chaleur et pour donner au festin sa petite bonne grâce d'extra, avait été tout courant acheter un quartier de glace, je disposai sur la table un morceau de veau froid, une salade fraîche, une assiette de cerises, le pain, le vin ; et quand tout fut prêt, ayant fait à haute voix la courte prière d'habitude, je commençai à servir.

O mon Dieu, que tu as placé de biens à portée de tes plus pauvres serviteurs; et que tu as mis d'agréments dans les plus modiques de tes dons, qui n'accompagnent pas toujours les plus enviées de tes dispensations ! J'étais heureux durant ce maigre dîner ; mon fils y avait le cœur ému de plaisir, et les deux jeunes amies elles-mêmes y rencontraient la première heure de vrai contentement qui les eût visitées depuis leur arrivée à Genève. La sécurité, cette douce chose ; la gratitude, ce bon sentiment ; l'adversité, ce lourd fardeau qui fait paraître si consolateurs les instants où l'on s'en décharge ; plus que tout cela encore, la conscience, qui, lorsqu'elle est purifiée par le repentir et calmée par la résolution de réparer et de mieux faire, répand sur l'âme les fleurs de l'espérance sainte et de la joie pieuse : voilà ce qui faisait pour ces pauvres dames le charme bien légitime qu'elles goûtaient à partager notre étroit ordinaire. D'ailleurs, épuisées de fatigue et n'ayant rien pris depuis le matin, leur propre appétit, tout à fait à l'unisson du nôtre, faisait à mes trois plats le meilleur des assaisonnements, si bien qu'un petit fromage du pays fut cette fois de grand secours pour allonger la chère et pour suppléer la pitance. Après le dîner, je les introduisis dans ma chambre, où je leur fis quelque lecture, et, vers six heures, mon fils sortit avec elles pour les reconduire à leur logis. Mais, n'y ayant trouvé personne, ils revinrent bientôt après tous les trois, et ce ne fut que vers dix heures du soir que ces dames, après avoir attendu chez moi les Miller, dont mon fils guettait le retour, purent enfin regagner leur demeure.

XXVII

Le jour suivant, comme je vaquais de bonne heure à mes visites de paroisse, je rencontrai dans la rue l'un des petits Miller qui s'en allait à l'école. « Eh bien, mon enfant, lui dis-je, vous êtes rentrés bien tard hier au soir?

— C'est, répondit-il, qu'on a fait une belle partie de montagne. »

Il me fit alors le récit des amusements de la journée, du bon dîner que l'on avait trouvé là-haut, enfin des collations ici de crème, là de bière et d'autres boissons, que l'on avait consommées le long du chemin. « C'est, ajouta-t-il, le monsieur qui a tout payé. »

Je sus alors quelle avait été la cause de la longue absence des Miller, et, indépendamment du chagrin que j'éprouvais à apprendre qu'ils avaient pu méconnaître mes avis réitérés au point d'accepter de semblables politesses de la part du jeune monsieur, ce fait de leur liaison désormais constatée avec un homme si dangereux me causa la plus vive alarme. Qu'allais-je devenir en effet, s'il était enfin parvenu à se ménager des intelligences jusque dans la maison où j'avais placé les deux jeunes dames qui étaient l'objet de ses ardentes convoitises et de ses manœuvres remplies tantôt d'incroyable audace, tantôt de souplesse astucieuse? Résolu aussitôt de prendre à tout prix telles mesures qu'il conviendrait, je fis trêve pour l'heure à mes visites, et, ayant rebroussé chemin, je me dirigeai droit sur l'atelier de Miller. Je n'y trouvai qu'un ouvrier qui me dit que son maître n'était pas encore descendu à son ordinaire, en sorte que, de plus en plus inquiet, je montai en toute hâte à l'appartement.

C'est la femme Miller qui vint m'ouvrir. Dès l'abord elle me parut réservée; mais, quand nous nous trouvâmes dans la cuisine, je crus remarquer alors que, surprise par ma venue qui ne tombait jamais sur cette heure-là, elle avait, en me voyant, comprimé et essuyé précipitamment des larmes qu'elle était en train de verser. « Qu'y a-t-il, madame Miller? » lui dis-je; puis, pour lui épargner la tentation de mentir: « Serait-ce que déjà le contact avec les vicieux a fait pénétrer le vice dans votre maison? Je sais votre équipée d'hier par votre petit garçon, et d'ailleurs, pendant que vous profaniez ainsi le jour du Seigneur, j'ai dû héberger vos pensionnaires, qui se trouvaient mises à la rue. »

Alors, se prenant à ce dernier reproche afin d'éluder l'autre, la femme Miller me protesta qu'en ceci il n'y avait rien de leur faute, puisque, étant partis de bonne heure après avoir laissé dans la maison les choses dont ces dames pourraient avoir besoin et leur dîner tout préparé, ils n'avaient certes pas pu s'imaginer que l'une d'elles étant malade, ou toutes les deux ne sortant jamais, elles iraient choisir tout exprès, pour se mettre en campagne, le seul dimanche de l'année où eux, les Miller, s'étaient accordé la récréation d'une pauvre petite partie de plaisir.

« Pauvre en effet, repartis-je en l'interrompant, puisqu'elle est sitôt suivie de pleurs. Au surplus, où est Miller ? c'est à lui que je voudrais parler.

— Il est à son atelier, répondit-elle.

— Femme Miller, lui dis-je alors, quand vous parlez ainsi, il est heureux, n'est-ce pas, que vos enfants ne se trouvent pas dans la cuisine ? sans quoi ils apprendraient par l'exemple de leur propre mère comment on ment devant le Seigneur. Miller n'est pas à son atelier : il n'y est pas même descendu aujourd'hui, et, rien qu'à votre air, à vos paroles, à vos larmes que vous avez essuyées en me voyant, je parierais, moi, que quelque honte bien légitime vous porte à vouloir me cacher où il est.

— C'est vrai, dit-elle alors, vaincue par mon reproche ; car cette femme, si elle était faible, n'était pas déshonnête.

— Qu'a-t-il donc fait, femme Miller ? et dites-moi tout, puisque aussi bien fragile comme vous l'êtes, l'amitié de votre pasteur pourra, je le vois, vous devenir de bon secours. »

Alors elle me conta en sanglotant que, pour la première fois de sa vie, son mari s'était trouvé ivre la veille au soir; qu'à cause de ses enfants, devant lesquels il proférait des discours affreux, et aussi dans la crainte qu'il n'effrayât ces dames par quelque scandale, elle avait dû le laisser dans une petite auberge de Chêne, où il avait passé la nuit; que ce matin il était arrivé au logis sombre et colère, et qu'au premier mot de reproche qu'elle avait hasardé de faire entendre, il s'était jeté sur elle et l'avait maltraitée; qu'alors, pour éviter du bruit, elle s'était réfugiée dans la cuisine, où elle était effectivement à verser des larmes au moment où j'avais frappé à la porte. Après s'être soulagée par ce récit, la femme Miller se tut, et elle continua de pleurer sans contrainte.

« Hélas ! ma pauvre dame Miller, je vous l'avais dit, et le psaume vous l'avait dit avant moi :

> Heureux celui qui fuit des vicieux
> Et le commerce et l'exemple odieux !

Mais, comme tant d'autres, vous avez voulu compter sur vos lumières, sur votre force, sur votre sagesse mondaine, oubliant qu'il n'y a de lumière, de force et de sagesse qu'en la loi de Dieu, et que quiconque a cessé de s'y cramponner, au milieu de ce déluge de perversités et de corruptions qui inonde la terre, bientôt flotte, se débat, si encore il ne se noie. Je parlerai à Miller; mais faites-moi, quant à vous, le serment devant Dieu de ne plus revoir jamais le méchant qui hier vous a souillés du venin de sa société et de ses bienfaits, comme aussi de trahir auprès de moi ses démarches, quelque insignifiantes qu'elles puissent vous paraître, s'il arrivait qu'il en hasardât de nouvelles. Car, de mon côté, je vous assure bien qu'au premier manque de droiture à cet égard, soit de votre part, soit de celle des vôtres, immédiatement je retire ces dames du sein d'une famille empoisonnée, et, rompant avec vous tous, femme Miller, je vous abandonne avec mépris à ce loup ravisseur, puisque vous aurez volontairement, et sans excuse, préféré sa garde perfide à celle du berger fidèle ! »

Saintement épouvantée par ces paroles, la femme Miller me fit un grave serment, et, comme elle me suppliait avec sanglots de ne jamais l'abandonner :

« Cela, lui dis-je, dépendra de vous. Dans quelle intention ce monsieur vous a-t-il traités hier ? »

Alors elle me conta que, ce monsieur ayant fait travailler son mari, celui-ci s'était insensiblement trouvé en relations avec lui sans qu'il y eût de sa faute, et que de petits cadeaux qu'il avait faits ensuite aux enfants l'avaient elle-même portée à le voir de plus en plus avec plaisir, jusqu'à ce qu'enfin, se trouvant sur son départ, il était venu le samedi régler son compte et leur proposer de les régaler le lendemain en famille, et à Salève, parce qu'il voulait avoir vu cette montagne avant de quitter le pays ; que du reste il ne les avait plus du tout entretenus de ces dames depuis quelques jours, si ce n'est une seule fois, pour dire qu'il avait aimé l'une d'elles, mais que c'était folie de se faire du tourment pour de beaux yeux, et qu'à Paris, où il va se rendre, les occasions ne lui manqueront pas pour faire un mariage bien plus brillant que celui où l'amour avait été près de l'engager

« A Paris ? interrompis-je.

— Oui, à Paris. C'est là tout, continua-t-elle, et c'est bien trop, puisque j'ai eu ce cruel opprobre de voir Miller pris de vin, et mes enfants témoins, comme ceux de Noé, de l'ivresse de leur père !

— Et vous êtes bien sûre qu'il part ?

— Si sûre, que Miller est chargé de lui acheminer au plus tôt ses meubles à Paris.

— A Paris ?

— Oui, à Paris, mon bon monsieur Bernier. »

Là-dessus je quittai la femme Miller, bien convaincu de la sincérité de son récit, mais tristement persuadé, à cause de ce mensonge d'un voyage à Paris, quand j'avais vu de mes propres yeux le passe-port visé pour Bâle, que tous ces propos, et peut-être cette partie de montagne aussi, recouvraient quelque nouveau stratagème. Je me rendis ensuite auprès de ces dames pour leur recommander de redoubler de vigilance, et en même temps pour les presser de me livrer les lettres qu'elles devaient avoir écrites pour leurs familles. Mais, à cause de leur mésaventure d'hier, elles n'avaient pu se trouver prêtes pour le jour fixé, et elles venaient seulement de se mettre à l'œuvre. Je les exhortai donc à terminer sans désemparer ; et, pour éviter de leur faire perdre du temps, je les quittai presque aussitôt après leur avoir fait ces recommandations.

XXVIII

Ce même jour, à dîner, mon fils m'apprit qu'ayant eu l'occasion d'accompagner un de ses camarades à l'hôtel d'où j'avais retiré ces dames, tout en l'attendant, il avait aperçu le jeune monsieur qui s'occupait de préparatifs de départ, et qu'ayant fait quelques questions à ce sujet, on lui avait dit qu'il devait en effet quitter l'hôtel dans la journée du vendredi. Comme tout ceci se faisait publiquement, force me fut bien de croire à la réalité de ce départ, et je ne conservai plus d'inquiétude qu'au sujet de ce bruit intentionnellement répandu que le jeune monsieur partait pour Paris, tandis que j'avais vu son passe-port visé pour Bâle.

Après dîner, j'écrivis une lettre aux parents de Rosa et à ceux de Gertrude, puis je sortis pour reprendre le cours de mes affaires, qui avait été si malencontreusement interrompu. Je trouvai qu'un de mes paroissiens que j'aimais était mort le matin et, si je n'eus point à regretter comme pasteur de ne l'avoir point assisté à ses derniers moments, c'est qu'il était de ceux-là qui, en quelque temps que ce soit, se tiennent ceints et prêts à comparaître. Toutefois, cette terrestre séparation d'avec l'un de mes bien-aimés me fut douloureuse, et, en la rapprochant d'impressions bien récentes, il me sembla comme si le bon grain s'en allait d'autour de moi pour me laisser perdre dans l'ivraie. Ému à ces pensers, j'entrai dans une allée, et j'y donnai quelques instants cours à mes larmes.

Cependant, lorsque, vers huit heures du soir, je rentrai chez moi, j'y trouvai sur ma table deux cartes de visite où je lus : « Le baron et la baronne de Bulou. » Ne sachant que penser au sujet de cet incident, car je suis l'homme du monde qui est d'ordinaire le plus à l'abri de ces distinctions, j'allais me forger l'idée de quelque machination nouvelle qui se rattachait aux stratagèmes du jeune monsieur, lorsque la vieille qui fait notre petit service accourut dans ma chambre pour me dire que déjà par dix fois on était venu de chez les Miller pour me chercher de la part de ces dames. Je n'en fus que plus convaincu qu'il s'était passé quelque chose de fâcheux, en sorte que, reprenant aussitôt ma canne et mon chapeau, je redescendis précipitamment dans la rue et je courus chez les Miller.

Ce fut cette fois Gertrude et Rosa qui, de leur chambre ayant entendu le coup de cloche, accoururent pour m'ouvrir. Tout à la fois elles me prodiguaient des caresses, elles remerciaient Dieu, elles me montraient une lettre, elles me parlaient d'un baron, si bien que je leur dis : « Êtes-vous folles, mes enfants ? »

Alors, m'entraînant dans leur chambre, et après que j'eus insisté pour qu'elles me parlassent l'une après l'autre, elles me contèrent en somme que l'un des amis du comte, le baron de Bulou, était arrivé déjà hier au soir à Genève avec madame son épouse ; qu'après avoir fait toute sorte de recherches pour découvrir leur demeure, il avait enfin été mis sur la voie par la nièce des Miller, qui est employée dans une boutique de modes où la baronne était entrée pour s'y commander un chapeau ; qu'introduit enfin auprès d'elles, le baron leur avait remis une lettre du comte, et qu'à partir de cet instant elles avaient perdu la tête de joie, de bonheur, de félicité incomparable. Ici Rosa, retombant dans ses transports de tout à l'heure, se mit à baiser tour à tour la lettre, Gertrude et moi-même.

« Mais encore, repris-je, que dit-elle, cette lettre, mon enfant ? »

Alors elle me la fit lire tout entière. Le comte, dans un style qui, pour l'ardeur et la tendresse passionnée des expressions, était tout à fait à l'unisson des sentiments de Rosa, lui marquait qu'à peine arrivé à Hambourg, il y avait été atteint du typhus qui désolait cette ville, et que durant plusieurs semaines son état avait été si grave qu'on avait dû ne pas lui remettre les lettres qu'elle lui avait écrites; qu'à peine convalescent, il les avait dévorées toutes à la fois pour ne pouvoir néanmoins, à cause de sa faiblesse excessive, répondre qu'à quelques-unes des plus récentes (cette réponse à des particularités dont plusieurs étaient intimes suivait en effet); que, ne pouvant au gré de son cœur ni voler la rejoindre ni supporter une plus longue séparation, il se décidait à accepter de ses amis le baron et la baronne de Bulou l'offre qu'ils lui avaient faite dès les premiers jours de sa maladie de venir à Genève pour les y chercher, elle et Gertrude, et pour les ramener auprès de lui; que le baron lui remettrait tout l'argent dont elle devait avoir un pressant besoin, et qu'elle voulût bien le prodiguer plutôt que de retarder d'un jour, d'une heure, son arrivée auprès de lui. Le reste de la lettre était employé tout entier en traits de tendresse aussi peu mesurés que ce dernier, et un post-scriptum contenait, outre quelques nouvelles indirectement obtenues des deux familles de Rosa et de Gertrude, le désir exprimé par le comte de quitter Hambourg aussitôt qu'il serait suffisamment rétabli pour cela, et de se rendre directement auprès d'elles pour implorer leur pardon et pour hâter une réconciliation qui manquait seule à son bonheur.

Quand j'eus achevé cette lecture : « Eh bien, mes chères enfants, leur dis-je alors, voici la délivrance, et il était temps ! Que je me réjouisse donc avec vous, et que surtout j'insiste dans ce moment de bonheur, où il semble que la Providence, après vous avoir éprouvées pour votre bien, veuille vous rendre toutes ses faveurs à la fois, pour que, religieusement persévérantes dans vos bonnes résolutions et en commun avec le comte, qui, je le vois avec une douce satisfaction, en a nourri et formé de pareilles de son côté, vous n'ayez ni trêve, ni joie, ni sécurité, avant d'avoir porté aux pieds de vos parents l'hommage de votre profond repentir et la demande respectueuse qu'ils veuillent bien compter encore assez sur votre filiale tendresse pour vous permettre de rentrer en grâce auprès d'eux. Alors, alors seulement, Gertrude, Rosa, vous que j'aime tout en vous trouvant coupables, vous que je bénis tout en vous sachant rebelles, je vous accorderai ma pleine estime et, au nom du Seigneur, ce baptême d'honneur et de vertu qui, l'autre jour encore, vous semblait si digne d'être obtenu. »

Là-dessus je les baisai chacune sur le front, pendant que, profondément touchées de mon discours, elles mêlaient aux larmes ingénues de la gratitude les plus saintes promesses qu'il ne tiendrait pas à elles qu'elles ne pussent m'écrire avant peu de temps la bienheureuse annonce de leur entière réconciliation avec leurs familles.

Après cela, nous parlâmes de l'époque de leur départ. Leur propre impatience et celle du baron lui-même, que ses affaires rappelaient à Hambourg, militaient en faveur du terme le plus rapproché; aussi, déjà durant la visite, on avait parlé du surlendemain, mercredi; mais la baronne avait insisté pour que l'on différât jusqu'au jeudi. Je leur dis à ce sujet que, quelque intéressé que je fusse à jouir le plus longtemps possible de leur société, dont la privation allait m'être cruelle, je les encourageais néanmoins à partir au plus tôt, qu'elles fissent donc leurs préparatifs à cet effet en disposant leurs valises et en réglant leur compte avec Miller, et qu'au surplus, en allant rendre au baron sa visite, j'aurais soin d'insister moi-même sur la convenance de hâter leur départ. Elles furent bien réjouies de voir que mon opinion s'accordait ainsi avec leur désir, et après qu'elles m'eurent demandé la grâce que mon fils voulût bien les accompagner le lendemain dans la ville pour y faire quelques emplettes, je leur demandai moi-même celle de me retirer. Elles y consentirent à regret et en me comblant des plus vifs témoignages de reconnaissance et d'affection.

XXIX

Cet incident inespéré rendait inutile, et peut-être inopportun, l'envoi de nos trois lettres ; car il y avait en effet plus d'avantages à espérer des avances empressées et directes que le comte se proposait de faire, qu'il ne pouvait y en avoir à ce que je vinsse me placer officiellement entre les deux familles et leurs enfants. D'ailleurs nos lettres, outre qu'elles faisaient allusion à une situation de détresse et d'abandon qui n'existait plus, auraient par cela même le désavantage de faire paraître la démarche des deux dames comme étant le résultat forcé de la nécessité, et non comme étant celui d'un mouvement de repentir spontané et de retour volontaire. Je renonçai en conséquence à faire partir nos trois lettres.

Dans la journée, je me rendis à l'hôtel de *la Balance,* où était logé le baron, et je fus introduit auprès de lui. C'était un homme du grand monde, âgé d'environ trente-cinq ans, de manières assez courtoises, et qui m'exprima en termes fort respectueux, tant en son nom personnel qu'au nom du comte, la reconnaissance dont ils étaient tous les deux pénétrés au sujet des égards et de la protection dont j'avais entouré les deux jeunes dames. De mon côté, je lui témoignai que j'étais heureux de leur avoir rendu quelques services dont elles s'étaient montrées tout à fait dignes par l'honnêteté de leurs sentiments et par la confiance dont elles avaient fait preuve envers moi; puis, passant à leur situation à l'égard de leurs familles, je déclarai avec franchise que je serais pour regretter ces services, si la suite me montrait que je les eusse rendus à deux jeunes personnes capables de demeurer volontairement dans cette situation à la fois irrégulière devant le monde et coupable devant Dieu. Le baron, m'interrompant alors, marqua une entière conformité d'opinion avec moi sur ce point important, et il m'assura, en confirmation de ce que j'avais appris par la lettre, que le comte était résolu de travailler avant toute chose à faire cesser cette situation, et que c'était là, à côté de l'impatience bien naturelle où il était de revoir son épouse, le principal motif qui l'engageait à renoncer, pour la faire revenir à Hambourg, au projet précédemment formé d'un voyage en Italie.

Ces déclarations me causèrent une agréable satisfaction. Passant ensuite à un autre sujet, je parlai du départ, en manifestant le regret que Mme la baronne ne fût pas présente pour donner son avis et pour faire prévaloir ses convenances. « Par malheur, me dit-il, elle se trouve être un peu indisposée aujourd'hui, sans quoi elle serait déjà venue pour joindre ses remercîments aux miens; mais qu'à cela ne tienne, monsieur : l'avis de la baronne, c'est de partir mercredi soir, ou encore mieux jeudi de grand matin. Je crois qu'il est plus prudent de prendre dès à présent ce dernier parti, et dans ce cas-là, nos deux jeunes dames se transporteraient la veille à l'hôtel. »

Ce point réglé, je me levai, et, après avoir répondu de mon mieux au salut cérémonieux du baron, je sortis de l'hôtel.

Tout en cheminant, je rendais grâce à Dieu de ce qu'en amenant ainsi à point nommé la délivrance de mes jeunes protégées, il me délivrait moi-même de sollicitudes qui n'auraient pu que devenir de jour en jour plus cruelles, lorsque, ayant rencontré Miller qui revenait de conduire les meubles à l'entrepôt du roulage, j'appris de lui que tout à l'heure le jeune monsieur avait pris en chaise de poste la route de Paris. « C'est heureux pour moi comme pour vous, ajouta Miller d'un air ouvert qui me fit plaisir; car que sais-je où m'aurait entraîné cette connaissance? Pardonnez-moi ma faute, monsieur le pasteur, et comptez qu'en voilà pour longtemps. »

Cette nouvelle, comme on peut le croire, vint compléter la satisfaction que j'éprouvais déjà, en effaçant jusqu'aux derniers vestiges de la crainte que m'inspirait la présence du jeune monsieur à Genève, tant que mes deux jeunes dames s'y trouvaient encore. Et, comme j'avais continué de cheminer, je les aperçus elles-mêmes qui, en compagnie de mon fils, s'achetaient aussi des chapeaux de voyage dans la même boutique où s'était pourvue la baronne. J'y entrai aussitôt, afin de les prévenir de ce qui venait d'être réglé entre le baron et moi au sujet du départ. La nièce des Miller, qui se trouvait présente, demanda à cette occasion si elle devait adresser une note à part pour le payement de ces deux chapeaux, ou s'il était indifférent qu'elle les portât sur la note de la baronne.

« Cela n'est pas indifférent du tout, reprit Rosa en riant ; car pour l'heure, ma chère Louise (c'était le nom de cette jeune fille, qu'elles avaient vue quelquefois chez les Miller), tous nos fonds sont entre les mains du baron, et nous serions vraiment bien embarrassées de vous payer. »

Là-dessus nous sortîmes ensemble de la boutique et, après que j'eus achevé de rendre compte à ces dames de ma visite au baron, je les laissai poursuivre le cours de leurs emplettes, pour reprendre celui de mes affaires.

XXX

Le lendemain, en me levant, je trouvai sur ma table deux chaînes d'or et un billet ainsi conçu :

« Mon cher monsieur Bernier,

« Les deux chaînes que vous trouverez ci-jointes ont été jusqu'ici entre Gertrude et moi l'emblème de l'amitié qui nous lie ; c'est le vœu commun de nos cœurs qu'elles deviennent désormais celui de l'affection reconnaissante qui nous liera jusqu'à notre dernier soupir à vous et à monsieur votre fils. Faites-nous donc la grâce de les accepter à ce titre.

« ROSA et GERTRUDE. »

Je regrettai que ces dames eussent jugé à propos de nous faire un présent à mon fils et à moi ; mais je ne pus qu'être bien touché des témoignages excessifs et toutefois sincères dont elles le faisaient accompagner. Tout aussitôt mon fils se rendit chez elles pour leur marquer, en mon nom et au sien, nos sentiments de gratitude. En y arrivant, il trouva que leurs valises avaient déjà été transportées à l'hôtel, et qu'elles-mêmes, après avoir achevé de régler leurs comptes avec les Miller, s'occupaient de faire quelques petits cadeaux aux enfants et un legs de hardes à leur mère. Après quoi, prenant congé de leurs hôtes, elles prièrent mon fils de vouloir bien les mener d'abord auprès de moi pour me faire leurs adieux, et d'ajouter à cette grâce celle de les conduire ensuite à *la Balance*. Tout à l'heure donc je reçus leur visite. Elles étaient, comme il est naturel, remplies de joie et brillantes de gaieté, jusqu'au moment où il fallut nous séparer. Alors leurs larmes coulèrent. Après leur avoir donné mes derniers avis, je les baisai tendrement, et elles sortirent avec mon fils.

Quand elles se furent éloignées, ce fut à mon tour de donner cours à quelque attendrissement. Sans doute, et je m'en aperçois chaque jour davantage, l'âge, la sénilité, nous rendent moins maîtres, aux émotions qui se rencontrent, de contenir nos pleurs ; mais sans doute aussi les services attachent à ceux à qui on les a rendus ; l'adversité, chez ceux qu'elle amende, intéresse à juste titre ; l'affection et les caresses de cœurs ingénus sont douces à l'accoutumance, et à toutes ces causes j'éprouvais ce même vide douloureux qui me visite quand je perds celles de mes ouailles qui m'ont donné à la fois de la besogne et du contentement, de l'inquiétude et un juste espoir. J'ouvris l'Évangile, et, après que je m'y fus fortifié par quelque lecture, j'adressai à Dieu une fervente prière pour qu'il daignât protéger et prendre sous sa garde les deux jeunes amies, que je venais de voir bien probablement pour la dernière fois.

XXXI

Cependant, vers deux heures après midi, comme j'étais à table avec mon fils, la vieille entra dans la chambre en disant qu'une jeune fille demandait à me parler : c'était la nièce des Miller. Cette jeune fille venait me conter qu'étant allée tout à l'heure porter son mémoire à l'hôtel, le baron, qui se trouvait dans ce moment-là sur le seuil, lui avait dit en la voyant qu'elle eût à revenir dans la soirée, parce que Mme la baronne était sortie ; que là-dessus elle s'en retournait sans défiance, lorsqu'en passant devant la poste, elle avait reconnu un garçon de l'hôtel qui y commandait au nom du baron quatre chevaux pour trois heures précises.

Je me mis à rire : « C'est pour trois heures du matin ! ma chère enfant ; leur projet a toujours été de partir demain au petit jour. Va, va, ne crains rien, et crois bien que tu peux faire en toute sûreté un crédit de quelques heures aux personnes à qui je confie ces deux jeunes dames pour un long voyage. »

La nièce de Miller rit alors de sa méprise, et après qu'elle se fut excusée d'avoir troublé mon dîner, ella se retira.

Dès qu'elle se fut éloignée pourtant, je ne sais quel scrupule me prit dont je fis part à mon fils, qui m'avoua l'avoir eu au même instant que moi, en sorte que nous nous levâmes spontanément de table pour nous acheminer ensemble vers *la Balance*, sans d'ailleurs nous être rendu compte d'aucun motif raisonnable qui dût nous y porter. La première personne que nous rencontrâmes aux approches de l'hôtel, ce fut la nièce des Miller, qui nous apprit que, par un scrupule tout semblable au nôtre, elle avait pris le même chemin que nous, et qu'elle avait bien lieu de s'en féliciter ; qu'en effet, déjà avant qu'elle arrivât, l'on avait amené les chevaux, et que le baron allait bel et bien partir sans la payer, lorsqu'elle avait été droit à lui pour le prier par-devant ces dames, de vouloir bien lui régler son compte. « Eh ! mais, c'est vrai, mon enfant, s'était-il écrié en contrefaisant l'étonnement, n'allais-je pas t'oublier ? »

Je n'écoutai pas la fin de ce récit, et m'étant mis à la course, j'arrivai dans la cour de l'hôtel juste au moment où les chevaux venaient de s'ébranler pour partir. « Monsieur Bernier, monsieur Bernier ! » s'écrièrent en me voyant Rosa et Gertrude. A ces exclamations le postillon arrêta, et le baron, qui jusqu'alors n'avait rien dit, s'empressa aussitôt de me faire toute sorte de civilités.

J'étais vraiment embarrassé de savoir que dire ou que faire ; car, sans que j'eusse rien de direct à articuler, de plus en plus néanmoins, depuis le récit que la nièce Miller venait de faire devant moi, les défiances arrivaient au galop dans mon esprit.

« Mais quoi ! dis-je à tout hasard, Mme la baronne n'est point ici ?

— Elle nous a devancés par le bateau, répondit alors le baron, afin d'avoir le temps de visiter Lausanne, où nous la trouverons ce soir. »

Alors, me ressouvenant tout à la fois que, cette baronne, je ne l'avais point vue ; qu'hier elle était indisposée et aujourd'hui en voyage ; que tout à l'heure ce même monsieur avait insinué auprès de la nièce Miller qu'elle y serait dans la soirée alors qu'il devait la savoir à Lausanne, mes défiances se transformèrent soudainement en vive alarme, et je résolus de tout tenter pour empêcher peut-être un irrémédiable malheur. « Rosa ,Gertrude, dis-je avec autant de sang-froid qu'il me fut possible, vous ne pouvez décidément pas partir seules avec monsieur; les convenances s'y opposent. »

Puis, m'adressant au baron : « Pardonnez mes scrupules, monsieur, et trouvez bon qu'à cause de mon âge et de mon caractère je prenne place dans la voiture jusqu'à ce que nous ayons rejoint Mme la baronne. »

Tout en disant ces mots, j'avais entr'ouvert la portière, lorsqu'un coup de fouet se fit entendre, les chevaux partirent, et je fus renversé sur le pavé. « Arrêtez-les! arrêtez-les! » m'écriai-je de toute ma force. Mais déjà mon fils, qui s'était précipité à la tête des chevaux, tirait vigoureusement de côté celui de droite. Alors le postillon arrêta, et presque aussitôt je me trouvai dans les bras de Rosa et de Gertrude, tandis que le baron accourait pour me prodiguer à la fois les plus vives excuses et les égards les plus empressés.

« Ce n'est rien, dis-je en essuyant le sang qui découlait sur mon visage de je ne sais quelle insignifiante contusion ; que je ne vous retarde pas ! »

Puis, montant tout le premier dans la voiture, par-devant la foule que cet incident avait rassemblée, j'y pris place sur le revers ; Rosa, Gertrude, remplies d'épouvante, s'y précipitèrent après moi ;

enfin le baron entra à son tour : mais, voyant qu'on lui avait réservé une place au fond, il insistait poliment pour que je voulusse bien l'occuper. « Ne faites pas attention, monsieur le baron, lui répondis-je ; mon affaire à moi, c'est d'être où sont ces dames jusqu'à ce que nous ayons rejoint la baronne, et ce n'est pas du tout d'être ici plutôt que là. »

De guerre lasse il céda, en sorte que nous nous trouvâmes placés face à face, lui à côté de Rosa, et moi à côté de Gertrude. Alors le fouet claqua de nouveau, et les chevaux partirent au grand trot.

Notre situation était étrange en vérité, et nos attitudes bien diverses. Pendant que, moitié civil et moitié circonspect, le baron gardait un silence équivoque, Rosa et Gertrude, peinées de mon accident et mécontentes de ma démarche, demeuraient contraintes, la pâleur sur le visage et des larmes dans les yeux. Moi seul j'étais aussi satisfait que déterminé, et, n'était le vacarme que faisait la voiture en roulant sur le pavé, j'aurais été, je crois, d'humeur à égayer l'entretien. Aussitôt que nous fûmes hors de ville : « Il me paraît, dis-je en souriant, que ma compagnie n'est ici du goût de personne, quand déjà, en ce qui me concerne, ce n'était guère ma convenance, je l'avoue, de partir ce soir pour Lausanne.

— C'est que votre compagnie, monsieur, dit alors le baron, qui en tout autre moment serait agréable aux trois personnes réunies ici, ne saurait plus désormais que leur être une offense.

— J'en tombe d'accord, repris-je. Mais voici en toute franchise mon idée, monsieur : ou bien les appréhensions qui m'ont porté à me placer dans cette voiture sont sans fondement, et alors je vous garantis à l'avance telles excuses qu'il appartiendra ; ou bien elles sont fondées, et alors, vous Rosa, vous Gertrude, il vaudra la peine qu'au risque de vous avoir déplu un moment je vous aie sauvées d'un guet-apens.

— Comment ! s'écria alors le baron avec un courroux superbe, c'est à l'ami du comte, et par-devant son épouse, que vous osez faire entendre un pareil langage ! C'est entre cette épouse et le baron de Bulou, directement investi des pouvoirs et de la confiance du comte, que vous prétendez, vous, inconnu, vous placer de vive force, comme un ignominieux gardien de mes démarches, comme un outrageant surveillant de l'honneur de ces dames !... Je ne le souffrirai certainement pas. Aussi, monsieur, au premier relais, ayez à prendre votre parti, et je vous y invite ; ou je prendrai le mien, je vous en donne ma parole ! »

A ce discours, les deux amies marquèrent la vive douleur qu'elles éprouvaient en voyant ainsi mes intentions méconnues ; puis, s'adressant à moi, elles me conjurèrent, au nom de la lettre du comte, au nom du comte lui-même, de n'avoir ni soupçon, ni défiance, ni crainte. « Accompagnez-nous, ajoutaient-elles, mon cher monsieur Bernier ; mais que ce soit pour nous gratifier plus longtemps du plaisir de votre présence, pour revenir tout à l'heure de vos préventions et de vos alarmes, surtout pour qu'il ne soit pas dit que vous nous ayez quittées au milieu d'un malentendu qui oppose l'un à l'autre les deux hommes les plus généreusement dévoués à nos intérêts et les mieux faits pour s'estimer et se comprendre. »

Pour moi, bien résolu que j'étais de n'abandonner la partie qu'à bonnes enseignes, je ne relevai ni le propos du baron ni les sollicitations de ces dames ; mais reprenant l'entretien : « Je présume, mes chères enfants, leur dis-je, que l'on vous conduit à Bâle, d'où ensuite, si vous en réchappez, vous pourrez descendre le Rhin. »

A ces mots, le baron demeura impassible ; mais les deux amies : « Si nous en réchappons !... que voulez-vous donc dire, monsieur Bernier ?

— Je veux dire.... »

Ici le baron interrompant : « Eh ! ne voyez-vous donc pas, mesdames, que ce sont des fantasmagories comme celle-là qui ont porté monsieur à nous imposer d'office son ignominieuse surveillance ?

— En effet, repris-je avec le plus grand sérieux ; ce rendez-vous à Bâle est tout justement ce guet-apens dont je parlais tout à l'heure. »

Alors le baron se prit à rire, et s'adressant encore

aux deux amies : « Mais vous ne m'aviez pas dit, mesdames, que M. Bernier fût sujet à ces sortes d'hallucinations. Du reste, tranquillisez-vous, bonhomme, Bâle est en dehors de notre route, qui est d'arriver à Hambourg par la plus courte voie. »

Pendant cet entretien, Rosa et Gertrude me regardaient avec autant de surprise que de tristesse, comme si elles eussent été affligées tout à la fois de m'entendre débiter des extravagances et de voir le baron les prendre elles-mêmes à partie pour déverser sur moi le sarcasme et l'ironie.

Cependant, à Versoix, qui est situé sur la frontière du canton, à une lieue de Genève, la voiture s'arrêta. « Qu'est-ce ? » demanda le baron. Au même instant la portière s'ouvrit, et un gendarme parut, qui demandait les passe-ports. La vue de ce brave homme me fit plaisir. « De passe-port, je n'en ai point, lui dis-je, parce que je suis du canton et que je ne vais qu'à Lausanne ; mais voici monsieur qui va vous délivrer le sien et celui de ces dames. »

Le baron sortit en effet son portefeuille de la poche de son frac ; il y prit le passe-port pour le remettre au gendarme, puis se ravisant : « Je descendrai au bureau, » dit-il. C'est ce que je désirais ardemment. Mais il se garda bien d'en rien faire, et, comme s'il eût également craint ou que je l'accompagnasse au bureau, ou que je restasse seul avec ces dames, à peine eut-il mis pied à terre qu'il livra le passeport. C'était l'instant d'agir. « Gertrude, dis-je tout bas d'un accent aussi pressant qu'impérieux, descendez et faites descendre Rosa. » Au mouvement qu'elles firent alors, le baron s'étant approché allégua, avec une insistance trop vive pour qu'elle me parût naturelle, qu'on allait repartir sur-le-champ ; mais, comme je me trouvais placé derrière ces dames, du signe, de la voix, du geste, je coupai court à leur indécision et je brusquai leur sortie ; puis, descendu le dernier, je leur offris à chacune un de mes bras, et je les entraînai vers le bureau. Une fois sur le seuil : « Et vous, monsieur le baron, ne venez-vous point aussi pour hâter un peu l'affaire de ce visa ? » dis-je en me retournant. A ce moment je surpris sur sa figure la pâleur de la colère du crime dépisté, et je dis en moi-même avec un puissant contentement : « Sauvées !!! »

Par malheur, au moment où nous entrâmes dans le bureau, le passe-port se trouvait déjà visé et reployé, en sorte que le baron, qui s'était bien vite rendu à mon invitation, n'avait eu qu'à tendre la main pour le recevoir avant que j'eusse pu y jeter les yeux. Mais, pendant qu'il le replaçait hâtivement dans le portefeuille, tout en pressant Rosa et Gertrude de vite remonter en voiture : « Un moment, dit le chef de bureau ; laquelle de ces deux dames est la baronne, et laquelle la femme de chambre ?

— Ni l'une ni l'autre, répondis-je.

— Alors ayez la bonté, monsieur, de me remettre de nouveau le passe-port, » dit-il en s'adressant au baron ; et comme celui-ci ne se pressait pas d'obtempérer à cette invitation : « Un peu vite, » ajouta-t-il.

En attendant, mes deux jeunes amies tremblaient de frayeur : « Ne tremblez donc pas, leur disais-je bien haut ; car, s'il y a un coupable ici, mes chères enfants, ce n'est assurément pas vous. » Puis, m'adressant au chef : « Ce passe-port, monsieur, n'a-t-il pas été visé à Genève pour Bâle ?

— Oui, monsieur, répondit-il.

— Vous l'entendez, Rosa ; vous l'entendez, Gertrude ; et cependant, ajoutai-je avec indignation, ce même baron, qui mentait hier à la nièce des Miller pour la frauder de son salaire, tout à l'heure il mentait devant vous pour vous cacher qu'il va vous livrer à l'infâme qui l'attend à Bâle ! »

A ces paroles ouvertement accusatrices, et pendant que le baron, affectant un calme hautain, demandait d'être entendu sur le seul point qui méritât, disait-il, une explication de sa part, à savoir, la mention faite sur son passe-port de la baronne et de sa femme de chambre, Rosa, ayant retiré de son sein la lettre du comte, me conjurait d'en croire avant toute chose à ce gage chéri, et, dans les termes à la vérité les plus respectueux, elle protestait de toute sa force contre les rapports mensongers qui avaient pu me faire douter de la probité, de la véracité et des intentions du baron. Mais Gertrude lui opposait mon expérience, la disparition au moins étrange de la baronne à partir du moment où elles avaient reçu sa première visite, enfin le propos que venait de tenir dans la voiture le baron lui-même, lorsqu'il avait nié qu'il les conduisît à Bâle, en telle sorte qu'à nous voir tous d'avis différents, et tous parlant à la fois, le chef de bureau ne savait plus au monde auquel entendre.

Alors, élevant la voix par-dessus tous les autres : « Monsieur le chef, lui dis-je, ce baron prétend qu'il conduit ces dames auprès de l'époux de l'une d'elles ; moi je prétends qu'il les conduit, lui ravisseur, auprès d'un mauvais sujet que je connais bien. Je vous somme donc de nous faire arrêter tous les deux, afin que la chose soit éclairée, et, si vous ne le faites pas, aussitôt de retour à Genève, j'irai vous dénoncer à vos supérieurs !

— Ah ! vous le prenez sur ce ton ? s'écria alors le baron ; eh bien, c'est vous que je dénonce par-devant monsieur, et d'un seul coup je vais confondre toutes vos calomnies ! »

Là-dessus, fouillant précipitamment parmi les papiers qu'il avait retirés de sa poche : « Ah ! se ravisa-t-il, il est dans la voiture, » et il sortit pour l'aller chercher. Mais, comme nous attendions son retour, un vacarme de coups de fouet se fit entendre, et, étant tous sortis précipitamment, nous vîmes les chevaux lancés au grand galop, qui emportaient bien loin déjà le baron, ses folles menaces et ses criminels projets.

XXXII

A ce moment, et comme j'allais rendre grâce à Dieu de cette délivrance qui avait été si visiblement préparée par sa main et néanmoins si rude à obtenir, la pauvre Rosa, en voyant s'enfuir avec la voiture ses dernières espérances, perdit le sentiment, et, s'étant affaissée sur elle-même, alla tomber inanimée au milieu de la poussière. Aux cris que poussait Gertrude, j'accourus pour la relever ; mais, plus agiles que moi, deux gendarmes l'avaient déjà soulevée sur leurs bras pour la transporter dans l'intérieur du bureau où nous lui prodiguâmes nos soins. Elle était froide, son pouls battait à peine, et, hormis quelques étreintes convulsives qui de loin en loin contractaient ses traits, il semblait qu'elle fût déjà passée dans les bras de la mort. L'épouvante alors, non moins que la pitié, s'empara de moi, pendant que Gertrude se livrait de son côté au délire effrayant d'un désespoir sans bornes. Dans ce moment, un des gendarmes, que j'avais envoyé quérir le médecin du village, me cria du seuil : « Il vient. » Effectivement, le médecin ne tarda pas à arriver, et, s'étant fait jour au travers de la foule des assistants que cette scène avait attirés dans la chambre, il n'eut pas plus tôt aperçu Rosa qu'il dit : « Il était temps. » Puis, sans regarder à rien autre, il tira sa lancette d'un nécessaire et lui fit au bras une incision. Le sang parut immédiatement et se mit à couler. Alors le médecin : « C'est bon ; mais que tout le monde se retire et qu'on ouvre les croisées. » A cet ordre, les assistants sortirent de la chambre, mais pour s'aller grouper devant le seuil et devant les croisées elles-mêmes, d'où le regard embrassait tout l'intérieur du bureau.

Cependant Rosa ne tarda pas à ouvrir les yeux et à les porter de différents côtés, sans paraître se rendre compte encore ni de ce qui lui était arrivé ni de ce qui se passait autour d'elle : seulement, ayant reconnu Gertrude, elle prit sa main pour la presser contre son cœur, et elle parut s'endormir calme et heureuse. Mais ces instants furent courts, et, à mesure qu'elle reprenait connaissance, une vague douleur, l'effroi, la honte, se peignaient à l'envi sur son visage : « Messieurs, disait-elle aux gendarmes, je n'ai rien fait de mal !... Pourquoi tout ce monde? Ah ! c'est vous, monsieur Bernier !... » Puis, se ressouvenant tout à coup de la perte de ses espérances et du sujet de sa douleur, elle poussa un cri perçant et se rejeta en arrière contre les ballots sur lesquels on l'avait déposée.

Pendant qu'avec Gertrude nous cherchions à tempérer la violence de ses transports, les deux braves gendarmes du poste, émus eux-mêmes à la vue de tant de douleur, s'étaient empressés d'écarter tous les assistants jusqu'au dernier, et le chef du bureau mettait à notre disposition des cordiaux qu'il était allé se procurer dans une maison de campagne du voisinage. Au bout d'une heure environ, Rosa fut parvenue à maîtriser son désespoir, et, la voyant alors qui pleurait silencieusement, la tête appuyée contre le sein de son amie, je sortis pour tâcher de me procurer une voiture. « Vous n'en trouverez point, » me dirent les gendarmes. Mais au même moment une calèche s'était arrêtée devant le poste. Il en sortit une dame qui, se doutant à ma mise que j'étais celui dont on lui avait parlé quand on avait été lui emprunter les cordiaux, me dit : « Voici une voiture, monsieur ; obligez-moi d'en user pour reconduire à la ville ces pauvres demoiselles, à moins que vous ne jugiez plus prudent de me les confier jusqu'à demain ; j'habite ici près et j'ai des lits à leur service. »

Entraîné par un mouvement de gratitude, je pris la main de cette dame, que je n'avais jamais vue auparavant, et la regardant avec affection : « S'il y a des pervers, dis-je, il y a de bons cœurs, et Dieu en soit loué ! Votre charité, chère dame, va nous être de grand secours, et j'accepte avec réjouissance que votre voiture nous reconduise à la ville. Mais entrez, je vous en prie, et que ces pauvres enfants aient la douceur d'unir leurs remercîments aux miens. »

La bonne dame entra en effet, tout attendrie déjà ; et, quand elle eut vu ce triste et intéressant spectacle des jeunes amies, l'une si désolée, l'autre si secourable, et toutes les deux, même au milieu de ces ballots, d'une si visible distinction d'attitude et de visage, elle leur prodigua en pleurant toute sorte de caresses de mère, et elle insista pour qu'elles vinssent passer quelques jours à sa maison de campagne. Mais ni Rosa ni Gertrude ne pouvaient en avoir l'envie, tandis que moi-même, après le danger qu'elles venaient de courir, j'entendais bien ne pas les éloigner de ma portée jusqu'au moment où je pourrais les remettre aux mains du comte ou de leurs propres parents. Nous nous excusâmes donc de notre mieux, et, après avoir exprimé nos remercîments à cette dame, au chef du bureau et aux deux gendarmes, nous montâmes en voiture au milieu d'une grande affluence de curieux.

XXXIII

Quand la voiture eut commencé à cheminer du côté de la ville, Rosa se livra de nouveau au désespoir, et Gertrude elle-même ne put, sous l'impression de ce triste retour, retenir ses larmes. « Pleurez, leur dis-je, mes enfants, pleurez, puisque enfin vous aviez pu compter sur une délivrance que voici différée; mais aussitôt que ces premiers transports auront fait place à la réflexion, c'est ce mécompte lui-même qui va vous paraître la délivrance, et vos cœurs reconnaissants s'élèveront à Dieu pour lui rendre mille actions de grâces. »

Au moment où j'achevais ces mots, le cocher arrêta pour répondre à quelqu'un qui le rappelait, après nous avoir d'abord croisés sur la route. C'était mon fils. Inquiet de ne pas me voir revenir, il s'était déterminé à courir à ma rencontre, dans l'intention, s'il ne m'avait pas rejoint auparavant, de louer un char à Coppet et de pousser jusqu'à Lausanne. Dès que nous l'eûmes recueilli dans la voiture, il serra affectueusement les mains de ces dames en leur témoignant la vive joie qu'il éprouvait à les retrouver encore sous ma protection; et, comme je lui eus raconté en peu de mots ce qui s'était passé, il m'apprit de son côté qu'aussitôt après le départ du baron, et sur le bruit qui s'était répandu que la nièce des Miller avait failli n'être pas payée, différents marchands étaient accourus avec leurs mémoires tout remplis des emplettes qu'avait faites la baronne; qu'à cette occasion il avait été constaté que cette baronne n'avait pas mis les pieds dans l'hôtel, où le baron était arrivé seul le dimanche au soir; qu'enfin, étant allé questionner des gens de la poste, il avait appris qu'en effet, après avoir paru prendre la route de Paris en se laissant conduire à Ferney, le jeune monsieur avait coupé de là sur Versoix par le chemin de traverse, et que de cet endroit il avait poursuivi sa route sur Bâle. « Aussitôt que j'ai su ces choses, ajouta mon fils en s'adressant à ces dames, je me suis mis en route, et eussé-je rencontré mon père revenant sans vous, avec sa permission et avec quelque argent que j'ai emprunté à l'hôtel de *la Balance*, j'aurais couru jusqu'au bout du monde pour vous retirer des mains de ce ravisseur et de son infâme complice. » Rosa, toujours confiante dans sa lettre, écouta peu ce discours, tandis que Gertrude, désormais tout aussi convaincue que moi des criminelles intentions du baron, témoigna à mon fils toute la gratitude qu'elle éprouvait envers son généreux dévouement.

Chose singulière, ce fut mon fils qui, à propos du récit que je venais de lui faire, remarqua que le baron avait dû, dans sa hâte, emporter les valises de ces dames; cette remarque, que tant d'autres préoccupations m'avaient empêché de faire, ne laissa pas que d'ajouter à mon inquiétude, puisque ces dames allant se trouver ainsi dans le plus complet dénûment, il se pouvait que les Miller ne voulussent pas les reprendre sur la simple probabilité des secours qu'elles pouvaient recevoir plus tard de leurs familles. La même raison s'opposerait sans doute à ce que je pusse les placer dans quelque autre maison; et, d'un autre côté, soit à cause de la modicité de mes ressources, soit à cause de la petitesse de mon logement, qui est composé de trois pièces étroites donnant sur une cour, soit enfin à cause de l'inconvenance qu'il y aurait à introduire deux jeunes personnes dans un ménage sans femme, où elles se trouveraient en société habituelle et nécessaire avec un jeune garçon de vingt-cinq ans, il était absolument impossible que je songeasse à les prendre chez moi. Dans cette occasion, je sentis rudement le désavantage qu'il y a d'être pauvre. Je peux, à la vérité, comme pasteur, disposer de sommes assez considérables en faveur des nécessiteux de ma paroisse ; mais il me parut que ce serait commettre une coupable prévarication que d'en détourner des deniers en faveur de deux dames étrangères, puisque évidemment elles ne pouvaient y avoir eu droit dans l'intention des personnes charitables qui m'avaient fait le dépositaire de ces deniers.

A la nuit tombante, nous arrivâmes à la porte de la ville, d'où nous renvoyâmes la voiture. Mon fils avait pris les devants pour aller prévenir les Miller du retour de ces dames, et pour les prier de les reprendre aux mêmes conditions qu'auparavant ; mais il ne tarda pas à revenir sur ses pas pour nous avertir que les Miller ne voulaient plus entendre à rien de semblable. Cette nouvelle me consterna, tandis que les deux jeunes dames, harassées qu'elles étaient, l'une de faiblesse, l'autre de fatigue, avaient quitté mes bras pour se reposer chacune sur une des bouteroues d'une rue solitaire où nous nous trouvions alors engagés ; j'allais et je venais, sans trop savoir quel parti prendre. « Mais voyons, repris-je bientôt, allons ensemble chez les Miller; il est possible que je parvienne à les fléchir; tout au moins accorderont-ils à ces dames l'hospitalité pour cette nuit, et demain j'aurai plus de loisir pour tenter de les placer ailleurs. »

Nous nous remîmes donc en marche, et nous atteignîmes enfin à cette rue de la prison, dont l'odieux souvenir, à mesure que nous y avancions, arrachait des pleurs à mes deux pauvres compagnes. De là, étant montés chez les Miller, j'y renouvelai auprès d'eux la proposition que mon fils leur avait déjà faite.

« C'est inutile, monsieur le pasteur, me répondirent-ils tous les deux.

— Mais je vous garantis que vous serez payés; je vous offre même de payer quinze jours d'avance.

— Assez comme cela, reprit Miller. Aussi bien ces dames doivent au tiers et au quart, et nous ne tenons pas à avoir les huissiers chez nous. »

Je compris que le propos faisait allusion à ce que les petites emplettes faites par ces dames n'avaient pas été payées par le baron, en sorte qu'elles se trouvaient dès lors compromises dons l'esclandre auquel avaient donné lieu les dettes frauduleuses de la baronne.

« Eh bien! Miller, repris-je, accordez-moi au moins cette grâce de donner à coucher pour ce soir seulement, à ces deux dames, dont l'une, vous le voyez bien, est pâle, souffrante et incapable de se transporter plus loin : on l'a saignée à Versoix. Demain, de bonne heure, je m'enquerrai de les placer ailleurs.

— Non, monsieur le pasteur : nous leur payerions plutôt leur couchée à l'auberge. Il y a du monde qu'on reçoit, il y en a qu'on ne reçoit pas. »

A ces mots, Rosa, qui s'était assise à l'écart, accourant indignée : « Que voulez-vous dire, misérable? êtes-vous donc aussi du nombre des pervers acharnés à nous salir?... »

Je voulus intervenir; mais Rosa, avec l'instance du dégoût le plus méprisant : « Sortons, sortons, monsieur Bernier. Et si personne ne veut nous recevoir, que nous couchions à la rue plutôt que de passer encore une seule nuit dans cet antre affreux!

— Vous êtes bien peu charitables, dis-je alors aux Miller, et, s'il vous arrive de tomber quelque jour dans la détresse, comme nous y sommes tous sujets, le ciel vous préserve de rencontrer des cœurs aussi fermés que le sont aujourd'hui les vôtres! »

Là-dessus, je suivis Rosa qui m'entraînait vers la porte, et nous nous retrouvâmes tout à l'heure dans la rue.

Cependant mon fils, prévoyant le refus obstiné des Miller, avait été s'enquérir de quelque autre gîte, en sorte que nous n'osions pas nous éloigner dans la crainte de manquer son retour. Après donc que nous eûmes attendu quelque temps devant l'allée de la maison, mes deux compagnes s'assirent sur les marches du perron extérieur, et j'étais allé moi-même à la découverte jusqu'à l'angle de la rue prochaine, lorsque des gendarmes qui faisaient leur première ronde de nuit, en voyant deux femmes parées seules à cette heure dans ce lieu écarté, s'approchèrent d'elles et leur demandèrent qui elles étaient et ce qu'elles faisaient là. Puis, comme l'épouvante les empêchait de répondre : « Vous allez nous suivre, » leur dirent ils. Aux cris qu'elles poussèrent alors, deux ou trois personnes survinrent avec des lumières; mais, comme aucune d'elles ne paraissait disposée à reconnaître ces dames ni à se porter pour garant de leur condition ou de leur moralité, les gendarmes procédaient déjà à les emmener, lorsque j'accourus. La femme Miller était parmi ces personnes. « Cette femme, dis-je en la désignant aux gendarmes, peut attester que ces dames sont de mes amies, et que, si vous les avez surprises seules sur ce perron, c'est parce que je m'occupe de leur chercher un logement, à défaut de celui qu'elle a eu l'inhumanité de leur refuser. Vous vous êtes donc mépris, messieurs ; ainsi, veuillez poursuivre votre ronde sans vous occuper de nous. » A ce moment, mon fils arriva en criant de loin : « J'ai trouvé un gîte pour ces dames ! »

A l'ouïe de ces paroles qui confirmaient mon dire, les gendarmes passèrent outre, et nous marchâmes du côté où mon fils nous conduisait Après quelques détours, nous entrâmes sur sa trace chez des gens avec lesquels il venait de traiter. C'était un monsieur et une dame entourés de leurs trois enfants, et qui me parurent dès l'abord aussi respectables eux-mêmes que leur appartement était à la fois confortable et propre. Ils avaient une chambre à louer; mais, quand ils eurent vu arriver deux dames parées, fort jeunes, sans parents, sans effets, et qui leur avaient été proposées pour pensionnaires par un jeune homme inconnu, ils parurent hésiter à conclure, et, sur un signe que leur fit la servante qui était entrée avec nous, ils déclarèrent avoir changé d'avis, parce que, s'étant attendus à louer leur chambre à des dames d'âge, il ne pouvait convenir à leur vie de famille de s'en dessaisir en faveur d'aussi jeunes personnes. « Eh bien! mes enfants, m'écriai-je alors, puisqu'il en va ainsi, allons de ce pas chez moi! Où deux sont à l'aise, quatre pourront bien tenir, et aussi bien, quand il y a nécessité, il y a convenance en même temps. » Là-dessus, nous primes congé de cette famille pour gagner tous ensemble ma demeure.

XXXIV

Quand mon fils eut allumé la lampe : « Ah çà, voyons, dis-je, à nous arranger convenablement. Ce cabinet-ci, mesdames (nous nous trouvions dans la même chambre où elles avaient dîné avec nous le dimanche précédent), ce cabinet-ci va devenir à la fois notre chambre à manger et notre salon de réunion. L'on y mettra deux chaises de plus. Mais le plus pressé, c'est de reposer, n'est-ce pas?.... Tiens, dis-je à mon fils en lui remettant une clef, va sortir une paire de draps, et vous, Rosa et Gertrude, suivez-moi. » Les ayant alors introduites dans ma chambre, qui est une sorte de bibliothèque avec un petit poêle à l'angle et un lit garni au fond : « Voilà, leur dis-je, qui fera votre appartement ; pour moi, j'émigrerai dans la chambre de mon fils avec ma table de travail. »

J'allai ensuite prendre les draps que mon fils, pour n'avoir pas à les remettre de la main à la main à de si jeunes personnes, venait de déposer dans le cabinet, et je leur dis : « La vieille vous aidera dans bien des petites choses, mais ce sera à vous, mes pauvres enfants, de compléter votre service, et pour commencer, vous allez faire votre lit, pendant qu'André et moi nous préparerons du thé et quelque nourriture. »

Après m'avoir marqué à la fois leur regret de me déplacer et leur satisfaction de se trouver chez moi, ces dames se mirent à l'œuvre ; puis, pendant que Rosa, cédant à nos instances, se reposait assise dans ma bergère, dont je l'obligeai d'accepter la jouissance tant que durerait son séjour dans ma maison, Gertrude m'aida à déménager ma table, quelques livres et les autres choses qui étaient à mon usage personnel. Cela fait, nous nous réunîmes tous les quatre autour du thé, et j'admirai qu'au lieu d'être de plus en plus désolée en se voyant retombée dans une retraite aussi triste et aussi écartée qu'est notre demeure, Rosa elle-même parût néanmoins être plus calme et moins endolorie qu'elle n'avait encore été depuis notre départ de Versoix.

En la voyant ainsi disposée, je me hasardai à lui dire : « Est-il possible, ma chère Rosa, que vous conserviez encore quelque doute au sujet des intentions de ce baron et de la moralité de cette baronne?

— Tant que le mystère de cette lettre du comte ne sera pas éclairci, monsieur Bernier, comment pourrais-je ne pas conserver quelques doutes? ou plutôt, maintenant que j'ai éprouvé par moi-même ce que sont les gens pour noircir et pour calomnier à plaisir et sans retenue, je puis croire que des méchants sont parvenus à faire paraître équivoques le baron et la baronne de Bulou, tandis que je ne puis douter un instant que Ludwig m'a écrit la lettre par laquelle il me rappelle auprès de lui.

— Eh bien! moi, Rosa, je doute justement qu'il l'ait écrite, cette lettre; car mille fois plus vite je supposerais qu'on a contrefait les sentiments, la tendresse et l'écriture du comte pour vous faire tomber dans quelque piége, que je n'irais m'imaginer que le comte a pu investir de sa confiance un homme dont les allures portent le sceau d'une basse improbité. Au surplus, mon enfant, ne contestons pas aujourd'hui sur ce qui sera certainement mis en lumière plus tard. Levez-vous, et après que nous nous serons élevés à Dieu par la prière, allons ensuite chercher dans le sommeil le repos de nos fatigues et un répit à nos peines. »

Alors Rosa et Gertrude se levèrent, et je priai en ces termes :

« Nous nous humilions devant toi, ô notre Dieu, comme il convient à des créatures pécheresses qui t'offensent chaque jour en plusieurs manières, et nous venons te demander avec contrition et repentir le pardon de nos fautes et de nos manquements, au nom de Notre-Seigneur Jésus-Christ. Toutes tes dispensations sont justes et compatissantes, ô mon Dieu ; les plus dures d'entre elles n'atteignent jamais à la somme de nos péchés, qui paraissent petits, hélas ! à nos yeux, mais qui sont grands aux yeux de ta sainteté, comme ils seraient impardonnables sans le trésor de ta miséricorde. Voici deux enfants qui ont violé l'un de tes commandements les plus sacrés ; mais l'épreuve par laquelle tu as daigné, dans ta sollicitude pour elles, les avertir de rebrousser vers tes témoignages, a eu bien vite converti leurs cœurs, et c'est à effacer leurs péchés qu'elles vont travailler sans retard. Ainsi, ô mon Dieu, suspends tes coups, retire ta colère, bénis leurs résolutions, et, touché de leur âge tendre, apprête-leur de meilleurs jours. Vois dans ceux qui t'invoquent ici une seule famille dont je suis le chef, et inspire-moi de la diriger dans le chemin qui mène à te plaire. Amen. »

Après cette invocation, je reçus de ces trois enfants le baiser filial, et d'une et d'autre part nous gagnâmes nos couches, fortifiés par la prière et rafraîchis par le recueillement.

XXXV

Je me levai de bonne heure pour instruire la vieille des petits surcroîts dont le séjour de ces dames allait devenir l'occasion, et pour la prier d'habiter l'appartement durant le cœur du jour, alors que mes affaires m'appellent à sortir. Puis, dans la crainte que cette femme, que j'emploie depuis vingt-deux ans, n'allât concevoir quelques défiances à propos des bruits calomnieux qui pourraient parvenir jusqu'à elle, je la mis succinctement au fait de la position véritable de ces dames, et j'appelai sur elles son intérêt. Vers huit heures, le déjeuner fut prêt, et les deux amies parurent dans la chambre à manger. Elles étaient tristes, mais reposées, et j'appris avec satisfaction que l'une et l'autre elles avaient dormi d'un bon sommeil jusqu'au jour.

Je regardais bien comme probable que le baron, aussitôt qu'il en aurait le loisir, s'occuperait de leur renvoyer leurs valises; mais, outre que je n'en avais pas la certitude, encore fallait-il pourvoir au plus pressé, et nantir ces pauvres enfants des hardes les plus indispensables à leur entretien journalier. A cet effet, aussitôt après le déjeuner, je mis à leur disposition ce qui me restait des habits et du linge de ma défunte épouse. Ces nippes étaient bien modestes et surtout bien surannées quant aux choses de toilette; mais les chemises, les bas, les mouchoirs, sont toujours de mise, et pour le reste je savais que ces dames, moitié bon goût, moitié adresse d'arrangement et de couture, trouveraient le moyen d'en tirer parti.

Quand elles se furent choisi ce qui leur agréait, et notamment de quoi se faire deux robes qui leur permissent de quitter leur parure, elles allaient se retirer dans leur chambre pour s'y mettre de suite à l'œuvre, lorsque la vieille introduisit un homme qu'à son air et aux papiers dont il était porteur, je jugeai de sinistre venue. En effet, c'était un huissier qui me remit à l'adresse des jeunes dames, d'une part un exploit de saisie quant à leurs effets, d'autre part une assignation à comparaître sur une plainte signée de plusieurs marchands dont les notes non payées se trouvaient entre ses mains. En comprenant aux discours de cet homme qu'il s'agissait d'un démêlé avec la justice, mes deux pauvres protégées se crurent perdues, et, comme si les huissiers avaient mission de s'attendrir et de faire grâce, elles s'étaient jetées aux pieds de celui-ci en le conjurant d'anéantir ces affreux papiers et en s'engageant par serment à tout payer, soit au moyen de l'argent qu'elles ne tarderaient pas à recevoir de leurs familles, soit au moyen de ce qu'elles parviendraient certainement à gagner par leur travail, si cette ressource venait à leur manquer. « Relevez-vous, leur dis-je, relevez-vous, Rosa et Gertrude, et songez que ce brave homme n'est pas libre de vous rien accorder. » Puis, m'adressant à l'huissier : « Quant aux effets de ces dames, il y a si peu à saisir, qu'en ce moment même j'étais à les approvisionner des chemises, des bas et des robes de ma défunte épouse. Ainsi votre exploit, par ce côté-là déjà, devient superflu. Mais, en outre, vous allez me livrer vos notes, et, muni de la garantie que je vais vous signer qu'elles seront toutes acquittées aujourd'hui même, il ne vous restera plus qu'à vous rendre auprès des marchands pour les avertir de faire lever la saisie et de se désister de leur poursuite. »

M'étant ensuite transporté auprès de ma table, j'y écrivis cette garantie, je la signai de mon nom, puis je la remis à l'huissier qui se retira aussitôt, pendant que Rosa et Gertrude, encore tout en larmes, me comblaient de leurs bénédictions.

« Voici, leur dis-je, une affaire qui est réglée; mais elle est à mes yeux bien moins importante que l'autre, vous le savez : ainsi je vous propose, puisque aussi bien votre situation est redevenue ce qu'elle était lundi matin, de faire partir dès aujourd'hui nos trois lettres, que j'avais gardées à tout événement comme un souvenir de notre affection mutuelle et de vos bonnes résolutions. »

Toutes les deux applaudirent à cette proposition, en sorte qu'après les avoir vues s'établir à l'ouvrage, je sortis tout à la fois pour aller mettre les lettres à la poste et pour m'occuper de faire honneur à la signature que je venais de donner.

XXXVI

A cet effet, quand j'eus jeté les lettres dans la boîte, je me rendis chez le maître joaillier qui avait déjà acheté les agrafes de ces dames, en lui remettant les deux chaînes d'or dont elles s'étaient dessaisies en faveur de mon fils et de moi : « Veuillez, lui dis-je, peser ces chaînes et m'en donner la valeur.

— Elles viennent, repartit-il, de la même source que les agrafes, car je les ai vues au cou de ces dames. Eh bien ! monsieur Bernier, mes pronostics n'étaient donc pas menteurs, et tout cela n'a pas manqué de finir par un esclandre ?

— L'esclandre, lui dis-je, vient des méchants et non pas de ces dames. Si vous aviez voulu vous en assurer auprès de moi, monsieur Durand, peut-être n'auriez-vous pas signé cette plainte à la suite de laquelle elles viennent de recevoir une assignation. Du reste, veuillez retenir sur le prix de ces chaînes la somme de quatorze francs qui vous est due pour une épingle, et m'en donner une note acquittée. »

Ce joaillier, qui était un fort brave homme, fut attristé de mon discours. « Je n'ai signé, ajouta-t-il, que quand j'ai vu que les dettes de ces dames étaient faites à la même occasion, au même titre et au même nom que celles d'une prostituée, et si je me suis trompé, monsieur Bernier, au lieu de réclamer mes quatorze francs, je suis prêt à m'associer à vous pour aider de mon argent deux jeunes personnes qui ne seraient que malheureuses.

— Bien malheureuses, repris-je, et non moins honnêtes ; mais que voulez-vous dire avec cette prostituée ?

— Ignorez-vous donc que hier au soir la baronne avec laquelle ces dames se sont trouvées être en relation d'amitié, de départ et d'emplettes, a été reconnue par la nièce des Miller sur la promenade publique, dénoncée par elle comme étant affublée des objets de toilette qui n'ont pas été payés par le baron, et enfin arrêtée à son domicile, qui est dans notre paroisse ?

— Quoi ! m'écriai-je ; la fille Marie ?

— Elle-même, monsieur Bernier. Et comment vouliez-vous alors que de pareilles apparences ne trompassent pas jusqu'à ceux qui se tiennent le plus en garde contre les bruits de ville et contre la malice des propos?

— C'est vrai, » lui dis-je; puis, cédant au frémissement d'horreur que me causait cette découverte, même après tout ce que j'avais pu penser d'odieux au sujet du baron : « Ah! béni sois-tu, ô mon Dieu, dis-je avec une pieuse véhémence, béni sois-tu, qui as arraché à ces honteux vautours leur tendre proie! Oui, mon cher monsieur Durand, ces apparences devaient vous tromper, et ce m'est une consolation de pouvoir m'expliquer de cette sorte votre démarche qui m'avait affligé; tout comme ce m'en est une aussi de pouvoir attribuer à un scrupule honnête la dureté de cœur qu'ont montrée hier au soir les Miller en refusant de donner à coucher pour une seule nuit à mes pauvres protégées. »

Pendant cet entretien, le joailler avait achevé de peser les chaînes, dont il me paya la valeur, qui montait à deux cent cinquante francs; nous fîmes ensuite la somme des notes que j'avais entre les mains : elle s'élevait à deux cent soixante. « Allez, me dit alors le joaillier, allez payer tous vos marchands; quant à moi, vous me ferez cette distinction, monsieur Bernier, d'accepter que je remette à ces dames leur dette sans qu'elles le sachent.

— Je ne suis pas, répondis-je, pour vouloir réprimer un si bon mouvement, mon cher monsieur Durand. Ainsi, va comme il est dit. Si mes jeunes amies redeviennent riches, il sera juste que vous soyez remboursé; si elles demeurent pauvres, ces dix francs leur seront de bon secours. »

Là-dessus je lui serrai affectueusement la main, et j'allai de ce pas acquitter toutes les notes. En voyant arriver l'argent, les marchands et les marchandes ne manquèrent pas, à leur ordinaire, de concevoir une bien meilleure opinion de mes deux jeunes amies; et moi, je ne manquai pas de mon côté de les confirmer dans cette opinion, tantôt en levant les épaules aux grossiers mensonges qu'ils me disaient avoir entendu débiter sur leur compte, tantôt en leur faisant savoir en deux mots l'affreux guet-apens dont, en raison de leur jeunesse et de leur figure, elles avaient failli être les victimes. Plus d'une d'entre ces marchandes, tout à l'heure encore impitoyable, se prit à larmoyer et à m'exprimer ses regrets d'avoir signé l'assignation; et pour la centième fois j'admirai comment notre faible nature, jouet qu'elle est des impressions, des accidents, d'un bruit, d'un souffle, se montre en tant de rencontres si dure, quand elle est douée de bonté pourtant, ou si bonne, quand elle est pourtant corrompue et pleine de malice.

XXXVII

J'étais désormais surabondamment éclairé sur la moralité du baron et sur la nature de sa mission. Deux points seulement, à savoir la part qu'avait eue dans cette affaire le jeune monsieur, et cette lettre en apparence autographe du comte, demeuraient encore, l'un enveloppé d'ombre, le second caché dans un profond mystère ; aussi, quand j'eus terminé mes courses, et sans écouter la répugnance qui me détournait d'en rien faire, je me rendis à la prison pour y avoir un entretien avec la fille Marie, et pour tâcher ainsi d'obtenir, soit de ses trahisons, soit de ses imprudences, soit de sa colère, des éclaircissements qui pussent me devenir utiles dans la tâche que j'avais entreprise de préserver de mal Rosa et Gertrude, en attendant qu'elles eussent recouvré la protection du comte ou celle de leurs familles. Comme la fille Marie est de ma paroisse, j'obtins sans difficulté la permission de lui parler, en sorte qu'un gardien se mit aussitôt à ouvrir, puis à refermer sur moi les portes toutes bardées de fer qui séparent d'abord de la rue, ensuite des locaux de l'administration, les quartiers intérieurs de la prison.

Bien que simple prévenue encore, mais en raison de sa profession, l'on avait écroué la fille Marie dans le quartier des femmes de mauvaise vie, et c'est là que je la trouvai en compagnie d'une douzaine de créatures, les unes jeunes, les autres âgées, toutes portant sur leur visage, dans leurs propos ou dans leurs gestes et leurs attitudes, les livrées repoussantes du vice éhonté. Dès qu'on eut refermé sur moi la porte du préau et qu'elles m'eurent vu ainsi livré à leur discrétion, ces femmes, excitées à cela par la fille Marie, accoururent pour me harceler de railleries, jusqu'à ce qu'une d'elles s'étant écriée : « Faisons-le danser ! » elles me saisirent par les deux mains et elles essayèrent de m'entraîner. « Pour ceci, non, mes enfants, leur dis-je en me dégageant, et vous savez bien que j'y réussirais mal. »

Alors elles se formèrent en rond autour de moi, et elles se mirent à tourner avec une croissante vitesse, tout en mêlant des cris glapissants aux plus cyniques éclats de rire. Après quoi elles s'arrêtèrent toutes ruisselantes de sueur ; et, tout comme si ma présence n'eût pas dû les en empêcher, les unes s'assirent çà et là sur le carreau ; les autres, uniquement préoccupées du soin de faire circuler l'air sur leurs personnes, ôtaient leurs coiffes pour s'en éventer, ou écartaient les châles qui recouvraient leurs poitrines.

Quand je les vis ainsi abattues par la lassitude : « C'est à toi, fille Marie, lui dis-je, que je voulais parler.

— Eh bien ! parlez, mon cher pasteur, répondit-elle, et convenez que, pour cette fois du moins, Satan a été le plus fort, puisque vous n'avez pas su défendre contre lui ces deux pauvrettes. »

Puis, s'adressant à ses compagnes, elle leur fit en termes trop cyniques pour que j'ose les reproduire, le récit de ce qui s'était passé jusqu'au moment où le baron, maître enfin de Rosa et de Gertrude, avait quitté Genève en chaise de poste. A l'ouïe de ces stratagèmes dont l'effronterie de leur compagne avait assuré le succès : « Bravo ! bravo ! » s'écrièrent toutes ensemble ces malheureuses ; et je vis le moment où, se laissant transporter par ce mouvement d'infernale gloriole, elles allaient recommencer leur ronde et fêter par un redoublement d'impudiques allégresses ce triomphe présumé du vice sur la chasteté.

J'avais été pleinement édifié par ce discours de Marie sur la part principale qu'avait eue le jeune monsieur dans le stratagème du baron, et, remarquant qu'elle-même croyait que ce stratagème avait immanquablement réussi, je me gardai bien, dans l'intérêt des autres révélations que je me proposais d'obtenir d'elle, de la retirer de cette erreur.

« Ainsi donc, Marie, repris-je quand les femmes eurent cessé leurs tumultueuses exclamations, tu ne peux ni ne veux me mettre sur la voie de sauver ces deux enfants ?

— Pour ceci, non, mon cher pasteur ; et d'ailleurs

il est trop tard. Mais, si je pouvais vous livrer le baron lui-même pour que vous le fissiez mettre ici à ma place, ce serait, ma foi, de bien grand cœur! »

Puis s'adressant de nouveau à ses compagnes :

« Voici, par exemple, qui n'est plus si plaisant! Figurez-vous donc un chamarré qui me dit : « Tu « feras la baronne; va-t'en te parer, je payerai tout. » Et puis, quand je lui ai eu livré les deux colombes, le voilà qui déloge sans avoir payé un sou de mes attifements!... Alors, hier, comme j'étais toute belle sur la promenade publique, voici qu'un gendarme me prie de le suivre à mon domicile. Là on me fait ôter mes habits, et l'on m'emprisonne ici à la place de ce ladre, de ce monstre, de ce.... » Ici la fille Marie, se livrant à tous les transports d'une rage vengeresse, se mit à accumuler sur la tête du baron les plus ignobles dénominations; puis elle le voua au diable, aux démons, à l'enfer, à la géhenne, et enfin, comme à un pis aller dont elle acceptait le bénéfice en cette occasion, au bon Dieu!

Ici, quelle que fût l'affliction de mon âme, je fis effort pour sourire : « Marie, lui dis-je, tes discours sont insensés. Ce n'est pas à son plus cruel ennemi que d'ordinaire on demande secours et vengeance; aussi, quand on a, comme toi, passé sa vie à offenser Dieu, c'est blasphémer follement contre lui que d'oser implorer son aide ainsi que tu viens de le faire. Reste à Satan, mon enfant, que tu as en effet servi avec un zèle persévérant; mais Satan est le dieu des méchants pour les perdre et non pas pour les secourir ; et t'échappe-t-il de voir que ce baron, qui est plus coupable encore que toi, a, par cela même, plus de droits que toi à ce que le diable l'aime et le protége !... Tu me fais pitié, Marie ; vous toutes qui êtes là, frappées d'anathème et volontairement dévouées à la perdition éternelle, votre vue me pénètre de compassion ; car enfin, selon la chair, vous êtes mes sœurs, et l'héritage céleste était assez riche pour que nous y eussions part tous ensemble ! Malheureuses ! Dieu est là, si patient, qu'au lieu de vous avoir foudroyées il vous tolère ; si bon, qu'il vous tend la main ; si miséricordieux, qu'il offre encore à votre repentance son pardon gratuit : et tel est le profond aveuglement de vos cœurs dégradés, qu'au lieu de rebrousser en toute hâte vers ce bon père, pour qu'il vous dise, comme Jésus à la femme de mauvaise vie : « Allez, et ne péchez « plus à l'avenir, » vous usez vos restes de force, d'années, de chair déjà atteinte par les lèpres empoisonnées de la débauche, à l'offenser, à l'insulter de plus en plus, à le descendre, autant qu'il est en vous, au rang de complice de vos forfaits et de vengeur de vos ressentiments ! »

Et, comme ce discours avait été écouté de quelques-unes de ces femmes : « Mon Dieu, m'écriai-je en élevant les mains, je t'implore du fond de mon cœur pour que tu daignes te ressouvenir de ces pécheresses, dont on peut dire que, [illegible] depuis si longtemps aux œuvres des ténèbres, elles ne savent plus ce qu'elles font! Aide-les toi-même, car ici la voix de ton ministre n'est d'aucune efficacité, à voir leur folie, à sonder leur vermoulure, à gémir sur leur impénitence, à reconnaître enfin que la mort approche pendant qu'elles dansent, et que le sépulcre se creuse pendant que les pourritures du libertinage pénètrent dans leur moelle et rongent leurs os!... »

Quand j'eus achevé cette prière, mes regards retombèrent sur les malheureuses qui en étaient l'objet. Une ou deux des plus jeunes essuyaient quelques larmes; mais les autres, en particulier la fille Marie, étaient plus interdites encore que touchées, et à mesure que s'écoulaient les secondes, car la mobilité d'impression devient bientôt pour ces sortes de femmes une seconde nature plus ingrate encore que l'autre au grain de la parole, je voyais à l'expression de leurs visages le vice, l'incrédulité, l'étourdissement, raffermir leur cœur ébranlé et s'y refaire leur trône sur les ruines de la conscience. Alors, revenant au plus tôt à mon objet : « Puisqu'il n'est plus temps, dis-tu, de sauver ces deux enfants, Marie, donne-moi au moins l'assurance que tu n'as pas trempé dans l'artifice qui seul a déterminé leur confiance et la mienne, dans cette imposture d'une lettre du comte.

— Halte-là! reprit-elle, monsieur le bon apôtre. Tout saintement vous cherchez à attraper ici un de ces témoignages que vous m'avez dit vouloir retourner contre moi; mais je vois le piége, et je n'y tomberai pas! »

Puis, pour me narguer : « J'en sais long pourtant sur cette lettre, sur ce comte, sur votre petite comtesse de Rosa.... mais n'ayez peur que je vous en aille conter des nouvelles!

— Ceci te regarde, mon enfant, et, puisqu'il me paraît que tu as aidé à falsifier l'écriture d'une pièce qui est encore entre mes mains, je dois trouver naturel que tu ne te dénonces pas toi-même.

— Aidé! aidé! s'écria-t-elle avec un impétueux mouvement de rage, et comme si elle eût été sur le point de tout trahir pour se justifier elle-même; aidé!... » Puis tout à coup, éclatant de rire, elle se mit à m'accabler de nouveau de folles railleries et d'ironiques sarcasmes.

Pendant ce temps un guichetier était venu m'ouvrir, et, sortant de cet attristant séjour, je respirai enfin l'air comparativement pur et consolateur de la rue.

XXXVIII

Comme on peut le croire, dès que je fus rentré au logis, je fis part à mes deux dames, en usant d'ailleurs de tous les ménagements convenables, et surtout en taisant le nom et la profession de la fille Marie, des nouvelles que je venais d'apprendre : en particulier l'arrestation d'une fausse baronne, et la certitude, que j'avais été me procurer auprès d'elle-même, que tout le stratagème dont elles avaient failli devenir les victimes avait été imaginé par le jeune monsieur, combiné sous sa direction et accompli à son profit. Les pauvres enfants frémirent à ce récit, et Rosa elle-même, en se ressouvenant qu'elle avait protesté jusqu'au dernier moment en faveur de la probité du baron, éprouvait, comme on fait au sortir d'un imminent péril auquel on vient d'échapper en quelque sorte malgré soi, des mouvements d'horreur et des tressauts d'épouvante. Cependant, pour les deux amies comme pour moi-même, la lettre du comte demeurait un impénétrable mystère, et dans nos suppositions de toute sorte nous allions quelquefois jusqu'à nous imaginer que peut-être cette lettre, véritablement écrite par le comte pour un baron de Bulou, de ses amis, avait pu être soustraite par quelque suppôt du jeune monsieur, lui être envoyée à Genève, et servir ainsi de prétexte naturel au hardi stratagème qui venait d'échouer.

Quoi qu'il en soit, ce fut pour moi et pour ces dames un sujet de tranquillité que d'avoir découvert ces choses, et à partir de ce moment nous vécûmes les jours suivants dans une sorte de calme qui avait sa douceur après tant de troubles, d'inquiétudes et de vives alarmes. Gertrude s'était faite insensiblement la ménagère du logis, et, bien que je fusse un peu embarrassé pour suffire à ce passager surcroît de dépenses, j'admirais que cette jeune fille, élevée dans l'opulence, sût si bien pourvoir en toutes choses aux nécessités d'une stricte économie, et à cet effet mettre la main, ici aux petits achats pour qu'ils fussent modiques, là au service de la maison pour qu'il ne vînt pas à nécessiter l'entretien coûteux d'une servante. Du reste, comme je l'avais présumé, toutes les deux avaient su se tirer des hardes de ma femme je ne sais quelles robes avenantes dont l'apparence, à raison de sa modestie et à raison du ressouvenir dont elle était pour moi l'occasion, me faisait plaisir à regarder. Aussi ne songions-nous plus aux valises, et, sans trop m'enquérir de l'avenir, je vivais dans mon intérieur, ainsi accru de la présence de deux dames étrangères, comme s'il eût été toujours aussi nombreux et comme s'il devait toujours demeurer le même. C'est une qualité que l'imprévoyance naturelle des choses d'argent, et j'ai le bonheur d'en être pourvu, bien plus par tempérament que par effort de raison ou de piété. Toujours pauvre, je n'ai pourtant jamais manqué de rien, et commencer par vivre aujourd'hui en attendant demain, au lieu de gâter aujourd'hui par l'inquiétude de demain, c'est un adage de bon sens dont la pratique ne m'a jamais coûté grand'peine, comme c'est une façon de faire qui convient au chrétien, en tant qu'il s'envisage sur cette terre non pas comme un propriétaire qui plante et qui s'arrondit, mais comme un pèlerin qui passe, se dirigeant ailleurs.

Quant à nos entretiens, ils roulaient principalement sur la position de ces dames, sur leurs familles, sur les lettres que nous en attendions, sur le comte enfin, sur le mystère de son long silence et sur toutes les façons plausibles de l'expliquer. Rosa depuis son rêve, et peut-être déjà auparavant, s'était mis dans l'esprit que ce silence du comte, aussi bien que sa longue disparition, avaient pu être de sa part un moyen d'éprouver sa tendresse; et à mesure que les jours, que les semaines s'écoulaient, elle accordait plus de créance à cette opinion : en telle sorte que, sur ce point, elle avait fini par être plus tranquillisée que Gertrude, qui, je le voyais bien, taisait ses craintes pour ne pas troubler le repos de son amie, plutôt qu'elle ne paraissait disposée à en adopter le motif pour elle-même. Aussi, pendant que, d'une part, Rosa nourrissait avec plus de force que jamais cette tendresse et ce culte qu'elle avait voués à son époux, d'autre part, elle était devenue insensiblement moins préoccupée du désir d'en recevoir des lettres, et il se passait quelquefois deux ou trois jours de suite sans que mon fils allât faire sa tournée à la poste.

Les objets qui nous entourent habituellement ne manquent guère d'exercer sur nous une influence salutaire ou pernicieuse : aussi était-ce en partie dans l'intention que ces dames se trouvassent, à cet égard, plus favorisées qu'elles n'avaient pu l'être chez les Miller, que je leur avais d'emblée cédé ma chambre. Cette chambre est assez claire, et vers onze heures, jusqu'à deux heures environ, quelques rayons de soleil y pénètrent; mais outre que, donnant sur une cour intérieure, elle est retirée et silencieuse, rien d'ailleurs n'est trop fait pour en tempérer l'aspect un peu sévère. Tout autour, des layettes supportent diverses éditions des saintes Écritures, quelques livres de piété, mes cahiers de prônes et point d'autre ornement ne s'y voit que de petites gravures pauvrement encadrées, qui représentent les figures de nos vénérables réformateurs. Néanmoins, au lieu de la trouver triste, Rosa et Gertrude y étaient entrées avec un visible plaisir, comme si le saint parfum de ces livres eût convenu à leurs cœurs travaillés d'angoisse, et qu'elles eussent trouvé dans cette retraite ainsi disposée un sûr et respectable refuge contre les redoutables atteintes du monde, de la police, des gendarmes, et contre le souffle infect et vicieux acharné à les perdre.

Insensiblement, et après qu'elles avaient occupé leurs heures à raccommoder leurs hardes et les nôtres, à compléter ma provision de rabats, à visiter et à rapiécer mon linge de lit et de table, elles s'étaient mises à tirer des layettes quelque livre, et je les surprenais souvent qui, assises l'une auprès de l'autre, dans une attitude de recueillement, se cherchaient des consolations dans la lecture, faite ordinairement par Gertrude, de quelque méditation religieuse appropriée à leur situation. A nous voir alors, elles m'accueillir avec toute sorte de respectueuses caresses, moi les baiser sur le front avec réjouissance, l'on aurait dit les gens les plus véritablement heureux, et l'on ne se serait pas trompé de tout point. Car quelle est l'infortune que ne tempère pas la piété? et là où règnent l'union, la paix de conscience, le travail, la simplicité de vie, comment se ferait-il que le bonheur fût tout à fait absent? Bien des fois Rosa et Gertrude m'avouèrent alors qu'elles s'étaient promis, dans leurs intimes entretiens, que, si jamais Dieu leur accordait la grâce de les faire rentrer, avec le comte, au sein de leurs familles, elles feraient trêve aux exaltations passionnées de leur jeunesse pour chercher une félicité solide dans les choses bien simples où l'épreuve leur avait appris qu'elle se rencontrait, et qu'elles avaient reconnu que, parmi les services dont elles m'étaient redevables, elles devaient compter comme l'un des plus précieux celui d'avoir appris de moi que la gêne est mille fois moins à redouter que les oisivetés de l'opulence; que vivre, c'est cultiver son cœur en l'attachant à des devoirs et à de bonnes œuvres; qu'enfin, vouloir plaire à Dieu et s'adonner, dans le secret de son âme, à cette belle tâche, c'est avoir rencontré la sûre règle du bonheur et le vrai but de son existence. « J'ai toujours été religieuse, ajoutait ingénument Rosa ; car comment ne pas l'être au moins de respect, de reconnaissance, d'exemple ? mais je reconnais que je n'ai jamais été pieuse, et que, sans cette épreuve et votre aide, mon bon monsieur Bernier, j'aurais couru le risque de ne le devenir jamais ! ».

Ces discours, si remplis d'intelligence et d'honnêteté, me causaient un bien vrai contentement, et si quelquefois, à propos de ces dames, j'avais éprouvé avec honte la lassitude de bien faire et le découragement de poursuivre, en les écoutant parler ainsi, je me trouvais payé avec bien de l'usure de quelques moments que j'avais consacrés à les préserver de criminelles atteintes et à les diriger vers une bienheureuse réconciliation avec leurs parents. Du reste, en m'entretenant de ceux-ci avec elles, je croyais deviner, au travers du ton respectueux de leurs discours, qu'opulents et frivoles, plus entichés de rang et d'honneur mondain que sérieux dans leur vie et prévoyants dans leurs directions, il fallait attribuer en partie à leur négligence ou à leurs exemples que de jeunes filles aussi bien douées que l'étaient Rosa et Gertrude se fussent néanmoins fourvoyées au point de n'écouter que les suggestions de cœurs inexpérimentés et romanesques, puisque je trouvais moi-même si aisé de développer chez elles toutes les dispositions vertueuses, toutes les solidités du bon sens et tous les plaisirs d'une candide piété. Le moment approchait, au reste, où j'allais voir ces parents à l'œuvre, et, en songeant quels risques avait couru ce dépôt de ces deux enfants si bien faites par leur âge et par leur figure pour allumer les convoitises des libertins, je me réjouissais d'avoir à les leur rendre intactes de tout mal et enrichies de quelques vertus.

XXXIX

Une seule chose, vers ce temps de consolant répit et d'heureuse attente, me causait de l'inquiétude : c'était la santé de Rosa. Habituellement pâle, et d'ailleurs amaigrie, souvent elle se contraignait visiblement pour paraître à table, et quelquefois aussi, au moment d'y paraître, elle se voyait obligée, par quelque subit malaise, de garder sa chambre, où nous la trouvions ensuite, souriante, à la vérité, mais affaissée dans la bergère, ou encore ne s'y trouvant pas d'assiette à son gré. Comme elle ne voulait point voir de médecin, je pris sur moi de mettre à sa disposition un flacon de vin d'Espagne, en l'invitant à y recourir dans ses moments d'angoisse, et je vis avec plaisir que, le plus souvent, quelques gouttes de cette liqueur suffisaient pour conjurer tantôt des symptômes d'ingrate langueur, tantôt des approches de défaillance.

Le scandale qu'avaient produit l'esclandre du baron, l'arrestation de la fille Marie et la bien innocente complicité de Rosa et Gertrude dans l'affaire des marchands, s'était peu à peu apaisé; et, comme il arrive dans une grande ville, à ces bruits de rue en avaient succédé d'autres qui défrayaient la malignité publique. Mais, d'autre part, le séjour de ces dames dans ma maison commençait à attirer l'attention du voisinage, et je ne tardai pas à m'apercevoir que, si les propos dont elles étaient l'objet avaient moins d'éclat et de publicité, ils n'en étaient pas moins actifs, et quelquefois aussi envenimés, plus encore par cette intempérance de langue qui est le défaut de tant de personnes d'ailleurs recommandables, que par une intention malveillante ou par l'envie de nuire gratuitement. Les servantes de la maison, dès le premier jour, avaient glosé à l'envie sur l'arrivée de ces dames et sur la descente d'un huissier dans mon domicile, jusqu'à ce qu'ayant appris plus tard que des gendarmes qui avaient trouvé ces dames assises de nuit, et toutes parées, sur le perron de la maison des Miller, s'étaient mis en devoir de les arrêter, elles en avaient conclu que c'étaient des personnes très-équivoques dont j'avais entrepris la conversion. De là des regards qui, de l'escalier, plongeaient dans la chambre de ces dames; de là des sourires moqueurs et des colloques sans fin, tantôt dans la cour ou au bas des rampes, tantôt jusque devant mon propre seuil.

D'un autre côté, j'appris que des personnes respectables du voisinage, dont quelques-unes étaient la fleur de ma paroisse, mais qui avaient entendu parler vaguement de ces dames, de leur évasion, de leurs dettes, me blâmaient hautement de les avoir introduites dans ma maison. C'était, disaient-elles, outre-passer les bornes d'une charité bien entendue, et détruire gratuitement la sainte austérité que doit toujours respirer le domicile d'un pasteur. D'ailleurs j'avais pour fils un jeune homme de vingt-cinq ans, et si, à raison de son caractère connu, l'on pouvait accorder que je n'exposais pas ses mœurs à quelque péril, il était évident que je faisais courir des risques à sa réputation, et que je déflorais ainsi cette couronne sans tache qui doit être la marque honorée d'un futur ministre de Jésus-Christ. Je reçus même la visite d'un pasteur de mes collègues, qui, poussé par un mouvement de charité franche et vraiment fraternelle, avait voulu se faire auprès de moi l'organe de ces personnes respectables, et qui à tous ces sujets de blâme ajoutait celui-ci, que moi-même je compromettais, par l'admission dans ma maison de deux jeunes personnes décriées à tort ou à droit, le saint caractère dont je suis revêtu. Je contai alors à ce collègue toute l'histoire de mes deux jeunes amies et comment, de nécessité en nécessité, j'avais été conduit à les prendre chez moi, sous peine de les abandonner sur le pavé de la rue. Mais je vis avec douleur que tout en applaudissant à mes intentions et à mes démarches, il continuait néanmoins à me blâmer, sinon de les avoir recueillies le premier soir, du moins d'avoir continué à les garder chez moi, au lieu d'avoir cherché à tout prix à les placer ailleurs. Et comme je lui dis que je n'en avais pas les moyens, il se fit fort de me les procurer en intéressant quelques personnes riches à la position de ces dames. « J'y ai songé, lui dis-je; mais là aussi le devoir me contraint et la nécessité m'oblige, puisque je sais trop qu'en aucun autre lieu que chez moi ces enfants ne pourront être à l'abri des menées du vice et de la surprise des méchants. »

Il comprit peu ce motif, et il se retira sans que j'eusse pu dissiper ses scrupules et obtenir son assentiment. Quand il se fut éloigné, je considérai avec tristesse combien est difficile la moindre œuvre de charité, alors que, pour la poursuivre, il faut pour ainsi dire se placer entre la justice de Dieu, d'une part, qui laisse s'accomplir les résultats mérités d'une rébellion contre ses commandements, ainsi que c'était le cas de ces deux pauvres enfants, et les jugements des hommes, d'autre part, qui, s'ils ont dans ces occasions spéciales leur côté légitime et respectable, ne laissent pas que d'être sévères, enclins au blâme, et disposés à faire ployer les instincts d'humanité et de charité devant la stricte rigidité des convenances tant sociales que morales. Que pouvais-je faire, moi obscur et dénué, que de veiller de près et par mes propres yeux sur deux infortunées que les orages déchaînés avaient chassées, haletantes déjà et à bout de leurs forces, jusque dans l'abri de ma demeure? Et néanmoins ce blâme m'était sensible, en tant qu'il partait de personnes vraiment religieuses et dignes de toute mon estime, en telle sorte que l'amertume, le découragement, et jusqu'au doute lui-même sur mes propres efforts, venaient par instants m'assaillir, sans que je me trouvasse toujours en mesure de les combattre.

XL

Mais, le lundi suivant, je fus secoué de bien autre sorte, et il fallut, je pense, que des cordages d'affection, d'humanité et de piété tout à la fois, me retinssent bien fort pour que je n'obtempérasse pas immédiatement au conseil que m'avait donné le pasteur mon collègue, de placer à tout prix ces dames dans une autre maison.

Comme nous venions de sortir de table, je remarquai que Gertrude, qui y avait paru seule ce jour-là, ne se retirait pas à son ordinaire. Présumant qu'elle pouvait avoir quelque chose à me dire, je fis signe à mon fils de s'éloigner, et, dès que nous fûmes seuls : « Qu'est-ce donc, Gertrude, lui dis-je, et d'où vient que vous êtes ainsi contrainte et embarrassée? » Alors son visage se couvrit d'une vive rougeur, des larmes y ruisselèrent presque aussitôt, et, voyant qu'une sorte de honte l'empêchait de parler, je me préparai à recevoir l'aveu de quelque circonstance funeste que, d'accord avec Rosa, elle avait dérobée jusqu'ici à ma connaissance, malgré mes pressantes sollicitations et malgré les droits que j'avais fait valoir à une confiance entière et à une véracité sans restrictions.

Heureusement pourtant ce n'était rien de semblable, et le soulagement que j'en ressentis contribua sans doute à modérer mon propre trouble. En effet, tout à l'heure Gertrude, baissant la voix et détournant les yeux de mon visage, m'apprit que son amie se croyait enceinte.... qu'à la vérité, à cause de leur inexpérience et à défaut d'une mère qui leur eût adressé des questions à ce sujet, elles avaient vécu dans une entière ignorance de cet événement jusqu'aux défaillances toutes récentes de Rosa; mais que cette nuit, et après que ce doute leur était entré dans l'esprit depuis quatre jours à peine, Rosa avait cru sentir dans son sein les tressaillements d'un enfant; que, si sa joie avait été inexprimable à ne considérer qu'elle-même et ses espérances, elle avait néanmoins songé avec douleur que ce serait pour moi une triste nouvelle et peut-être un motif de ne les plus garder dans ma maison; qu'elles m'imploraient néanmoins toutes les deux, puisque leur absolu dénûment les empêchait de prévenir à cet égard mes bien justes désirs, pour que je voulusse bien les garder tout au moins jusqu'à l'arrivée des réponses à nos lettres, et qu'à cette occasion, ou bien en retournant auprès de leurs familles elles me délivreraient de leur présence avant que cette grossesse eût été ébruitée, ou bien d'elles-mêmes elles s'iraient placer quelque part, après qu'elles auraient eu le temps de faire connaître leur détresse matérielle à leurs pères et mères et d'en recevoir quelque secours d'argent, qui, si modique qu'il fût, suffirait à leurs besoins.

Cette nouvelle, je l'avoue, m'atterra; car je prévis aussitôt l'aliment que cette grossesse allait fournir à la malignité publique, les embarras et les inconvenances dont elle serait inévitablement l'occasion dans une maison sans femme, l'obligation où j'en viendrais peut-être de m'endetter pour pourvoir à de nouvelles dépenses, enfin l'obstacle nouveau et l'aggravation de détresse qu'elle allait jeter dans la situation déjà si déplorable des deux jeunes amies. Toutefois, m'attachant surtout à ce dernier point de vue, et d'ailleurs ému de pitié au discours suppliant de Gertrude, tout en laissant l'avenir dans le vague, je m'efforçai de la consoler, et je l'assurai que si, d'une part, elles devaient compter sur moi dans tout ce qui ne dépassait pas le convenable et le possible, d'autre part, il fallait espérer que la Providence, d'une façon ou d'une autre, viendrait à notre secours; qu'en attendant, il importait d'épargner à Rosa les sollicitudes et les alarmes, et qu'à cet effet j'irais de ce pas auprès d'elle, afin de lui marquer à la fois l'intention où j'étais de ne rien changer pour l'heure à son établissement chez moi, et la part que je prenais à la joie que lui avaient fait éprouver ces premiers tressaillements de la maternité. A ces mots, Gertrude me témoigna sa vive reconnaissance; elle m'introduisit auprès de son amie.

Je trouvai Rosa assise dans la bergère, et qui, sans se lever à son ordinaire, semblait attendre sans trouble que j'eusse prononcé sur son sort. Sa physionomie, bien loin de marquer ni honte, ni crainte, ni alarme, respirait au contraire la joie la plus sereine et il semblait que, parvenue désormais au comble de ses vœux, tout ce qui ne lui ôterait pas l'enfant qu'elle avait senti dans son sein n'eût plus de pouvoir ni pour contrister son âme ni pour abattre son courage. En la voyant ainsi disposée, je renonçai à prendre l'inutile soin de la rassurer, et m'étant approché d'elle: « Rosa, lui dis-je, que Dieu bénisse le fruit de vos entrailles! »

Alors elle prit ma main pour la garder longtemps sur son cœur, sans d'ailleurs chercher des paroles, mais comme pour savourer mieux encore, en s'emparant de mon souhait et en lisant mon affection dans mes yeux, la plénitude de félicité dont elle jouissait. A la fin, et avec un accent de profonde gratitude : « O mon Dieu ! dit-elle, je portais donc sans le savoir ce trésor de ma vie ! et, quand je me croyais abandonnée de toi, ta bonté m'avait déjà ménagé cette grâce de devenir la plus heureuse d'entre les femmes !... Mon père, ma mère, que n'êtes-vous à cette heure dans cette chambre pour me pardonner en faveur de cet enfant ? Ludwig, mon bien-aimé, que tardes-tu à paraître, et n'est-ce pas ici l'indestructible sceau de la tendresse qui nous unit ? » Pendant que Rosa parlait ainsi, Gertrude, s'effaçant derrière la bergère, versait en silence d'abondantes larmes, comme si elle eût voulu cacher à son amie que ses secrets présages et ses pressentiments intimes n'étaient pas à l'unisson des siens.

XLI

Cependant, à quelques jours de là, je retournai chez les Miller pour leur faire ma visite de pasteur, et, les ayant mis à cette occasion sur le chapitre de ce qui s'était passé le soir de notre arrivée de Versoix, après que je leur eus dit que j'avais eu lieu de m'expliquer plus tard leur apparente inhumanité par un motif respectable, celui de ne pas introduire chez eux des personnes qu'ils avaient des raisons, dans ce moment-là, de croire suspectes et malhonnêtes, je m'attachai à les retirer de cette erreur en les mettant au fait de la situation véritable de ces dames et des indignes machinations qui avaient eu le déplorable effet de salir leur réputation et de les jeter dans la détresse. Les Miller se montrèrent aussi reconnaissants de ma démarche que touchés de mon récit, en sorte que j'eus le plaisir de leur rendre ma confiance et de recouvrer leur amitié. Mais, comme nous continuions de nous entretenir sur le même sujet, Miller m'apprit que les meubles qu'il avait lui-même portés au roulage pour être expédiés à Paris se trouvaient encore chez le commissionnaire auquel il les avait remis, et qu'ayant voulu en connaître le motif, on lui avait répondu que c'était en vertu d'un contre-ordre qui était arrivé deux ou trois heures après le départ simulé du jeune monsieur pour Paris. « D'autre part, ajouta la femme Miller, je tiens de source certaine que les marchands ayant tous été désintéressés par l'entremise d'un domestique de place agissant au nom du baron, l'on a relâché hier la baronne, ce qui tient ma pauvre nièce dans la terreur continuelle de quelque odieuse vengeance, ou encore de quelque éclat scandaleux fait à son intention, parce que la fille Marie n'ignore pas que c'est sur sa dénonciation qu'elle a été arrêtée. »

Ces deux nouvelles, en redonnant toute leur force à des inquiétudes dont je m'étais cru délivré pour toujours, me décidèrent à prendre un parti dont plusieurs fois je n'avais été détourné que par la crainte, bien naturelle d'ailleurs, d'aller compromettre encore davantage la situation de mes deux jeunes amies en y intéressant la police elle-même. Cependant, comme je pouvais dès lors préjuger que le jeune monsieur, après avoir échoué dans une tentative où il n'avait point figuré ostensiblement, ne manquerait probablement pas de revenir à Genève; et comme, d'un autre côté, je connaissais par expérience l'habileté consommée et la méchanceté infernale de la fille Marie, il me parut que l'heure était venue d'aller à tout prix instruire la police des choses dont j'avais seul connaissance, afin de mettre sous sa sauvegarde aussi, non-seulement la sûreté de mes deux jeunes amies, mais la vie elle-même de Rosa, que de nouvelles secousses comme celles auxquelles elle avait déjà été en butte ne manqueraient pas de mettre en péril. A cet effet, je proposai à Miller de m'accompagner sur-le-champ au bureau de police, afin d'appuyer de son témoignage les choses qu'il avait été lui-même à portée de connaître aussi bien que moi, et, après qu'il eût consenti avec empressement à ma demande, nous nous y acheminâmes.

J'eus bien lieu d'abord de m'applaudir d'avoir pris ce parti; car à peine eûmes-nous été introduits dans la chambre du commissaire de police, qu'il me dit : « N'êtes-vous pas M. le pasteur Bernier?

— Oui, lui répondis-je.

— C'est, monsieur, que j'ai reçu, au sujet de deux jeunes filles que vous avez recueillies chez vous, des notes qui exigent que vous me fournissiez sur leur compte quelques renseignements. »

Alors, ayant pris quelques papiers dans une case de son bureau, il y jetait les yeux avant de procéder à un interrogatoire, lorsque je lui dis : « Je venais justement, monsieur, pour vous les donner moi-même, ces renseignements, et, si vous voulez bien me le permettre, en présence de M. Miller, qui, ayant eu ces dames en pension chez lui pendant quelques semaines, a bien voulu se porter pour garant des choses que je vais dire. J'anticiperai donc sur vos questions en vous racontant tout ce que je sais. »

Alors je mis le commissaire au fait de l'histoire et de la position de ces dames, des machinations dont elles avaient été l'objet de la part du jeune monsieur, et du rôle qu'avaient joué le baron de Bulou et la fille Marie. « Je vous remercie, me dit alors le commissaire. Les détails que vous me donnez complètent ou rectifient ceux que je possède déjà à l'égard de ces trois individus. Mais comme d'un autre côté, je sais que vos dames sont ici sans papiers, il importe, pour que je puisse autoriser la prolongation de leur séjour à Genève, que j'obtienne votre garantie sur deux points : le premier, c'est que l'une d'elles est bien réellement mariée au comte de X..., car les informations que j'ai reçues représentent ce comte comme n'existant pas; ou, ce qui revient au même, comme ne devant plus reparaître.

— Monsieur le commissaire, répondis-je, ces informations-là, je les ai reçues comme vous, et par trois fois, mais de la bouche même du pervers qui avait un criminel intérêt à les forger et à les répandre ; ainsi j'ose espérer que vous en croirez plutôt à ma déposition positive, basée sur la connaissance personnelle que j'ai de ces dames, qu'aux mensonges intéressés d'un mauvais sujet. Je vous l'affirme, Gertrude est fille et Rosa est mariée.

— C'est bien. Voici mon second point : vous êtes bien certain que la jeune dame ne se trouve pas être enceinte ? »

A cette demande inattendue, et qui m'obligeait de divulguer devant Miller ce que j'avais tant d'intérêt à cacher, je pâlis comme un coupable et je répondis avec un grand trouble : « Je suis certain, au contraire, monsieur le commissaire, qu'elle est enceinte.

— Alors, monsieur, quelque regret que j'éprouve à vous causer du chagrin, je dois vous déclarer que je vais faire préparer une feuille de route pour ces deux dames, et qu'il faudra qu'avant huit jours elles aient quitté le canton. Ainsi le veut la loi. »

A cette déclaration si péremptoire, si cruelle et d'une si impossible exécution, j'éprouvai tant de chagrin et de vive alarme, que, désespérant de pouvoir lutter plus longtemps en faveur de mes deux pauvres protégées, et les envisageant toutefois comme perdues s'il fallait ainsi les abandonner aux chances périlleuses d'un voyage sans terme assuré, des pleurs mouillèrent mes paupières, et je fus contraint de m'asseoir sur un banc pour donner cours à ma douleur. Miller alors s'approcha de moi en m'adressant quelques propos affectueux, et le commissaire lui-même sembla contristé en me voyant dans cet état. « Je sais, monsieur, dit-il, tout le respect que mérite votre charité envers ces dames; mais ce n'est sûrement pas vous qui me reprocherez d'agir, ainsi que je le fais, conformément à mon devoir; que si toutefois c'est vous obliger beaucoup que de porter à quinze jours le délai dont je parlais tout à l'heure, je prendrai sur moi de le faire, en tant que je suis certain de l'urgence de vos motifs et confiant dans votre probité. »

Je me levai alors, et, après avoir remercié le commissaire, je sortis du bureau en m'appuyant sur le bras du pauvre Miller, qui avait eu pour moi toute sorte d'égards compatissants durant ces moments de cruelle angoisse.

XLII

Dès le lendemain matin, et sans en rien dire aux jeunes dames, je me décidai à écrire aux parents de Rosa, afin qu'aucune lenteur venant de leur part ne risquât de compliquer sa situation et n'allât me mettre dans la déplorable nécessité de la faire partir seule avec Gertrude, sans même savoir à qui les adresser, lorsque le délai fixé par la police serait expiré. D'ailleurs, où trouverais-je des ressources pour subvenir à une dépense aussi considérable, surtout puisque, dans l'état où était Rosa, il importait qu'elle cheminât à petites journées, dans une bonne voiture et avec la possibilité de séjourner partout où cela pourrait devenir prudent ou nécessaire? Ainsi, sans revenir sur les considérations que j'avais déjà exposées dans ma première lettre, et abordant d'emblée les circonstances nouvelles qui dictaient ma démarche, j'annonçais la grossesse de Rosa, l'absolu dénûment dans lequel l'avait placée la perte de ses valises, enfin l'ordre de la police qui exigeait son départ du canton dans le délai de quinze jours. Vu l'urgence de chacun de ces motifs, je demandais que l'on expédiât, à lettre vue, une personne de confiance, entre les mains de laquelle je pusse remettre les deux amies, et qui fût pourvue de l'argent nécessaire pour subvenir largement à toutes les commodités que pourrait exiger l'état de Rosa durant son voyage de retour. J'ajoutais qu'à mon gré, et en tant que des obstacles insurmontables ne s'y opposeraient pas, c'était à sa mère elle-même de venir la chercher, puisque, à certains égards importants, Rosa ne donnerait sa confiance entière à aucune autre personne, tandis qu'à d'autres égards non moins importants je regardais la vigilance et la protection d'une mère comme seules parfaitement efficaces pour écarter d'autour de Rosa et de Gertrude des tentatives criminelles qui menaçaient à la fois leur honneur et leur liberté. Dès que ma lettre fut achevée, j'allai moi-même la jeter dans la boîte, et la certitude qu'avant peu d'heures elle serait déjà en route pour parvenir à sa destination me rendit un peu de calme. J'en profitai pour me mettre à jour des affaires courantes que j'avais dû ajourner à différentes reprises afin de m'occuper de ces dames, et je fis une bonne tournée de visites.

Mais, comme dans l'après-midi je sortais de chez un de mes paroissiens, je m'entendis appeler de derrière, et, m'étant retourné, je vis un facteur de la poste qui, s'étant arrêté pour chercher parmi le paquet de lettres qu'il tenait dans sa main, me dit : « J'en ai deux à vous remettre, monsieur Bernier ; les voilà, c'est trois francs. » Ces lettres étaient toutes les deux timbrées de Brême, l'une adressée à Gertrude, l'autre à moi. Tout en continuant de cheminer, j'ouvris bien vite cette dernière, et tel fut mon douloureux désappointement après que j'eus achevé de la lire, qu'au lieu de rentrer au logis, comme c'était mon intention, je me dirigeai vers une promenade solitaire, soit pour y délibérer en moi-même sur ce que j'avais à faire, soit pour m'être donné le temps de maîtriser mon angoisse avant de reparaître devant Rosa. Voici cette lettre :

« Monsieur le pasteur,

« Tout en me chargeant de vous marquer qu'il honore vos intentions, les principes d'humanité que vous avez mis en pratique à l'égard d'une malheureuse qui, après avoir indignement trompé ses parents, vous abuse vous-même d'une façon bien coupable, mon mari m'ordonne de vous déclarer que son immuable volonté est d'abandonner Rosa au sort qu'elle s'est choisi. L'avenir de nos autres enfants et l'honneur de notre famille lui en font une loi impérieuse.

« En conséquence, monsieur le pasteur, nous vous prions de porter cette déclaration à la connaissance de Rosa et de lui dire en même temps qu'à la condition qu'elle ne fasse aucune démarche qui ait pour effet d'attirer de nouveau l'attention sur ses scandales, elle percevra régulièrement une pension de cent francs par mois, payable à Genève ou dans telle autre résidence que nous aurions agréée comme étant également éloignée de la ville que nous habitons. Incluse une provision de trois cents francs, sur lesquels vous voudrez bien vous rembourser de tous les frais et avances que vous auriez été dans le cas de faire jusqu'ici.

« Agréez, monsieur le pasteur, l'assurance de ma considération la plus distinguée.

« Caroline S***. »

La dureté inconcevable que respirait cette lettre

mit d'abord en révolte tous mes sentiments. « Quoi donc ! me disais-je, abandonner son enfant ! se prévaloir pour cela de motifs tout égoïstes : l'avenir de frères ou de sœurs déjà si favorisés ! de nécessités toutes mondaines : l'honneur, c'est-à-dire l'orgueil de la famille !... » Et je m'emportais contre des parents assez dénaturés pour repousser par de semblables raisons une enfant repentante, éprouvée, malade, et que la seule lecture de cette lettre pouvait mettre en péril de mourir.

Mais à ces emportements de mon cœur révolté succédait bientôt l'épouvante, quand je venais à réfléchir sur l'ambiguïté mystérieuse de quelques-unes des expressions dont s'était servie la mère de Rosa. *Qui vous abuse elle-même d'une façon bien coupable*, lisais-je avec un trouble croissant. Qu'était-ce ? en quoi ? dans quel espoir ? et des doutes que j'avais crus effacés pour jamais de mon esprit, des images, des pressentiments, des craintes sourdes, qui s'en étaient enfuis, à ce que j'imaginais, sans retour, jusqu'aux apparences de tristesse pensive que j'avais remarquées à différentes fois sur la physionomie de Gertrude, jusqu'aux notes du commissaire de police, jusqu'aux propos du jeune monsieur et de la fille Marie elle-même, au sujet d'un comte qui n'existait pas ou qui ne reviendrait jamais, tout cela venait se dresser devant mon âme en autant de fantômes accusateurs de Rosa, et à la plus douloureuse angoisse s'ajoutait ainsi l'incomparable amertume de la découvrir trompeuse, artificieuse, criminelle, après que je l'avais aimée, servie, protégée comme sincère, comme ingénue, comme pieuse et remplie d'aimable honnêteté ! Cependant la sueur dégouttait de mes tempes, l'agitation secouait mes membres, des éblouissements troublaient ma vue ; je me laissai tomber sur un banc.

Lorsque j'eus recouvré un peu de tranquillité, il me parut que l'humanité me faisait une obligation de taire pour l'heure à Rosa tout ce que renfermait cette lettre, mais que la prudence me commandait de m'en ouvrir à Gertrude, puisque aussi bien je n'étais pas libre de retenir dans mes mains la lettre qui lui était destinée. Aussi, quand je fus de retour au logis, après le thé, où elle parut seule ce soir-là, je lui dis de laisser, sur quelque prétexte, Rosa se coucher et s'endormir, puis de venir ensuite me rejoindre dans la chambre à manger aussitôt qu'elle le pourrait ; qu'au surplus, si elle ne pouvait pas le faire sans risquer d'éveiller la curiosité de son amie, nous remettrions au lendemain d'avoir ensemble ce secret entretien.

XLIII

Une demi-heure environ après s'être retirée, Gertrude reparut dans la chambre à manger où j'étais à l'attendre. « Mon enfant, lui dis-je, je vous adjure devant Dieu de me dire si, dans ce que vous m'avez raconté au sujet du mariage de Rosa, vous m'avez abusé en quoi que ce puisse être. »

A cette question, Gertrude, réprimant son trouble, répondit avec une respectueuse fierté : « Ce que nous avons dit, monsieur Bernier, est la vérité tout entière. Quiconque dit le contraire vise à nous perdre auprès de vous ! » Puis, cédant à un mouvement de douloureuse tristesse : « Que nous sommes donc malheureuses ! s'écria-t-elle en donnant cours à ses larmes, puisque notre seul ami sur la terre en est de nouveau à douter de notre bonne foi envers lui ! »

Alors je tirai la lettre de ma poche, et la lui ayant mise sous les yeux : « Lisez ceci, Gertrude, et voyez vous-même si je ne dois pas douter de vous. »

Quand Gertrude, qui était toute tremblante de frayeur, fut arrivée à ces mots : *qui vous abuse vous-même d'une façon bien coupable*, elle regarda précipitamment à la signature, puis elle poussa un cri, qu'au signe que je lui fis de n'aller pas réveiller Rosa, elle étouffa aussitôt. Mais, l'effroi dans les yeux et le visage d'une mortelle pâleur, elle demeurait muette, en sorte que je ne savais pas discerner si c'était l'effet de la douleur ou du remords, l'effroi d'être faussement accusée, ou la honte de se voir, elle et son amie, démasquées par le témoignage irrécusable de la mère de Rosa. « Parlez, Gertrude, lui dis-je en prenant sa main; parlez, mon enfant, et qu aucun aveu ne vous coûte auprès de moi; je me sens là de quoi vous pardonner encore.

— Que puis-je dire? que puis-je faire? s'écria-t-elle alors, puisque, aussi bien que vous, ces paroles m'épouvantent sans que je les comprenne.... Ah! Rosa! Rosa!... Ah! Rosa! ma pure, ma chaste Rosa! que s'est-il donc passé que tu ignores, que j'ignore...? Ou bien ne nous abusons-nous point nous-mêmes, monsieur Bernier, et ces paroles ne veulent-elles point dire que nous vous aurions caché cela même que nous vous avons raconté? »

Elle reprit la lettre alors, elle la relut tout entière; mais, se ressouvenant d'ailleurs que nos propres lettres aux deux familles supposaient qu'elles ne m'avaient rien caché, elle retomba dans les transports du plus cuisant désespoir. Comme toutes les autres fois, je fus subjugué par ces traits visibles d'une manifeste sincérité, en sorte que mes doutes, qui ne portaient plus sur la véracité de ces dames, commençaient, comme au reste ceux de Gertrude elle-même, à s'égarer en toutes sortes de suppositions sinistres et de probabilités effrayantes.

« J'ai voulu, Gertrude, continuai-je, avoir d'abord cet éclaircissement avec vous, et vous comprenez de reste qu'il faut taire à Rosa tout ce qui concerne cette funeste lettre; maintenant en voici une autre qui est à votre nom. »

Elle la saisit avec vivacité, et, en reconnaissant sur

l'adresse l'écriture de son père, elle la baisa avec une ardeur reconnaissante. Mais, dès qu'après l'avoir ouverte elle en eut parcouru les premières lignes : « Non, non, dit-elle, ceci ne se fera pas! Vous-même, monsieur Bernier, j'ose croire que vous reconnaîtrez avec moi qu'il est des liens qu'on ne rompt pas, pas même sur l'ordre d'un père! des devoirs qu'on accomplit au prix de tout, même d'une malédiction!... »

A ces mots prononcés avec une extraordinaire fermeté d'âme, je frémis de terreur, car ils sonnaient à mon oreille comme un blasphème, et semblaient démentir, comme si elles n'eussent été qu'un vain leurre, les dispositions de filiale soumission dont Gertrude m'avait en diverses fois donné l'assurance. « Tenez, lisez, » ajouta Gertrude, et elle me remit la lettre, qui était conçue en ces termes :

« En tant que vous êtes encore préservée d'irrémédiable souillure, et dans l'espoir que l'expression de votre repentir est sincère, je consens, Gertrude, à recevoir votre soumission et à vous laisser rentrer au sein de votre famille. Mais c'est à la condition que vous romprez toute relation avec Rosa, au sort de laquelle il a d'ailleurs été pourvu. Quand j'aurai reçu à cet égard vos engagements solennels, que je vous invite à me faire tenir par le plus prochain courrier, votre tante Sarah se transportera à Genève pour vous y aller recueillir, et, à partir de ce moment, vous vous conformerez à toutes ses directions. « Votre père, Rodolphe H. »

Je fus navré du tour de cette lettre et de l'offense qu'elle faisait en effet à l'amitié si vive et si généreusement dévouée de Gertrude pour Rosa; mais je n'en fus que plus disposé à croire que, pour qu'on eût attaché le pardon de Gertrude à cette condition d'une rupture si cruelle, il fallait que la destinée de son amie fût désormais entachée de cette *irrémédiable souillure* à laquelle on semblait faire une mystérieuse allusion. Je ne voulus pas aggraver l'angoisse de la pauvre Gertrude en lui faisant part de cette attristante remarque; mais, comme elle venait de faire appel à mon opinion : « Gertrude, lui dis-je dans l'intention de modérer la rebelle véhémence de ses sentiments, avant que je vous écoute et avant que je vous approuve peut-être, retirez ce qu'il vous est échappé de dire. Les ordres d'un père sont toujours respectables, mon enfant, sa malédiction est toujours un affreux malheur, et il est impie de la braver ainsi que vous faites! »

Alors, éclatant en bouillants sanglots : « Mais oser me dire, monsieur Bernier, oser m'ordonner cette indignité, de rompre avec ma Rosa!... de rompre avec vous aussi, sans doute, qui avez été notre père, notre mère, et à qui ils ne disent rien! »

En achevant ces mots, Gertrude avait jeté ses bras autour de mon cou, et, en me prodiguant ses caresses reconnaissantes, il semblait qu'elle voulût combler cette lacune, qui l'affligeait dans la lettre de son père, de tout témoignage qui me fût personnel.

Quand elle fut plus tranquille : « Non, lui dis-je, vous ne sauriez ni abandonner Rosa ni rompre avec elle. Mais une tâche nouvelle s'ouvre devant vous, Gertrude, et vous compromettriez le succès en vous laissant aller à ces emportements irrespectueux : c'est de plaider pour votre amie, c'est de la sauver avec vous, c'est de vouloir demeurer inséparables, non pas au prix de la révolte et en face de la malédiction, mais au moyen de la persévérance légitime, de l'effort tendre, de la douceur patiente et de la filiale humilité, en s'aidant du temps, qui dissipe les sévérités et qui éclaire les circonstances. Ainsi, mon enfant, allez vous coucher, car ce soir vous seriez peu en état d'écrire convenablement à votre père; mais demain, trouvez pour lui répondre des motifs pressants que vous lui exposerez avec modestie, et, au lieu de le braver par des refus orgueilleux, implorez de sa bonté, mieux éclairée, qu'il n'exige pas ce qui serait à cette heure, non pas, comme il le croit, rompre avec votre amie, mais provoquer certainement chez elle un désespoir que son état, qu'il ignore, la rendrait incapable de supporter. »

Gertrude m'assura qu'elle suivrait de point en point mes conseils, et nous nous séparâmes.

XLIV

Après y avoir réfléchi, je ne jugeai pas à propos d'écrire de nouveau aux parents de Rosa, puisque ma dernière lettre contenait trois motifs d'urgence, dont au moins deux, qui demeuraient les mêmes malgré l'envoi des trois cents francs, à savoir sa grossesse et le délai fixé par le commissaire de police, étaient tout ce que je pouvais faire entendre de plus pressant à des parents qui n'auraient pas juré la perte de leur enfant. D'ailleurs, précisément à cause de ce délai irrémissiblement fixé par le commissaire, il faudrait que Rosa se trouvât déjà partie depuis quelques jours au moment où je recevrais une réponse à cette nouvelle lettre, en sorte qu'elle devenait encore par ce côté-là superflue.

D'ailleurs, les angoisses et les secousses que j'avais ressenties la veille, et quelque refroidissement que j'avais été prendre sur cette promenade solitaire dont j'ai parlé, furent la cause d'un malaise qui, après m'avoir atteint durant la nuit, redoubla au petit jour avec assez de violence pour que je dusse faire chercher un médecin, au lieu de me lever à mon ordinaire pour me mettre à écrire. La crainte extrême que j'éprouvais de me voir retenu dans mon lit à l'époque très-prochaine où il faudrait m'occuper du départ de Rosa, au milieu de circonstances si difficiles et de projets si incertains, continua sans doute à aggraver mon indisposition; car j'allais plus mal d'heure en heure, et, à divers signes, je m'aperçus dès le soir de ce premier jour, qu'on était inquiet autour de moi et que le médecin traitait mon mal au sérieux. Alors, faisant effort sur moi-même, je me résignai à être malade, et, ne pouvant plus agir pour l'heure, j'employai mes insomnies, tantôt à implorer la protection de Dieu sur les deux enfants dont il avait temporairement accru ma famille, tantôt à repasser le compte de mes voies, afin d'être toujours ceint et prêt à comparaître. Mais ce calme lui-même me fit du bien, et quelques symptômes que le médecin avait jugés alarmants ne tardèrent pas à se dissiper.

Dès le premier moment de mon indisposition, Gertrude avait volé auprès de moi, et, se tenant à mon chevet, malgré que je l'eusse sollicitée de n'en rien faire, elle ne le quittait que pour donner sa place à mon fils quand il avait achevé ses travaux de la journée. Quelquefois aussi, lorsque j'étais moins inquiet par la fièvre, ils demeuraient tous les deux, et, sans que j'y prisse grande part, je trouvais néanmoins beaucoup de douceur à leur entretien, qui était toujours intéressant par les bonnes pensées que chacun d'eux y apportait. Mon fils est droit, religieux, instruit, mais bien peu versé encore dans la pratique du monde, quand d'ailleurs ses qualités naturelles sont de sens solide et de tempérament généreux bien plus que de finesse d'esprit ou de sagacité précoce. Gertrude, au contraire, aux mêmes qualités de caractère, unissait moins de solidité de sens, à la vérité, mais tout autrement d'instinct délié des choses, des hommes et des rapports si complexes de la vie. Aussi j'admirais, en les écoutant, que cette enfant, qui avait dix-neuf ans à peine, en remontrât sur bien des points à mon grand garçon de vingt-cinq ans, et je me confirmais dans la justesse de cette double opinion, que, d'une part, la femme voit de bonne heure et mieux par le cœur, par la faiblesse, par la pudeur, par sa condition en un mot, là où l'homme voit moins et plus tard par la raison, par l'expérience ou par l'instruction acquise; et que, d'autre part, pour la femme comme pour l'homme, ni l'école des livres ni l'école du monde ne valent l'école de l'épreuve pour instruire, pour enrichir et pour embellir l'âme de la créature.

Moi-même, durant ces heures de recueillement, je reconnaissais avec gratitude que les misères de ces dernières semaines, durant lesquelles j'avais ressenti tant d'alarmes et de peines au sujet des deux jeunes dames que la Providence avait jetées sur mon chemin, outre qu'elles m'avaient instruit de bien des choses et réveillé de ces torpeurs plus ou moins volontaires où nous croupissons trop souvent quand l'accomplissement des devoirs quotidiens est facile, m'avaient aussi valu de grossir quelque peu cette besace d'œuvres qui est, selon l'Écriture, et non moins selon la raison, le seul bagage qu'il nous soit donné d'emporter avec nous dans l'autre monde. Bien plus, en réfléchissant à ce qu'est la vie, un bien nécessairement amer et douteux, je trouvais que ces semaines-là n'avaient pas été parmi les malheureuses de mon existence, et que, si j'y avais à la vérité senti le fouet de l'angoisse et les pointes de la douleur, outre que l'émotion, l'activité, les démarches les avaient fait paraître courtes, j'y avais pourtant goûté bien des plaisirs purs et bien des satisfactions savoureuses. C'est pourquoi seul à seul, et à moitié vainqueur du malaise corporel par l'aide de ces contentements de ma pensée, je me redisais en mémoire ces paroles du Psalmiste :

Tu fus toujours dans ma détresse
Ma haute tour, ma forteresse;
Tu fus dans mon adversité
Un Dieu pour moi plein de bonté!

XLV

Ces consolations, au reste, furent de grand secours pour me fortifier contre des atteintes qui m'étaient toujours bien sensibles, en ce qu'elles portaient à la fois sur le caractère dont je suis revêtu à la condition de le maintenir intact, et sur mon fils, qui m'a été donné pour que je le conserve blanc de renommée autant que de conduite. Ce fut lui justement qui m'apprit, avec une indignation que je ne partageai pourtant pas, tant je sais que les gens sont plus légers que méchants dans leurs propos, qu'on disait dans le quartier des choses offensantes pour ma probité pastorale. Les dettes de ces dames si promptement payées par moi-même, leur entrée dans ma maison, la certitude que je pourvoyais en entier à leur entretien, puisqu'on savait leur gêne chez les Miller et leur dénûment absolu depuis la perte des valises, toutes ces choses exagérées et commentées par les oisifs, par les bonnes femmes, par les servantes du quartier, y avaient accrédité l'opinion que les deniers que je reçois pour les pauvres de ma paroisse fournissaient probablement en tout ou en partie à l'entretien des deux jeunes amies. Encore, ajoutait-on, si elles en étaient dignes ! mais c'étaient des aventurières que j'avais ramassées dans la rue tout exprès pour les secourir avec l'argent qui appartient aux honnêtes indigents de la paroisse; et ainsi, comme il arrive d'ordinaire, la malice des propos dont j'étais l'objet se justifiait elle-même par la malice des propos dont elle noircissait ces pauvres dames. « Et Dieu veuille, disais-je en moi-même, ébranlé que j'étais encore par la phrase mystérieuse de la lettre, que l'avenir n'aille pas prêter à ces propos menteurs l'appui de quelque révélation redoutable sur la situation de Rosa ! »

D'un autre côté, la vieille qui fait notre petit service, tout en me confirmant ces choses que m'avait apprises mon fils, se préoccupait d'autres propos bien plus graves qu'elle était mieux à portée d'entendre, et dont il était lui-même l'objet. La vie retirée de ces dames encourageait la curiosité; le séjour plus habituel de mon fils à la maison apprêtait aux médisances; enfin, soit que Miller n'eût pas été discret, soit que les visites du médecin eussent passé pour être faites à l'intention de ces dames, la grossesse de Rosa n'était plus un secret ; et telles étaient, chez des gens d'ailleurs méprisables du voisinage, l'audace et la méchanceté de langue, qu'ils interprétaient le mystère de ces circonstances de mille façons injurieuses à l'honneur de ces dames, que quelques-uns allaient même jusqu'à atteindre, par leurs insinuations venimeuses, la moralité de mon fils. La pauvre vieille, bien qu'elle connût comme moi la vaine malice de ces ignobles discours, s'en affectait au point d'en verser des larmes, et, quand nous nous trouvions seuls, elle ne manquait guère de m'entretenir de cent propos à la connaissance desquels, puisque je n'y pouvais rien changer, il eût mieux valu me laisser étranger. Je la consolais, je la fortifiais et l'engageais à n'y pas donner d'attention plus que moi, au moment même où ils faisaient saigner mon cœur d'une bien douloureuse blessure.

Toutefois, dans l'intention qu'aucune imprudence de notre part ne vint aggraver le vice d'une situation qui nous exposait ainsi aux médisances du quartier, je fis venir mon fils auprès de moi pour lui faire quelques recommandations au sujet de la conduite qu'il avait à tenir et des habitudes de sévère discrétion auxquelles il devait s'assujettir dans tous ses rapports avec ces dames. En particulier, je l'invitai à se priver de ces entretiens avec Gertrude, dont ma maladie avait été l'occasion, et au milieu desquels une ou deux fois le médecin avait été introduit dans la chambre. Cette dernière recommandation parut seule contrarier mon fils, et il me marqua que c'était lui imposer une privation de ce qui était plus attrayant pour lui que toute chose de plaisir ou de récréation, tant il aimait le caractère de Gertrude, sa conversation et sa présence. Je lui fis sentir que dès lors ma recommandation arrivait d'autant plus à propos, puisqu'en se livrant à cet attrait il pourrait justement, et à son propre insu, apprêter à des remarques fâcheuses et à des propos malveillants; que d'ailleurs, comme il n'était pas séant que je fisse à Gertrude aucune observation sur ce sujet, c'était de sa part que devaient provenir, sans même qu'elle s'en aperçût, toutes les précautions. Mon fils comprit ces vues de ma prudence, et il les mit en pratique dès le même jour.

XLVI

Rosa voulut aussi me faire sa visite, malgré que je l'eusse fait prier, la sachant souffrante, de s'en bien garder. Elle me parut faible, très-amaigrie, et à chaque instant sur le point de tomber dans quelque évanouissement passager. Quand nous eûmes parlé de ma santé, je lui parlai de la sienne, et, l'ayant trouvée plus triste encore qu'inquiète de son état, je l'invitai à m'ouvrir son cœur. « Hélas! me répondit-elle avec la mélancolie du découragement, mon pauvre monsieur Bernier, que sert de vous ouvrir mon cœur? il n'y a plus rien dedans, pas même l'espérance!

— Comment donc, Rosa? et ces joies que vous donnait l'autre jour encore l'espérance d'être mère!

— Elles se sont dissipées; mon enfant n'a plus tressailli! » Puis s'abandonnant à ses larmes : « Comment pourrait-il vivre de sa mère ainsi abandonnée? et voit-on que les figuiers délaissés donnent des fruits mûrs?... Point de nouvelles de Ludwig! pas davantage de nos deux familles! les méchants seuls... »

Ici la voix de Rosa expira sur ses lèvres, et, en proie à de sourdes douleurs, elle se pencha, livide et les yeux fermés, contre le sein de Gertrude. A ce spectacle, je prévis qu'elle serait incapable de soutenir prochainement les fatigues du voyage. Une morne consternation s'empara de mon esprit.

Heureusement le médecin, qui venait me faire sa visite quotidienne, fut introduit dans ce moment-là, et je l'invitai à s'occuper aussitôt de Rosa, dont l'état de grossesse lui était d'ailleurs connu. Après l'avoir examinée, et avant qu'elle eût pu répondre à ses questions, il me fit signe que son état était grave; puis il proposa aussitôt à Gertrude de lui aider à la reporter dans sa chambre, en soulevant à eux deux la chaise sur laquelle elle était assise; qu'alors, sans désemparer, ils l'étendraient sur son lit, et que, très-probablement, sa défaillance cesserait aussitôt. Gertrude s'empressa d'obéir à cette invitation, et, de mon lit, je les vis qui opéraient ce lugubre transport; alors ma consternation fit place à la pitié, et des larmes jaillirent de mes paupières.

Tout à l'heure le médecin revint auprès de moi, et il m'apprit qu'en effet la défaillance avait cessé, mais que, surprise de se trouver dans sa chambre et de voir un monsieur auprès de son lit, Rosa avait eu à traverser un moment de vive répugnance; qu'à la fin pourtant il lui avait fait comprendre la nécessité de recevoir les directions d'un homme de l'art, et qu'en déguisant, autant qu'il avait pu le faire, ses questions sous un air d'amical intérêt, il était parvenu à se convaincre que son état, quoiqu'il exigeât des précautions et des ménagements, ne présentait cependant rien de dangereux. Ces paroles ne me tranquillisèrent guère, et néanmoins j'ajournai à un autre moment de m'ouvrir au médecin sur la nécessité où allait se trouver Rosa de se mettre en voyage, parce que j'espérais qu'incessamment cette nécessité serait éludée par l'arrivée de sa mère ou de quelqu'un de ses proches que ma seconde lettre aurait fait accourir en toute hâte à son secours.

XLVII

Le lendemain, Rosa se trouva en effet beaucoup mieux, et le surlendemain, comme je venais d'essayer pour la première fois depuis mon indisposition de me lever et de m'habiller, sur quelque mouvement que j'entendis dans la chambre des deux amies, je me traînai à grand'peine pour y jouir d'un bien doux spectacle : Rosa venait de sentir de nouveau son enfant tressaillir, et, au cri de joie qu'elle avait poussé, Gertrude était accourue auprès de son lit pour partager sa félicité et en rendre grâces à Dieu avec elle. Je m'associai à ces sentiments, et c'est ainsi que le contentement et l'espoir tout ensemble reparurent soudainement dans ma maison, tant est bonne la Providence, qui a voulu, dans son équitable sagesse, que le bonheur fût toujours une chose relative, en telle sorte qu'il visite les malheureux eux-mêmes, et qu'il n'est complétement absent d'aucune destinée mortelle!

Toutefois, j'étais si faible encore, que, sentant ma tête tourner et mes jambes chanceler, je dis à Gertrude : « Ma pauvre enfant, si vous ne venez pas à mon aide, je crois bien que je vais tomber par terre. » Elle accourut alors, et m'ayant prêté l'appui de son bras, sur lequel j'avais honte de peser si lourdement, elle m'aida à regagner ma chambre, où, m'étant assis : « A présent je vous congédie, car en vérité je suis incapable ni de dire ni d'écouter un mot. »

Après que Gertrude se fut retirée, je reconnus que j'étais tout aussi incapable de me tenir assis, en sorte que j'entrepris de me déshabiller pour tâcher ensuite de me replacer dans mon lit; mais je ne pus y parvenir, et je pris le parti de demeurer sur ma chaise, à moitié vêtu comme j'étais, jusqu'à ce que mon fils, de retour, pût me prêter son aide. Cependant, au bout d'une demi-heure, un coup de cloche se fit entendre, et l'on introduisit Miller, qui demandait à me parler. Avec son secours, je pus venir à bout de mon entreprise et regagner mon lit. Dès que j'y fus en place : « Qu'est-ce donc, Miller, que vous avez à me dire? »

Miller venait en hâte m'avertir que tout à l'heure, en passant sur le pont du Rhône, il avait reconnu le jeune monsieur, qui n'avait pas fait mine de le reconnaître lui-même; qu'aussitôt il avait été de

son chef dénoncer son retour au commissaire de police, et que celui-ci, qui ne s'en trouvait pas instruit encore, avait immédiatement donné l'ordre à deux gendarmes de se mettre à sa recherche et de l'arrêter. « Ce sera justice, mon brave Miller, m'écriai-je à cette nouvelle ; mais surtout rien ne pouvait arriver de plus heureux pour mes pauvres dames, qui sont appelées à se mettre en route dans très-peu de jours, et qui se trouveront ainsi complétement à l'abri des atteintes de ce mauvais sujet. Vous avez eu là une bonne idée, et je vous suis d'autant plus obligé pour votre zèle, que vous voyez vous-même combien je suis hors d'état d'agir de ma personne. »

En même temps, et pour que rien ne manquât à ma sécurité, qui dans ce moment ne pouvait être trop grande, Miller m'apprit que la fille Marie, à la suite d'une rixe dans laquelle elle avait reçu une blessure provenant d'un éclat de bouteille qui avait pénétré dans sa poitrine, était alitée au moins pour une quinzaine de jours encore, de telle sorte qu'il n'y avait rien à craindre non plus de son côté. Après avoir prié le brave Miller de me tenir au courant de tout ce qui pourrait survenir de nouveau, je le congédiai, et, lorsqu'il se fut retiré, je m'endormis d'un bon sommeil.

XLVIII

Quand je me réveillai, vers cinq heures du soir, je me trouvai rafraîchi, bien plus fort et tout disposé à prendre quelque nourriture. « Ah! c'est vous, Gertrude! dis-je en la voyant qui avait veillé à mon chevet; où est donc mon fils?

— Votre fils, me répondit-elle en souriant, est venu à son ordinaire, mais il n'est pas resté à son ordinaire pour me tenir compagnie; aussi je lui garde rancune. Voici, du reste, un billet qu'on a apporté pour vous. »

Je l'ouvris et j'y lus des lignes tracées par une main inconnue, où l'on me priait en grâce de passer chez la fille Marie *pour choses relatives à mes fonctions de pasteur*. Cette lettre, dans les circonstances où je me trouvais, éveilla au plus haut point ma sollicitude et ma curiosité; mais, quel que fût l'intérêt que j'avais à me rendre à cette invitation, il m'était impossible d'y songer pour l'heure, ni même d'entrevoir le moment où je pourrais aller, ou tout au moins me faire transporter chez la fille Marie. Je mis donc la lettre en lieu sûr, et je priai Gertrude de me servir du thé et quelque nourriture. La chère enfant, à cette demande, fut toute joyeuse, et, après m'avoir préparé avec une amicale diligence un petit repas, elle vint y assister, me distrayant par son entretien et se repaissant le cœur, en quelque sorte, de chaque bouchée d'aliments dont je me faisais plaisir. De plus en plus j'étais attaché à cette chère enfant, et j'apprenais ces douceurs dont j'avais ouï parler si souvent à ceux qui, autrement dotés par la Providence que je ne l'ai été moi-même, se complaisent à remarquer combien la vie domestique s'embellit par les petits soins et les gracieuses assiduités d'une fille aimante et dévouée.

XLIX

Le lendemain, qui était un vendredi, j'employai ma matinée à rassembler quelque argent. J'avais dans mon tiroir une vingtaine d'écus dont je ne gardai que ce qui était absolument nécessaire pour atteindre au payement de mon prochain quartier; puis, comme j'ai une extrême répugnance à emprunter, pour grossir un peu la somme dont je voulais disposer en faveur de ces dames, j'envoyai mon fils porter six de nos douze couverts d'argent, et un dé à coudre en or que j'avais autrefois donné à ma femme en présent de mariage, chez le joaillier Durand, en le priant de vouloir bien me faire savoir la valeur de ces objets, sans néanmoins me l'envoyer encore, parce que, selon ce qui pourrait survenir dans un terme très-prochain, je serais peut-être dispensé de me défaire de ces pièces auxquelles j'étais affectionné. Le joaillier Durand me fit dire que la valeur de ces objets s'élevait à 195 francs, et qu'au surplus il se prêterait à tout ce qui me serait agréable. Et comme mon fils l'avait mis au courant de nos anxiétés et de nos projets, il le chargea de me dire que, désireux de s'associer à mon œuvre par quelque petite obole personnelle, il me priait de joindre au viatique que je préparais les cinquante francs qui me seraient remis de sa part. Au sortir de chez le joaillier Durand, mon fils avait été s'assurer conditionnellement d'une bonne voiture de louage, où nous étions dans l'intention d'établir une sorte de couche sur laquelle Rosa pût demeurer étendue; et, quant à des valises, nous en possédions une grande qui serait plus que suffisante pour le modique bagage de ces dames. Ainsi, quand, vers midi, mon fils fut de retour auprès de moi, tout était déjà préparé, et, sans compter que nous avions apporté à faire ces dispositions autant de bon entrain que nous y gagnions de précieuse sécurité, le procédé du joaillier Durand était d'ailleurs venu nous causer une pure joie. Il n'est pas, en effet, de douceur comparable à celle de rencontrer, au milieu des transes et des embarras d'une vive anxiété, l'appui spontané des bons cœurs et les pieuses sympathies d'une charité secourable.

Ces petits labeurs, à raison de leur objet et à

cause aussi de leur prompte réussite, au lieu de me faire du mal et d'aggraver ma faiblesse encore bien grande, m'avaient au contraire rafraîchi, en faisant trêve aux angoisses de la réflexion pour me jeter dans des préoccupations actives, toujours bien moins pénibles. Aussi je dînai aujourd'hui avec mon monde, Rosa comprise, qui paraissait être tout à fait raffermie, et, vers quatre heures, me sentant assez dispos, je sortis pour me rendre chez la fille Marie. Après que j'eus gravi avec assez de peine les marches de son escalier, je sonnai, et l'on m'introduisit auprès d'elle.

Je trouvai la fille Marie alitée dans cette partie intérieure de l'appartement où l'autre fois je n'avais pas pénétré. Quoique la chambre fût plus ornée, elle offrait le même désordre que celle où j'avais été reçu, plus encore les particularités d'un ameublement tout entier et exclusivement combiné en vue des abjectes nécessités d'une profession honteuse. Quelques femmes, parmi lesquelles j'en remarquai deux de celles que j'avais vues à la prison, les unes debout, les autres assises ou à demi couchées çà et là, remplissaient la chambre plutôt qu'elles ne paraissaient savoir s'y rendre utiles, et, auprès du chevet de Marie, un homme, qu'on fit retirer quand j'entrai, semblait être le seul qui eût l'air de lui donner quelques soins intelligents. Du reste, des fioles et des médicaments étaient épars sur les chaises, sur les tables, autour de la cheminée, et des linges qui avaient servi pour des pansements traînaient sur le plancher, sans qu'aucune de ces femmes songeât à faire disparaître ces dégoûtants haillons ou à purifier l'air de la chambre en y entretenant la propreté des ustensiles.

Du plus loin que la fille Marie m'eut vu entrer, elle jeta sur ma physionomie un regard scrutateur où l'expression de l'épouvante se mêlait à celle de la curiosité, et elle me laissa approcher de son lit sans m'avoir dit un seul mot. Habitué que je suis à voir des alités de toute sorte, les uns que la maladie hébète ou que la fièvre fait délirer, les autres que l'enflure déforme ou que des plaies rendent hideux, je ne marquai, en la voyant défigurée et méconnaissable, aucune surprise, et il ne m'échappa pas de voir que cette impassibilité de mon visage lui causait, en la trompant, une agréable impression d'espoir. « Eh bien, Marie, lui dis-je en approchant, te voici déjà couchée sur le lit de douleur, et en train peut-être d'aller bientôt rendre compte ? »

Ces mots, en détruisant l'illusion à laquelle elle venait de se rattacher, provoquèrent ses pleurs, et, menteuse par crainte, elle me dit : « Ah ! j'ai bien souffert ; mais, Dieu merci, le mal s'est arrêté de croître, et, quand même vous me voyez défigurée, j'ai de meilleurs moments.... » Puis, avec un regard qui implorait une réponse favorable : « Vous qui avez vu bien des malades, monsieur Bernier, ne pensez-vous pas que j'en puisse réchapper ?

— Hélas ! mon enfant, la vue trompe, et nos vies sont dans la main de Dieu, qui tantôt surprend les flottantes, tantôt sauve et rallume celles qui semblaient près de s'éteindre ; sans cela, et si l'on pouvait prévenir ses voies, quelle urgence y aurait-il à se tenir toujours ceints et prêts à comparaître ? Je te juge bien malade. »

A ces paroles, Marie eut un transport de désespoir, et il fallut que les femmes s'approchassent pour maintenir ses bandages et pour maîtriser ses mouvements. Dans sa colère, elle leur résistait, des injures s'échappaient de ses lèvres, et, comme envieuse de leur destinée, elle se taisait à la fin pour les regarder d'un œil farouche.

« Marie, repris-je, j'ai cru que tu m'avais fait appeler pour t'aider à te réconcilier avec Dieu ; mais, si ton intention n'est pas de profiter à cet effet des moments qu'il t'accorde, je vais me retirer d'ici, où je ne suis entré, je t'en avertis, qu'avec terreur pour toi, et parce qu'il m'est commandé de ne refuser mon ministère à aucun pécheur.

— Je veux vivre ! s'écria-t-elle alors. Je n'ai que vingt-cinq ans ! Monsieur Bernier, je vous en conjure, priez pour que je vive ; je le sais, le bon Dieu vous exaucera mieux que moi.

— Non, lui dis-je, je ne prierai pas pour que tu vives ainsi impénitente. Tu as souillé la terre de tes débordements et de tes méchancetés ; réchappée, tu la souilleras de plus belle... Il ne m'appartient donc pas de désirer que tu vives, et bien plutôt c'est à ces pécheresses qui t'entourent de prier pour toi, puisque ce sort que tu as, c'est celui qui les attend. »

A cette réponse, la fille Marie se leva sur son séant, et avec l'expression de la fureur, d'autant plus extrême qu'elle est plus impuissante : « Tu crois donc, s'écria-t-elle, tu crois que j'ai besoin de ta prière pour vivre? Tu crois.... »

La voyant ainsi disposée, je repris mon chapeau, ma canne, et je sortis, accompagné par la plus jeune des femmes qui étaient dans la chambre. Cette enfant sanglotait sans oser me parler. « Tu es jeune, lui dis-je, quand nous fûmes seuls dans le vestibule, et il se peut que ton cœur soit encore plus criminellement égaré que profondément perverti; si donc tu as senti, en face de la lugubre condamnation qui est près d'atteindre cette misérable, les tressaillements de la crainte et les émotions de la repentance, écoute : sors d'ici à cette heure même pour n'y rentrer jamais; romps sans retour avec toutes ces femmes; va-t'en de ce pas chez ton oncle, que tu n'aurais jamais dû quitter, pour qu'en voyant ta conversion il consente à te reprendre, et viens me voir. Si tu es sincère, je ne t'abandonnerai point, je prierai pour toi et avec toi, je te rapprendrai, malheureuse, les promesses de la piété, et je ferai de toi une de ces brebis perdues qui, retrouvées, causent plus de joie dans le ciel que ne font quatre-vingt-dix-neuf justes qui n'ont pas été perdus! »

La pauvre enfant me prit la main pour la baiser, et, sanglotante comme elle était, elle sortit la première, s'acheminant vers la maison de son oncle.

En descendant l'escalier, je rencontrai le médecin qui montait pour aller visiter Marie.

« Cette fille, lui dis-je, est bien malade.

— Elle est perdue, reprit-il, et pour une bien mince blessure. Mais dans un sang vicié un rien fait l'étincelle, et l'embrasement ensuite est rapide. Je ne lui donne plus que des calmants.

— Heureux encore, lui fis-je, que vos calmants à vous aient de l'efficace! pour les miens, ils l'irritent plus qu'ils ne la tranquillisent. »

Là-dessus je le saluai, et, m'étant rendu auprès de l'oncle dont je viens de parler, j'intercédai auprès de lui pour qu'il reprît sa nièce au moins à l'essai. Ce fut une grande besogne que de l'y décider; mais à la fin il consentit à l'employer aux ouvrages de couture que nécessitait son commerce, sous la condition expresse que de longtemps elle ne se mêlerait aux autres ouvrières, mais que, retirée dans un cabinet de son appartement, elle y travaillerait seule, pour être chassée sans retour au premier signe d'inconduite qu'elle aurait donné. Comme cet homme était veuf et sans enfant, j'espérai de cette situation et de l'aide que je prêterais à la jeune fille qu'elle pourrait encore revenir au bien et se rendre nécessaire à son oncle.

L

Il ne restait plus que trois jours jusqu'au mardi fixé pour le départ de ces dames, et personne n'avait paru qui vînt les recueillir, en sorte que, le lendemain, je jugeai convenable de m'ouvrir à Gertrude au sujet de ce départ et des circonstances qui me forçaient à l'effectuer malgré moi. A peine eut-elle entendu les premiers mots de cette explication, qu'elle marqua la plus vive répugnance et qu'elle essaya de se débattre contre les nécessités dont je lui faisais le récit. Mais, trop intelligente pour ne pas comprendre bien vite que toute résistance à ces nécessités était impossible, l'affliction alors, l'amertume, le regret, débordèrent de son cœur, et elle se livra aux mouvements de la plus douloureuse tristesse. Qu'allait devenir Rosa, disait-elle en pleurant, Rosa ainsi errante, cahotée, sans soins à portée et sans gîte prochain? Qu'allaient-elles devenir toutes deux au terme de ce funeste voyage, puisque leurs familles avaient refusé de leur pardonner, et que ce retour contre leurs ordres et en opposition à toutes leurs volontés n'était propre qu'à les irriter davantage? La sienne ne voudrait-elle point user de violence pour l'arracher à sa Rosa, pendant que Rosa elle-même serait ramenée de force dans quelque séjour d'exil? Puis, jetant avec effusion ses bras autour de mon cou : « Et vous quitter, s'écriait-elle, vous quitter, mon bon monsieur Bernier ! quitter pour jamais cette sainte demeure où sont désormais nos plus chers liens, nos plus légitimes affections, nos seules sauvegardes ! Ah ! que ne sommes-nous nées vos filles aussi bien que nous le sommes devenues de cœur ! Après avoir évité, grâce à votre vigilance, ces écarts que nous expions si durement, paisibles à cette heure, il ne nous resterait plus qu'à savourer chaque jour le bonheur de vivre sous votre aile et d'embellir vos vieux jours !... »

Ces discours remuaient vivement mon cœur, et, sans réfléchir que j'y étais forcé, je me trouvais bien cruel d'affliger si impitoyablement ces pauvres enfants. « N'aggravons pas le mal par notre propre faiblesse, lui dis-je, et réprimons ces larmes où s'amortirait notre courage. Il m'en faut, ma chère Gertrude, pour que je me sépare de vous. D'ailleurs, c'est mon fils qui vous accompagnera.

— Votre fils ? interrompit-elle avec l'accent du soulagement.

— Oui, mon fils, qui n'a pas voulu que ce fût personne autre, et qui, j'en suis certain, vous rendra de bons offices. Par convenance, vous occuperez seules le dedans de la voiture, et lui se placera sur le siége à côté du conducteur, prêt à vous servir sous toutes les formes, aide, ami, messager, et, s'il le faut, respectueux avocat auprès de vos familles.

— Combien son dévouement me touche ! dit alors Gertrude ; non, vous ne pouviez pas, mon bon monsieur Bernier, clore tous vos bienfaits envers nous par un sacrifice plus coûteux pour vous, mais aussi plus précieux pour nous. Il nous semblera que nous vous possédons encore, que sais-je ? tout n'est pas perdu ! et je sais trop quel est le caractère de M. André pour ne pas voir en lui le plus digne avocat de notre cause et le plus sûr défenseur des droits de l'indissoluble amitié qui me lie à Rosa. »

La voyant ainsi disposée, j'en profitai pour convenir du tour que nous donnerions à tout ceci auprès de Rosa, afin de lui cacher autant que possible toutes les circonstances qui auraient pu lui causer trop de surprise, d'épouvante ou de chagrin, et il fut entendu que, dès le lendemain, Gertrude commencerait à la préparer par degrés à recevoir l'annonce de ce départ, et enfin à l'envisager, comme elle s'efforcerait de lui en donner l'exemple, avec espérance et avec satisfaction.

LI

Le lendemain dimanche, afin de ménager les forces et la santé de Rosa, qui avait continué de s'améliorer au point qu'elle était ce jour-là dans l'intention de se rendre à l'église, je lui proposai de faire, pour Gertrude et pour elle, un petit service dans sa chambre. Cette offre lui causa le plus grand plaisir, et elle s'empressa de disposer la bergère devant une petite table sur laquelle elle plaça la Bible; après quoi elle mit en face trois chaises, dont une était destinée pour mon fils, qui vint l'occuper. Après la prière, j'improvisai un petit prêche sur les dispositions qu'il convient de revêtir dans l'adversité, et sur la façon dont il faut ployer avec douceur et avec espérance sous le joug des accidents, des contrariétés et des mécomptes dont la vie est inévitablement semée. En terminant, je m'élevai de nouveau à Dieu par la prière, en invoquant sa bénédiction sur les trois enfants que j'avais sous les yeux, et en lui demandant d'avancer et de protéger le retour de deux d'entre eux au sein de leurs familles. Quand j'eus cessé de parler, Rosa regretta que ce service fût sitôt achevé, et elle prétendit amicalement que je restasse auprès d'elle encore bien, bien longtemps; c'était son expression d'habitude.

« J'y consens, lui dis-je, d'autant mieux que d'un moment à l'autre vous pourrez m'être ôtées. Ce sera un bien grand vide dans ma maison; mais tout au moins cette chambre, mes chères enfants, ne cessera plus de vous rappeler à mon souvenir, et, s'il plaît à Dieu de me prêter vie encore quelques années, c'est à cette place que je lirai vos lettres et que j'y répondrai. »

Nous parlâmes ensuite du comte. Rosa, surtout depuis qu'elle se savait enceinte, au lieu d'être de plus en plus inquiète du silence de son époux, s'était au contraire confirmée dans cette romanesque confiance qu'il voulait éprouver son amour, et, en voyant se prolonger le silence de sa propre famille (nous lui avions caché la réponse de sa mère), elle avait fini par se persuader que, réconciliés déjà entre eux, le comte et ses parents étaient d'accord pour lui ménager la douce surprise de reparaître ensemble et de la ramener en commun. Nous combattions, Gertrude et moi, autant que nous osions le faire, de semblables illusions ; mais Rosa, en les soutenant par toutes sortes de motifs plausibles en effet, ne faisait que s'y confirmer davantage. Aussi n'avait-elle presque plus l'attente d'une lettre du comte ; mais, à chaque coup de notre cloche, quelque idée de délivrance et de réunion se présentait à son esprit et faisait battre son cœur. Après qu'elle nous eut, ce jour-là, fait part encore une fois de tous ses motifs d'espérance et de contentement, je la quittai pour laisser Gertrude s'acquitter auprès d'elle des premières ouvertures au sujet de leur prochain départ, ainsi que nous en étions convenus la veille.

Cependant deux fois déjà dans la matinée on était venu me chercher de nouveau de la part de la fille Marie, en sorte que vers le soir je résolus de lui faire une seconde visite, bien moins à la vérité dans l'espérance de faire du bien à son âme que dans l'idée que peut-être, se voyant près de mourir, elle croirait racheter quelques-uns de ses péchés en me faisant ces révélations que je n'avais pu obtenir d'elle lorsque j'avais été la visiter dans la prison. Je m'y rendis donc vers les cinq heures.

Je la trouvai entourée des mêmes femmes que la première fois, et au milieu d'une crise de désespoir si violente qu'elle ne s'aperçut pas même de ma venue; en sorte que, m'étant assis sur une chaise qui se trouvait placée derrière son chevet, j'y assistai à la fois à ses transports d'épouvantement et au sinistre spectacle de ces femmes, dont pas une n'aurait osé, au risque de se condamner elle-même, lui adresser un seul mot de consolation religieuse. « Marie, lui disaient-elles, tu es mieux, tu vivras, le médecin est content. Marie, tu es toute jeune, et la force de ta constitution vaincra ce mal : en t'agitant tu le feras empirer.... »

Je ne pus souffrir, moi le ministre de Dieu pour faire entendre à mes frères sa vérité, d'être le complice discret de ces dangereux mensonges, et, m'étant levé, je dis à ces femmes : « Arrière de ce lit, lâches créatures qui trompez votre amie ! Marie n'en réchappera pas; le médecin me l'a dit à moi, et, quand quelques moments lui restent, uniques, urgents, pour songer enfin à l'éternité, c'est à cette terre pour qui elle est déjà morte que vous vous efforcez de la rattacher ! Qu'on me laisse seul avec elle.

— Non ! non ! s'écria Marie.

— Je l'ordonne, » ajoutai-je d'un ton d'autorité;

et les femmes se retirèrent dans la pièce voisine. « Tu es mourante, repris-je quand nous fûmes seuls, mais tu as de la force encore, Marie, et l'esprit présent. C'est un bienfait d'en haut ; en veux-tu profiter ? »

Alors, toute tremblante, car l'effroi seul la subjuguait : « Que puis-je faire ?... Je ne sais pas prier; Dieu me fait peur.

— Tant mieux, lui dis-je ; car c'est de cette peur, qui est un bon sentiment, qu'il te faut passer à la repentance, puis à l'amour, puis au salut par Jésus-Christ. »

Et, sans attendre sa réponse, je fis une prière où je m'efforçai d'être l'interprète et comme le messager auprès de Dieu des sentiments et des vœux dont je pouvais supposer son cœur animé. Mais quand j'eus achevé, et que, ramenant mes regards sur le visage défiguré de cette malheureuse, je n'y eus retrouvé que les mêmes signes d'effroi et de stupeur, je jugeai inutile pour l'heure de poursuivre mon œuvre, et j'essayai d'aborder son âme par d'autres côtés.

« Que tu as été cruelle, Marie, repris-je, envers ces deux dames que j'ai retirées de l'abîme affreux où tu t'étais aidée à les précipiter ! et serait-il possible qu'à ce moment suprême tu n'éprouvasses à leur sujet aucun remords ?

— Que vous dirai-je ?... on m'a employée; je n'avais rien, moi, contre ces dames.

— Qui donc t'a employée, et d'où venait cette lettre supposée du comte?

— Vous ne gagneriez rien à le savoir, et moi je ferais un péché de plus en trahissant ceux qui se sont fiés à moi. Tout ce que je puis vous répéter, c'est qu'on vous abuse : le comte ne reviendra jamais.

— Mais existe-t-il du moins?

— Oui, il existe.

— Et est-ce lui qui a écrit la lettre?

— Vous m'en demandez trop.

— Tu sais pourtant ce qui en est?

— Peut-être. »

C'est là tout ce que je pus tirer de la fille Marie, et ce n'était rien de plus que ce qu'elle ou le jeune monsieur m'avaient déjà fait entendre à plusieurs reprises. Seulement j'avais lieu, cette fois, de la croire plus sincère qu'auparavant, et sa déclaration me fut d'autant plus douloureuse qu'elle présentait un accord aussi surprenant que sinistre avec la phrase mystérieuse qui m'avait tant épouvanté dans la lettre de la mère de Rosa.

En rentrant chez moi, j'y appris de Gertrude que, moitié en usant du tour dont nous étions convenus ensemble, moitié en rattachant le fait d'un prochain départ aux idées que Rosa avait encore exprimées le matin de ce jour, elle n'avait pas eu trop de peine à la disposer convenablement, si bien que déjà leur valise était à peu près prête; qu'au surplus, la santé de son amie ayant continué de se raffermir très-sensiblement, elle-même éprouvait bien plus de sécurité que lorsqu'il avait été question pour la première fois de ce triste voyage. Ces nouvelles me causèrent un vrai contentement, puisqu'il devenait de jour en jour plus improbable qu'une personne se fût mise en route pour venir chercher ces dames, et qu'au moins l'expiration du délai nous trouverait, grâce à Dieu, en mesure de pouvoir accomplir leur départ forcé.

LII

Le lundi matin, nous achevâmes, mon fils et moi, de faire tous les préparatifs de ce départ, notamment ceux qui concernaient la voiture, où nous parvînmes à établir, avec le secours du voiturier, une couche bien unie et bien tendre pour Rosa. Nous y plaçâmes aussi des cordiaux, quelques friandises qu'elle aimait, et une bouteille de vin d'Espagne, avec un petit gobelet d'argent sur lequel mon fils avait fait graver les chiffres entrelacés de ces dames, et qu'il était dans l'intention de leur offrir comme objet de ressouvenir. Après quoi, je l'envoyai à la chancellerie pour y retirer son passe-port, pendant que j'allais moi-même faire une tournée de visites chez mes paroissiens. Mais comme je sortais de chez l'un d'eux, vers trois heures après midi, un des enfants Miller, qui venait de m'apercevoir, accourut à ma rencontre pour me dire qu'on avait envoyé lui et ses frères à ma recherche dans toutes les directions, afin de m'avertir qu'il fallait rentrer au logis tout de suite. Je questionnai l'enfant au sujet de ce message; mais il ne savait rien au-delà, en sorte que je hâtai le pas pour revenir chez moi, en songeant qu'apparemment la personne chargée de venir chercher ces dames pour les ramener à Brême était enfin arrivée.

Mais je n'étais pas encore entré dans mon appartement que du bas de la dernière rampe qui y conduit, j'y aperçus des signes de désordre et de trouble. La porte était ouverte, des gens allaient et venaient; la vieille, en m'apercevant, cria à mon fils : « Le voici! » et celui-ci, étant accouru à ma rencontre, m'apprit qu'à peine rentré, Gertrude l'avait appelé pour qu'il allât chercher un chirurgien; qu'aussitôt il avait couru chez ceux dont il connaissait la demeure, sans en rencontrer aucun à son domicile, et qu'à tout événement il avait jugé convenable d'envoyer la femme Miller au secours de ces dames. Sans en écouter davantage, j'entrai aussitôt dans la chambre de Rosa. Le chirurgien s'y trouvait et la femme Miller, qui me firent signe de ne faire aucun bruit, pendant que Gertrude, le visage bouleversé et les yeux gonflés de larmes, profitait de ce que j'avais ouvert la porte pour sortir précipitamment.

Rosa, qui m'aperçut en cet instant, m'appela d'une voix affaiblie, et, quand je fus auprès d'elle, elle me dit en contraignant sa douleur profonde pour montrer une disposition d'esprit qui me fût agréable : « L'Éternel me l'avait donné, l'Éternel me l'a ôté : que le nom de l'Éternel soit béni ! » Alors j'eus la certitude du malheur que, dès le premier instant, j'avais prévu, et, en considérant cette jeune mère si promptement dépouillée de ce fruit autour duquel se réjouissait son âme et croissaient ses espérances, je ressentis les plus cruelles déchirures de la pitié. Surtout son angélique intention d'être douce, calme et sans murmure, me pénétra d'un sentiment si reconnaissant et si tendre envers elle, qu'ému jusqu'au fond du cœur, je ne pus que lui dire ces paroles : « Rosa, mon enfant, si jamais la main de l'Éternel s'appesantit sur moi comme elle a fait sur vous, je me souviendrai de l'exemple que vous me donnez à cette heure, et je m'efforcerai de l'imiter. »

Cependant la pauvre Miller fondait en larmes, et le chirurgien lui-même contemplait avec une surprise pleine de gravité le visage de Rosa tout frêle de maladie, tout brisé de désespoir et tout contraint de résignation.

Je demeurai là quelques instants, et, pendant que le chirurgien donnait ses prescriptions à la femme Miller, qui s'était offerte pour veiller auprès de Rosa, celle-ci, m'ayant fait signe de me pencher sur elle, me dit tout doucement à l'oreille : « Allez, s'il vous plaît, mon bon monsieur Bernier, consoler Gertrude. » Puis de ses lèvres brûlantes elle imprima un baiser sur ma main, qu'elle venait de saisir pour la caresser, et je la quittai.

En sortant de la chambre, je rencontrai mon fils qui avait profité de mon retour pour aller informer le commissaire de police de l'accident survenu à Rosa, et pour courir décommander la voiture. L'ayant prié de me laisser seul avec Gertrude, il demeura sur le seuil, prêt à voler de côté ou d'autre selon les occurrences, ou à s'aider avec la vieille au service de la maison.

Je trouvai Gertrude dans un si grand désespoir, qu'au lieu de la questionner, ainsi que j'en étais impatient, sur ce qui avait pu provoquer l'accident survenu à Rosa, je dus m'employer à la soutenir, à la consoler, et enfin à lui proposer pour exemple la résignation de son amie. Mais tout ce que je pus lui dire ne produisit aucun effet, et elle repoussait ouvertement mes exhortations, comme ne pouvant rien sur son incomparable douleur. « Ce n'est pas, s'écria-t-elle enfin, ce n'est pas cet enfant que je pleure, monsieur Bernier, c'est ma Rosa ! » Puis, s'étant levée, et d'un air égaré : « Hâtez-vous, hâtez-vous.... mais non ! il vaut mieux qu'elle meure ! » Et elle retomba sur sa chaise. Quelque incohérentes que fussent ces paroles, elles dessillèrent pourtant mes yeux, et dès ce moment j'envisageai en effet

Rosa comme devant être prochainement ravie à nos affections.

Quand Gertrude se fut un peu calmée, elle me dit : « J'ai promis à Rosa de vous cacher la cause de ce qui arrive, et je le devais pour n'aggraver pas son mal ; mais je sens que ce serait manquer de confiance envers vous que de tenir ma promesse ; vous paraîtrez donc auprès d'elle ignorer ce que je vais vous dire. » Alors Gertrude me conta que, pendant qu'elles étaient à s'entretenir tranquillement dans leur chambre, le facteur avait sonné à la porte et remis à la vieille une lettre en lui disant : « C'est d'Allemagne ; » qu'en entendant prononcer ce mot, Rosa était accourue, avait pris la lettre, l'avait baisée, ouverte, puis que la pâleur, l'effroi, s'étaient peints sur son visage à mesure qu'elle la lisait, jusqu'à ce qu'arrivée au bas de la page, elle avait poussé un cri, jeté la lettre loin d'elle, et donné tous les signes de la plus violente douleur ; qu'à cet instant une vive souffrance s'était déclarée, et qu'elle, Gertrude, n'avait eu que le temps de soutenir Rosa dans ses bras, de la porter sur son lit et d'appeler mon fils, qui se trouvait seul dans la maison, pour qu'il courût chercher un chirurgien ; qu'un moment après la femme Miller était arrivée, qui lui avait aidé à déshabiller Rosa, et qu'elles venaient de l'arranger dans son lit lorsque le chirurgien était arrivé pour apprendre d'elles que Rosa n'avait plus la joie d'être mère. Après que Gertrude eut achevé ce récit, elle mit sous mes yeux la lettre elle-même qui avait provoqué cette crise. Comme je le reconnus aussitôt à l'écriture, cette lettre était de la mère de Rosa et conçue en ces termes :

« C'est en cachette de votre père, ma Rosa, et contre son expresse volonté, que je vous écris ces lignes. Mais, quelle qu'ait été la grandeur de votre faute, vous êtes destinée à l'expier trop durement pour que je puisse obtenir de ma pensée qu'elle se détourne de vous, et de mon cœur qu'il vous délaisse.

« Quand votre père sera moins irrité contre vous, mon enfant, et que le temps aura passé sur cette honte, sinon pour la détruire, du moins pour l'atténuer, j'essayerai d'obtenir de lui votre pardon, et c'est dans l'espoir que j'y réussirai quelque jour que vous devez dès à présent chercher un allégement à votre infortune. Ah! Rosa, pauvre abusée, comment donc avez-vous pu méconnaître ainsi que la pureté et l'innocence elles-mêmes sont de mauvaises sentinelles de la chasteté, et que toute jeune fille qui n'a pas mis la sienne sous la garde des seuls auteurs de ses jours est tout à l'heure perdue?

« Voici une nouvelle lettre de M. Bernier qui annonce votre grossesse! cela a été pour nous tout un renouvellement cruel d'affliction et d'opprobre. Aussi votre père est sombre et fermé; je n'ose pas même le supplier dans ce moment de se départir de ses sévérités jusqu'au point qu'il me laisse, quand l'époque de vos couches sera venue, me rendre pour quelque temps auprès de vous.

« En attendant, voici inclus les papiers qui vous serviront à faire retirer l'ordre de départ que vous avez reçu de la police. Remerciez le bon monsieur Bernier; conjurez-le en mon nom de vouloir bien vous garder dans sa maison, après que Gertrude, qu'on envoie chercher, vous aura quittée, et adressez les lettres que vous voudrez me faire parvenir secrètement à Gottlieb Kohler, à Brême, qui est prévenu. Recevez, ma Rosa, les embrassements de votre désolée mère,

« CAROLINE S***. »

Cette lettre, qui était tout ensemble si inconcevablement tendre et cruelle, me jeta moi-même dans une affreuse perplexité, et, en rapprochant ces étranges expressions d'*opprobre*, de *fille qui est perdue*, de ce fait dont Marie, la veille encore, m'avait donné l'assurance positive, à savoir que le comte ne reviendrait jamais, j'entrevis pour la pauvre Rosa une telle ignominie, qu'il m'arriva de former en moi-même le vœu que Dieu la retirât de ce monde avant qu'elle eût eu le temps de la connaître, si encore ce n'était pas quelque prévision toute semblable à la mienne qui lui avait arraché un cri soudain et qui avait violemment détaché de ses entrailles le fruit d'un illégitime amour. Aussi, tout en contenant au dedans de moi ces doutes terribles, j'interrogeai de nouveau Gertrude. Alors elle me confia que cette lettre l'avait bouleversée bien plus profondément elle-même qu'elle n'avait fait Rosa; car elle y avait vu, disait-elle, les signes désormais évidents d'un opprobre dont la découverte serait pour son amie le coup certain de la mort, alors même qu'elle ne l'aurait pas reçu de la perte de son enfant; que quant à Rosa, hormis une ou deux allusions à des faits que nous lui avions cachés et dont elle s'était hâtée de lui donner une explication plausible, elle avait cruellement souffert des duretés outrageantes de cette lettre, mais sans les attribuer néanmoins à un autre motif qu'à celui de la sévérité orgueilleuse de son père envers une union accomplie clandestinement contre sa volonté, et que ce qui lui avait arraché le cri du désespoir, c'était la phrase où il est dit : *Après que Gertrude, qu'on envoie chercher, vous aura quittée.*

Cette explication, tout en m'apprenant que Gertrude avait pénétré aussi loin que moi dans le mystère encore voilé de la destinée de son amie, me causa néanmoins quelque soulagement, en ce que, si la volonté de Dieu était de retirer prochainement Rosa de ce monde, j'espérais bien, avec le secours de Gertrude, et quoi qu'il dût arriver jusque-là, de pouvoir épargner à son cœur déjà brisé les tortures de l'avilissement et l'agonie de la pureté, de la confiance et de la tendresse, changées subitement, par une soudaine découverte, en mortelle douleur et en irrémédiable flétrissure.

Après cet entretien, Gertrude retourna auprès de son amie, et mon fils étant alors revenu auprès de moi, je le mis au courant de tout ce que je venais d'apprendre. Le pauvre garçon n'avait pas besoin de ce récit pour être navré de tristesse, car, ayant couru tout à l'heure à la pharmacie pour y porter l'ordonnance du chirurgien, le jeune homme qui s'était mis à la préparer avait dit qu'il fallait que la jeune dame fût bien dangereusement malade pour qu'on dût faire usage de telle substance qui entrait dans la composition du médicament; et, au retour, ayant rencontré le chirurgien, celui-ci ne lui avait pas caché que l'état de Rosa était des plus graves, et qu'en raison de l'épuisement de ses forces, de la violence de son affliction morale et de quelque complication de son accident, il avait peu d'espérance de la sauver. Ces choses me confirmèrent dans l'opinion que Rosa était désormais perdue pour ce monde, et je m'apprêtai à devoir bientôt lui fermer les yeux.

LIII

Le lendemain, mardi, j'appris au petit jour par la femme Miller, à qui j'avais recommandé de pénétrer dans ma chambre à toute heure de la nuit pour m'avertir, s'il y avait lieu, de l'état de Rosa, qu'elle avait passé une nuit sans souffrance et néanmoins désastreuse. En effet, les remèdes n'avaient point agi, et, en vertu de cette complication dont avait parlé le chirurgien, ses forces avaient continué de se dissiper d'heure en heure, tandis qu'une pâleur croissante envahissait son visage. Comme cet état pouvait d'un moment à l'autre devenir suprême, j'envoyai mon fils, qui ne s'était pas couché ce soir-là, chercher en toute hâte le chirurgien, et je m'habillai pendant qu'il faisait ce message.

Quand le chirurgien fut arrivé, nous entrâmes e-·emble dans la chambre. La pâle blancheur de Rosa me fit une frappante impression. Elle prit ma main pour la caresser, puis elle dit avec un accent d'inexprimable douceur : « Les soins de monsieur, dont je le remercie, sont désormais superflus; qu'il me fasse donc la grâce de les discontinuer pour ne me conserver que ceux de sa bienveillance. J'ai peu de moments à vivre, et je voudrais pouvoir en disposer. Entre Gertrude et moi tout est réglé; je vais l'attendre. Entre moi et Dieu il y a encore à faire. J'implore votre assistance, monsieur Bernier. »

Dans ce moment, le chirurgien fit mine de se retirer : « Que ce ne soit pas par discrétion, lui dit Rosa; votre présence m'est chère. »

Alors il s'assit, et, sans retard, je fis d'un cœur pénétré le service des mourants, que je terminai par une prière d'où j'exclus à dessein toute demande de retour à la santé qui aurait eu pour effet de rattacher cette enfant à la vie, afin de diriger exclusivement ses regards vers cette éternité bienheureuse dont notre bon Sauveur est venu annoncer la nouvelle et sceller la promesse. Moi-même, avide que j'étais de rétribution pour cette infortunée dont la vie terrestre, si courte et si tourmentée, allait s'éteindre au milieu du délaissement et des traverses, je goûtai à cet essor vers un monde meilleur ces rassasiements consolateurs que la religion a seule le pouvoir de nous assurer.

Quand j'eus achevé, Rosa, tranquille et remplie de sérénité, parla ainsi : « Les sentiments que vous venez d'exprimer, monsieur Bernier, sont les seuls qui habitent mon cœur à cette heure suprême; mais il m'appartient d'y ajouter devant vous et devant ces personnes amies, que j'ai une sincère repentance de tous les péchés que j'ai commis, et le plus douloureux remords de la grande faute que j'ai faite devant Dieu et devant les hommes en conspirant contre l'autorité et les droits paternels pour me marier secrètement.... J'en demande pardon à Dieu et j'implore sa miséricorde.... »

Ici Rosa s'arrêta, comme épuisée par cet effort, mais en faisant signe qu'elle n'avait pas achevé de dire. Au bout de quelques instants elle reprit : « J'ai eu une amie incomparable, une jeunesse heureuse, et il y a à peine quatre mois et demi qu'ont commencé les châtiments de ma faute. Ces châtiments, il a plu à la volonté de Dieu, non-seulement de les adoucir et de les sanctifier en me donnant M. Bernier pour protecteur, pour guide et pour ami, mais encore de les diriger de telle sorte qu'aujourd'hui je quitte la vie, sinon avec joie, du moins sans regret. Ludwig ou bien m'a précédée dans le ciel, ou bien m'a oubliée. Mes parents, qui me refusent leur pardon à cette heure, me l'accorderont sitôt que je ne serai plus. Je délie par ma mort ma fidèle Gertrude d'une destinée qui aurait inévitablement faussé et entravé la sienne. Enfin, ce qui m'avait un instant enivrée de nouveau de la plus puissante joie, mon enfant, avant même d'être né, il a cessé de vivre. Ainsi, chères personnes qui gémissez ici sur mon sort, si vous avez quelque confiance dans ces aveux que je fais sur le seuil du sépulcre, conservez-moi les regrets de l'affection et les priviléges du ressouvenir, mais cessez de pleurer sur ce qui m'arrive, et bien plutôt bénissez Dieu avec moi de ce qu'il me retire à lui satisfaite d'avoir vécu, rassasiée de ce monde, certaine de sa miséricorde et comptant sur ses promesses. »

Après avoir ainsi parlé, Rosa fit signe au chirurgien et à la famille Miller d'approcher, et, quand elle eut reçu de chacun d'eux un baiser, elle les congédia pour ne garder dans la chambre que Gertrude et moi. Cependant, comme j'aperçus, au relâchement de sa main qui n'avait pas cessé de tenir la mienne, qu'elle commençait à s'endormir, je me dégageai doucement de son étreinte et j'allai m'asseoir vers la fenêtre auprès de la pauvre Gertrude.

Au bout de deux heures de temps environ, quelque mouvement de Rosa nous fit accourir auprès d'elle : elle venait en effet de se réveiller. En nous voyant, un souffle de sourire voltigea sur ses lèvres, et, selon son habitude, elle chercha nos mains pour les caresser; puis, d'une voix qu'on entendait à peine : « J'aimerais, me dit-elle, prendre congé de votre fils aussi. » Je l'appelai, il parut : « Vous êtes, lui dit Rosa, le digne rejeton de votre bon père, et je vous dois, comme à lui, toute sorte de reconnaissance. Si ma pâleur ne vous rebute point, donnez-moi le dernier baiser. »

Après cet effort, Rosa ferma de nouveau les yeux sans lâcher nos mains, et elle s'endormit tranquillement. Au bout d'une demi-heure, comme son souffle ne s'entendait plus et que ses mains nous semblaient se refroidir, Gertrude se pencha sur elle pour la prendre dans ses bras et la réchauffer de sa chaleur; mais presque aussitôt, ayant poussé un grand cri, elle demeura inanimée auprès de son amie. Rosa avait cessé de vivre.

C'est ainsi que, par une dispensation de la Providence, ce fut le jour même où elle avait dû partir pour rejoindre une famille qui la repoussait durement, que Rosa prit son vol pour retourner sanctifiée dans le sein de Dieu. Certes, de ces deux départs, le dernier était bien préférable ; aussi fut-ce dans cette circonstance où brillait la sollicitude d'en haut que je puisai un premier allégement à la douleur qui venait d'accabler mon âme.

LIV

Quand Gertrude fut revenue à elle-même, j'essayai de lui parler de cette mort si sereine, de cette délivrance si secourable, de ce propos qu'elle avait elle-même fait entendre : « Il vaut mieux qu'elle meure ! » Mais c'était trop tôt encore; ces paroles la blessaient, et elle les repoussait du geste. Couchée auprès de son amie qu'elle n'avait pas cessé de serrer dans ses bras, tantôt, comme si Rosa eût été vivante encore, elle lui souriait, elle lui parlait, elle lui prodiguait tous les témoignagnes d'une incomparable tendresse; tantôt, après l'avoir en vain appelée par les noms les plus chéris, elle retombait dans les transports d'une délirante affliction, pour demeurer bientôt oppressée, gémissante, ou bien en proie à une morne stupeur.

« Gertrude, lui dis-je enfin dans l'intention de la retirer de cet état en lui proposant des soins à remplir, il est, vous le savez, de funèbres usages auxquels il faut satisfaire; trouvez-vous bon que je fasse venir, pour vous aider, la femme Miller ?

— Non ! non ! je vous en supplie, répondit-elle avec effroi. Moi seule je plierai le corps, moi seule je veillerai auprès de lui, moi seule j'accomplirai les derniers et secrets désirs de ma chaste amie! »

Je quittai alors Gertrude pour aller choisir parmi le linge de ma maison ce que j'y trouverais de plus fin et de mieux approprié à l'emploi qu'elle en voulait faire, et je retournai ensuite auprès d'elle. Durant cette courte absence elle avait défait la coiffure de Rosa, en sorte que le lit était inondé des flots de sa longue chevelure, et je remarquai aussi que l'alliance avait disparu de sa main. Sans me rien dire, Gertrude prit le linceul; puis après qu'elle m'eut tendrement entraîné vers le lit pour que je fisse encore une caresse à son amie, elle me pria de la laisser seule, en m'avertissant de frapper d'une certaine manière quand je voudrais rentrer dans la chambre, et en me priant de faire en sorte que personne d'autre ne vînt à s'y présenter.

Quand j'eus quitté Gertrude, je me retirai auprès de mon fils, et vers le soir nous reçûmes la visite du joaillier Durand. Ce brave homme, tout pénétré de l'affliction que j'avais dû ressentir, venait me marquer qu'il y entrait en part bien sincèrement, et il ajouta que comme, dans l'état de délaissement où était morte Rosa, je pouvais désirer qu'à défaut de parents qui pussent accompagner son convoi quelques personnes se présentassent pour en tenir lieu, il avait voulu être des premiers à m'offrir ses services à cet effet. Je lui témoignai combien sa démarche, sans me surprendre, me causait de contentement, et tout aussitôt nous abordâmes le sujet auquel cette démarche elle-même conduisait tout naturellement. Il se trouva que mon fils avait déjà pourvu à tout le matériel de l'ensevelissement; et, comme il fit remarquer que Miller avait eu l'obligeance, cette après-midi même, de quitter son ouvrage pour se rendre avec lui auprès de l'officier civil, afin d'y servir de témoin pour faire dresser les pièces relatives au décès de Rosa, nous convînmes ensemble qu'il lui serait fait la proposition de marcher avec nous trois en rang de parent le jour du convoi, et que, s'il acceptait, nous bornerions là nos démarches à cet égard. « Aussi bien, ajoutai-je, ce modeste cortége sera composé des quatre seuls hommes qui aient, à des titres divers, marqué de l'intérêt à la pauvre Rosa pendant son exil à Genève, et je ne pense pas qu'il fût agréable à son amie de le voir se grossir de personnes indifférentes. »

Ceci réglé, j'entretins M. Durand et mon fils des circonstances à la fois touchantes et consolatrices qui avaient signalé les derniers moments de Rosa, et, quand je fus arrivé à ce reconnaissant mouvement qui l'avait portée à faire appeler mon fils, celui-ci m'ôta la parole pour déclarer avec larmes que jamais témoignage plus beau ne l'avait enflammé du désir de s'en rendre digne, et que cette distinction que Rosa lui avait faite, en réclamant de son amitié le baiser d'éternel adieu avait pour lui un charme et une valeur contre lesquels venaient échouer sa tristesse et se briser son affliction elle-même.

Quand M. Durand nous eut quittés, nous vîmes arriver Miller et sa femme. Tous les deux ils venaient pour pleurer avec nous et pour me marquer le remords qu'ils ne cessaient d'éprouver de ce que, le soir de notre retour de Versoix, ils s'étaient montrés si durs et si offensants pour cette angélique jeune dame. « Pour ceci, leur dis-je, je vous l'ai depuis longtemps pardonné ; car dès le lendemain j'ai su sous l'empire de quelles apparences vous aviez dû agir ainsi que vous l'avez fait. Aussi, pour vous donner à la fois la preuve que je ne conserve aucun sentiment de rancune à cet égard, et l'occasion d'effacer jusqu'à la trace de votre offense d'alors par un témoignage d'affectueuse estime, je vous demande, Miller, de marcher, vous quatrième, avec M. Durand, mon fils et moi, en rang de parent au convoi de Rosa. »

A cette proposition, Miller montra une vive satisfaction, et il me remercia avec chaleur d'avoir bien voulu l'honorer au point de songer à lui dans cette occasion.

Vers dix heures, j'allai moi-même porter à Gertrude quelque nourriture et de la lumière. Je la trouvai assise auprès du lit, qui pleurait silencieusement, et en la revoyant je ne pus que m'abandonner au cours de ma propre douleur. Cependant, ayant jeté les yeux sur Rosa, dont la physionomie, d'ailleurs aussi blanche que le linceul dans lequel elle était pliée, avait une ineffable expression de douceur sereine et de religieux contentement : « Chère enfant, dis-je en m'inclinant pour imprimer mes lèvres sur son front glacé, que votre visage montre bien que vous êtes morte au Seigneur et entrée maintenant dans sa paix ! Hélas ! quand je vous affligeais naguère de mes remontrances, j'ignorais étrangement quelle âme était la vôtre, et qu'au sein même de votre faute vous étiez encore toute parée de la plus sainte innocence, comme sous cet air de fragilité vous étiez toute forte de la plus chrétienne piété ! » Puis, m'adressant à Gertrude : « Ma bien-aimée, ma fille chérie (c'est vous, je ne l'ai point oublié, qui, l'autre jour, me disiez l'être de cœur), sachons mêler à nos larmes de douleur celles de consolation et de joie, puisque voici notre Rosa délivrée, heureuse et désormais sous une garde qui ne lui faudra plus. Car viennent à présent les outrages des méchants, viennent surtout les révélations redoutables, les découvertes d'opprobre ignoré, de flétrissure imméritée ; l'y voilà soustraite à toujours par la manifeste sollicitude de celui qui veillait sur cet ange. Ah ! non, Gertrude, au nom de Rosa elle-même, point d'amertume, point de murmure ; et, si nous voulons n'être pas indignes de l'exemple qu'elle nous a donné, que la tristesse seule, mais tempérée par la gratitude, trouve place dans nos cœurs ! »

Gertrude était trop profondément ébranlée pour pouvoir me témoigner par son discours qu'elle acquiesçait à ces paroles ; mais, usant du tour qui était mieux à sa portée, elle avait suspendu ses pleurs pour les écouter, et l'abandon avec lequel elle se livrait à mes tendres caresses m'était un signe qu'elle s'associait à mes sentiments.

Quand nous fûmes demeurés quelque temps en silence, j'appris à Gertrude que sa séparation d'avec la dépouille mortelle de son amie aurait lieu le surlendemain, jeudi, vers le milieu du jour, et qu'à ce moment-là je ferais, selon l'usage qui est pratiqué dans notre Église, un petit service funèbre en présence des personnes, d'ailleurs bien peu nombreuses, conviées à l'enterrement ; qu'au surplus, il lui faudrait permettre que dès le lendemain matin, Rosa pût être déposée dans sa dernière demeure, et que, pour cette triste opération, l'aide de quelqu'un lui serait absolument nécessaire. Alors Gertrude me nomma la femme Miller comme étant la personne de qui elle accepterait le plus volontiers les services ; puis, passant à un autre objet : « Un vœu de ma Rosa qui doit être religieusement accompli, dit-elle, c'est qu'en aucun temps sa mère n'apprenne, par qui que ce soit, que c'est la lettre qu'elle lui a écrite qui a été l'occasion de son accident et la cause de sa mort. Je vous conjure donc, mon cher monsieur Bernier, puisque sûrement vous ne tarderez pas à écrire aux parents de Rosa, d'imaginer à ce sujet telle manière de présenter les choses qui écarte de leur esprit jusqu'au soupçon même de la vérité. Que si vous répugnez à vous faire en ce point l'exécuteur du vœu de Rosa, alors confiez-m'en le soin, et j'écrirai dès cette nuit.

— N'ayez crainte, lui répondis-je ; je serai en ce point, comme dans les autres, l'exécuteur fidèle du vœu tout filial de Rosa, et il ne tiendra pas à moi que cette malheureuse mère n'ignore à tout jamais qu'elle a, sans le savoir et en croyant n'être que tendre, immolé son enfant. »

Alors Gertrude, relevant ces dernières paroles : « Hélas ! me dit-elle, absolvons cette mère infortunée, qui, tout en sachant, elle, ce que nous ne faisons, nous, qu'entrevoir à peine, l'irrémédiable flétrissure de sa fille, lui pardonne néanmoins autant qu'elle l'ose, et en bravant pour cela l'inexorable tyrannie d'un époux sans entrailles, le crime honteux dont elle la croit complice.... » Puis avec un soudain accent de haine vengeresse : « Réservons nos malédictions pour celui... »

Ici l'indignation, le dégoût, des images de souillure, des suffocations d'horreur et de saisissement, l'empêchèrent de poursuivre, et je lui dis : « Gertrude, détournons nos pensers de cet homme, ou bien ils troubleraient de ressouvenirs odieux cette douce sérénité des derniers moments de Rosa. Qu'importe maintenant à notre amie qu'un monstre ait flétri cette dépouille faite pour la terre, puisque l'âme immortelle qu'elle recélait est montée au ciel pure comme les plus pures et chaste comme les plus chastes ? »

Ces paroles parurent descendre sur le cœur douloureusement aigri de Gertrude, comme fait un baume salutaire sur une cuisante blessure, en sorte qu'accédant avec un visible soulagement à l'avis que je venais de lui faire entendre, elle prit l'alliance sur la table, et elle dit en me la remettant : « Prenez ceci, promettez-moi de le détruire; et plus jamais, j'en éprouve comme vous le besoin, plus jamais ni le nom de cet homme, ni aucun discours dont il soit l'objet, ne souillera de nouveau mes lèvres ! »

Vers onze heures, après avoir prévenu Gertrude que mon fils entendait veiller lui-même dans la chambre à manger, afin d'être à portée de la servir et aussi afin qu'elle n'eût pas à ressentir l'impression d'une solitude absolue, je la quittai pour aller prendre quelque repos.

LV

Au petit jour j'appelai mon fils pour qu'il vînt me donner des nouvelles de Gertrude. Il m'apprit que, vers deux heures, Gertrude, vaincue par la lassitude et craignant que le sommeil ne vînt la surprendre, avait entr'ouvert la porte pour le prier de se tenir auprès d'elle durant quelques instants, et que, s'étant à dessein abstenu de lui parler après qu'il s'était trouvé dans la chambre, elle n'avait pas tardé à s'endormir dans la bergère; qu'environ une demi-heure après, Gertrude s'étant réveillée en sursaut, comme par l'effet d'un rêve pénible, elle avait passé d'une sorte d'égarement douloureux à l'effusion d'un bouillant désespoir, et qu'alors seulement il s'était approché pour tâcher de la consoler en lui parlant soit de la triste destinée qui aurait attendu Rosa dans ce monde, soit du bonheur dont elle jouissait actuellement dans le ciel; qu'ensuite ils avaient continué de s'entretenir ensemble jusque environ les premiers avant-coureurs de l'aube; qu'alors, avant qu'il se retirât, Gertrude l'avait conduit auprès du lit pour qu'il vît une dernière fois son amie et pour qu'il jouît avec elle de l'air de douce sérénité qui était répandu sur ses traits.

Dès que je fus levé, je m'occupai d'écrire aux parents de Rosa pour leur annoncer la triste nouvelle de la mort de leur enfant. Tout en leur présentant cette mort et les causes qui l'avaient précipitée comme l'effet d'un accident fortuit, je saisis cette occasion de leur apprendre que Rosa ne m'avait jamais abusé en quoi que ce fût de ce qui la concernait; que si, à la vérité, j'avais été dans le cas d'obtenir tout récemment des demi-révélations qui me portaient à douter de la validité de son mariage, elle avait, quant à elle, quitté ce monde sans avoir, grâce à Dieu, abordé un seul de ces doutes, et que, bien au contraire, d'elle-même et sans aucune hésitation, elle avait interprété les expressions sévères qui se trouvaient dans les lettres de sa famille comme se rapportant exclusivement à la faute qu'elle n'avait cessé de se reprocher, celle d'avoir pu se marier secrètement et sans leur participation. A ces observations j'ajoutais des détails sur les circonstances de sa mort et sur l'édifiante et chrétienne résignation de ses derniers moments, puis je terminais par des consolations plus particulièrement à l'usage de sa pauvre mère. Quand j'eus terminé cette lettre, j'allai la faire lire à Gertrude, qui en approuva entièrement le tour, en sorte que j'envoyai mon fils la jeter dans la boîte.

Cependant le bruit de la mort de Rosa s'était répandu avec une grande rapidité dans le voisinage, et à la malice des caquets avaient succédé soudainement l'intérêt, la pitié et une curiosité remplie de décente bienveillance. Aussi, dès le matin de ce jour, j'eus à recevoir visite sur visite de mes principaux paroissiens, et à écouter avec embarras, de la part de ceux-là même qui l'avaient blâmée naguère, l'éloge fait sans tempérament de ma charité envers la pauvre Rosa. Comme je suis habitué à ces retours irréfléchis d'enthousiaste sympathie, je n'y pris garde que pour m'humilier devant le Seigneur à propos de tant de louanges frivoles et de témoignages immérités. Mais j'eus bien de la douceur à recevoir la visite de quelques humbles de mon troupeau, de ceux-là qui, exempts d'engouement comme ils sont exempts de malice, traitent leur pasteur comme un ouvrier de la vigne, sans plus, et savent lui marquer avec simplicité la confiance dans son effort et le bon espoir dans ses intentions. L'oncle de cette jeune fille qui m'avait suivi en sanglotant quand j'étais sorti de chez Marie vint aussi. J'appris de lui que sa nièce, après avoir rompu fidèlement avec les vicieux, commençait à se nettoyer un peu de réputation, et qu'avant un ou deux mois il comptait pouvoir l'associer à ses autres ouvrières, sans que celles-ci s'en trouvassent scandalisées. Je lui exprimai ma satisfaction à ce sujet, et je l'engageai à m'envoyer cette enfant toutes les semaines une fois, pour que je pusse entrer en part avec lui dans sa bonne œuvre. Enfin je vis arriver dans l'après-midi la bonne dame de Versoix, et, en me ressouvenant de son humanité si spontanée et si généreuse envers la pauvre Rosa, je goûtai une vive consolation à confondre mes larmes avec les siennes. Gertrude, que je fis prévenir de la présence de cette dame dans la maison, voulut aussi la voir; et quand je l'eus introduite auprès d'elle, elle la conduisit vers la bière, qu'elle laissait entr'ouverte, pour lui laisser cueillir un baiser sur le visage de son amie.

Dans cette même journée, par une de ces coïncidences qui sont si communes au milieu des vicissitudes de ce monde, les valises de ces dames arrivèrent. Elles étaient à mon adresse et expédiées de Zurich. Je les fis aussitôt transporter dans la chambre de Gertrude, présumant qu'il valait mieux brusquer l'impression qu'elle ressentirait de cette restitution en la faisant se confondre avec d'autres encore plus douloureuses, que de l'ajourner à des temps où elle viendrait rompre le calme difficilement obtenu d'une situation moins à plaindre. Dès que Gertrude les eut en sa possession, elle en ouvrit une pour y chercher le portrait de la mère de Rosa, et, dès qu'elle l'eut trouvé, elle me pria de faire enlever ces valises, dont la vue lui faisait horreur, et de disposer, en faveur des pauvres de ma paroisse, de tous les objets qu'elles recélaient, puisque de sa vie elle ne voulait ni en porter ni en revoir aucun. Elle se dirigea ensuite vers la bière, et elle ajusta le portrait sur le cœur de Rosa, m'avouant qu'elle goûtait quelque douceur à se former, au moyen de ces vains symboles, l'image du rapprochement qui avait été si vivement désiré par son amie. « Je les unis dans le sépulcre, ajouta-t-elle pendant que les larmes ruisselaient sur ses joues, et je ne passerai pas un jour sans prier Dieu qu'il les unisse plus tard dans le ciel ! »

Vers le soir, on vint m'annoncer que la fille

Marie était à l'extrémité, et que, si je voulais lui prêter mon ministère dans ses derniers moments, je ne devais pas tarder à me rendre chez elle. A cet appel, je m'y acheminai sur l'heure. Dès que je fus entré dans la chambre, les femmes, cette fois, s'éloignèrent sans que je leur en eusse donné l'ordre, et je me trouvai seul à seul avec la mourante. « Eh bien! lui dis-je, mon enfant, l'instance du mal et l'approche de la mort ont-elles enfin subjugué ton âme et forcé ton cœur à faire le compte de ses voies? »

Elle ne répondit à ces questions que par un murmure d'angoisses et des gestes d'égarement; puis, comme j'étais debout auprès du chevet, elle se saisit de mon bras pour s'y cramponner avec effroi. Je voulus essayer de la calmer en priant pour elle; mais dès les premiers mots elle m'interrompit en s'écriant : « Est-il vrai que Rosa soit morte?

— Oui, » lui dis-je.

Alors elle poussa d'horribles cris qui attirèrent de nouveau les femmes dans la chambre, et j'assistai en commun avec elles au spectacle le plus lugubre qui puisse se rencontrer sur la terre, à celui de la créature rebelle et pécheresse qui se débat sans préparation et sans espoir contre le roi des épouvantes.

Cependant, les cris de Marie s'affaiblissant de plus en plus pour se perdre bientôt dans un rauque râlement, et comme je connus qu'elle était près d'expirer : « Mon enfant, lui dis-je, emploie les minutes qui te restent à implorer ton pardon au nom de notre Sauveur Jésus-Christ. »

Mais, sans répondre à cet appel, elle murmura : « Judith ! Judith ! » et une des femmes s'élança : « Tu lui remettras.... »

Ici la voix de Marie expira sur ses lèvres, et elle perdit presque aussitôt connaissance. « Qu'est-ce, dis-je à cette femme, que tu as à me remettre ? »

Elle me conduisit alors dans une chambre voisine, où elle me fit voir les valises du jeune monsieur, qu'il y avait fait déposer précipitamment à l'occasion de sa dernière alerte ; puis, ayant retiré d'une armoire une petite cassette, elle la déposa entre mes mains en disant : « Voici ce que Marie m'a dit hier au soir de vous remettre, dans le cas où il serait constant que la jeune dame est morte. »

Je pris cette cassette et je l'emportai chez moi; des visites m'y attendaient, quelques-uns de mes paroissiens entre autres, qui venaient pour s'informer de l'heure exacte de l'enterrement, parce que c'était l'intention des hommes du quartier, me dirent-ils, de faire cortége à la jeune dame, tant par respect pour sa mémoire que par considération pour moi. Je les remerciai de leur démarche, et je leur répondis que le convoi partirait de mon logis à l'heure précise de midi.

Quand je me trouvai libre, j'ouvris la cassette : elle contenait des liasses de lettres. A peine j'en eus parcouru des yeux quelques-unes, que tout le mystère de la destinée de Rosa m'était dévoilé. Je frémis d'horreur, et je rendis grâce à Dieu du fond de mon cœur de ce qu'il l'avait prise à lui. Puis je refermai la cassette et la déposai en lieu sûr, remettant à d'autres temps de faire le dépouillement de ces lettres pour y suivre à la trace, et en quelque sorte jour par jour, le fil d'artifice et de scélératesse qui, après avoir enlacé et perdu Rosa, avait failli s'enrouler aussi autour de Gertrude pour l'entraîner violemment dans l'abîme.

LVI

Le lendemain, je me rendis dans la chambre de Gertrude, à qui je voulais consacrer les premières heures de la matinée. La bière avait été scellée, et Gertrude se tenait assise auprès, vêtue de ses habits de deuil qu'on lui avait apportés la veille. Après qu'en me revoyant elle eut donné cours à un premier mouvement d'attendrissement, elle y fit trêve pour me dire qu'elle s'était promis de contenir sa douleur durant cette funèbre journée. Puis elle ouvrit un tiroir où ayant pris une lettre pliée, elle me la remit en disant : « Ceci a été écrit de ma main dans la nuit du lundi au mardi, sous la dictée de Rosa ; si je n'ai pas détruit ce papier, comme j'ai fait l'alliance, c'est que les lignes que vous y lirez constatent de quelle ardeur Rosa a aimé celui qui l'a immolée, tout comme elles sont pour nous le gage qu'elle est descendue dans la tombe convaincue de sa tendresse et de sa félicité. »

Je pris la lettre pour la lire plus tard, tandis que Gertrude poursuivant : « Cette lettre devait, dans l'intention de Rosa, être accompagnée d'une mèche de ses cheveux que j'ai coupés en effet; mais voici comment j'ai cru devoir en disposer. Ce faisceau pour vous et pour votre fils, mon cher monsieur Bernier; celui-ci, pas plus gros, pas moindre, pour moi; cet autre pour sa mère. »

En revoyant ces beaux cheveux blonds, naguère le naturel ornement du plus aimable visage, aujourd'hui tristes dépouilles prélevées sur le sépulcre, je ne pus maîtriser mon émotion, et ce fut à Gertrude cette fois de me venir en aide par son bon exemple autant que par ses caressantes consolations.

Cependant, vers onze heures, déjà beaucoup de personnes commençaient à s'attrouper aux abords de la maison, et de moments en moments il arrivait de diverses rues de ma paroisse des hommes décemment vêtus, qui se rassemblaient pour former le cortége. Dans le désir de ne pas prolonger le spectacle ostentieux de cette manifestation d'ailleurs estimable, et comme Miller et Durand étaient déjà arrivés à mon domicile, je résolus de presser les temps et d'avancer un peu heure du départ. Ayant donc fait entrer dans la chambre les deux personnes que je viens de nommer, puis mon fils, la dame de Versoix qui m'avait fait demander la permission d'assister Gertrude dans ce moment pénible, la femme Miller et la vieille, ils s'y disposèrent en cercle, à quelque distance de la bière, après quoi, debout et appuyé sur le dossier d'une chaise, je lus d'abord dans les termes suivants les passages de l'Écriture par lesquels s'ouvre, dans notre Église, le service des morts :

« L'homme, né de femme, est de courte durée et plein d'ennui. Il sort comme une fleur, puis on le coupe, et il s'enfuit comme une ombre qui ne s'arrête point.

« Éternel, tu as réduit mes jours à la mesure de quatre doigts, et le temps de ma vie est devant toi comme rien. Certainement tout homme qui subsiste n'est que vanité ! Vanité des vanités, tout ici-bas est vanité. Quel avantage a l'homme de tout le travail qu'il fait sous le soleil ?

« J'ai vu le méchant terrible et verdoyant comme un laurier vert : mais j'ai passé, et voilà, il n'était plus ; je l'ai cherché, et il ne s'est point trouvé.

« Tu réduis l'homme mortel en poussière et tu dis : « Fils de l'homme, retourne en terre. » Car mille ans sont devant tes yeux comme le jour d'hier qui est passé ou comme une veille dans la nuit, et tu les emportes comme une ravine d'eau.

« Les jours de nos années reviennent à soixante

et dix, et, s'il y en a de vigoureux, à quatre-vingts ans, et le plus beau de ces jours n'est que travail et tourments.

« Toute chair est comme l'herbe, et la gloire de l'homme est comme la fleur de l'herbe. L'herbe s'est séchée et sa fleur est tombée, mais la parole de notre Dieu vit éternellement. »

Après que j'eus achevé cette lecture : « Telles sont, ajoutai-je, les images frappantes de vérité et émouvantes de mélancolie par lesquelles les saintes Écritures nous peignent à la fois et la brièveté de nos jours, et l'inévitable misère de notre courte existence, et cette parole immuable, seule planche de salut au milieu d'un océan de douleurs. N'y goûtez-vous point avec moi, mes chers frères, comme un rassasiement de vérité et de consolation aussi, à cette heure surtout où, divertis pour quelques instants de nos soins et de nos occupations terrestres, nous sommes tout entiers attentifs à la destinée d'une jeune dame qui, surprise au milieu de ses dix-neuf ans, s'est trouvée néanmoins ferme contre les aiguillons de la mort, souriante à l'appel de Dieu, et prête à comparaître devant lui? Ah! c'est bien ici, sans doute, la fleur qui est tombée, mais qui est tombée dans le champ de vie et pour y refleurir éternellement!

« Aussi, mes chers frères, même à côté de cette

bière lugubre, même en face de la tendre amie de la défunte et au risque de froisser ma propre douleur, car j'ai chéri cette jeune dame comme j'aurais fait mon enfant, je ne veux ni m'affliger ni me plaindre, mais bien plutôt me réjouir de ce que voici maintenant et à tout jamais Rosa sortie de cette vallée de larmes, réconciliée avec son Dieu et habitante immortelle du bienheureux séjour! Nous l'avons perdue, il est vrai; mais il est vrai aussi que, si nous voulons maîtriser les murmures de la chair pour regarder par les yeux de l'âme, non-seulement nous serons forcés d'applaudir aux voies de celui qui l'a rappelée à lui, mais nous serons aussi bien plus jaloux désormais de nous apprêter à mourir comme elle, afin de posséder dès aujourd'hui l'espérance et la paix, que désolés de ce qu'elle n'est plus ou craintifs d'avoir à la suivre dans peu de temps.

« Inspire-nous toi-même ces dispositions, ô mon Dieu, car ce sont celles-là seulement qui conviennent à l'homme né de femme, de qui la durée est si courte et que la mort n'avertit point. Que cette affliction ne nous ait pas trouvés sourds, ni cette épreuve indociles; qu'en particulier celle d'entre nous qui fait ici la plus grande perte selon le monde y fasse aussi le plus grand gain selon ta parole, en se sanctifiant du souvenir de son amie et en marchant d'un pas ferme dans la voie qu'elle lui a tracée! Amen. »

Quand j'eus achevé ce discours, tous nous nous approchâmes de Gertrude pour lui donner des marques de notre affectueuse sympathie ; puis l'ayant laissée avec la femme Miller, la vieille et la bonne dame de Versoix, nous accompagnâmes la bière, que les porteurs venaient d'enlever. Mon fils et moi nous marchions les premiers; Durand et Miller venaient après, et, quand nous fûmes sortis de l'allée, le cortége se forma à notre suite. J'y distinguai avec gratitude le commissaire de police, beaucoup de pasteurs de mes collègues et la presque universalité de mes paroissiens. Toute cette foule se disposa en longue colonne avec autant de décence que de bon ordre, et les derniers rangs circulaient encore dans l'ombre des rues, que nous marchions déjà hors des portes de la ville, et sous les feux d'un soleil ardent, vers cette dernière allée de hêtres jaunis qui mène au champ du repos. Au retour, tout ce cortége défila devant nous quatre, après quoi nous remontâmes auprès de la pauvre Gertrude, et, au bout d'une demi-heure, Durand et Miller prirent congé pour retourner à leurs affaires.

LVII

Quand ce fut l'heure pour la dame de Versoix de se retirer aussi, elle me supplia, en faisant valoir à cet effet des motifs bien plausibles, de permettre que Gertrude vînt passer quelques jours à sa campagne, auprès d'elle, et dans une retraite aussi profonde qu'elle pourrait le désirer. Je n'y fis, quant à moi, d'autre objection que celle du chagrin que j'aurais à me séparer de Gertrude ; mais celle-ci, tout en marquant à cette bonne dame sa vive gratitude, lui fit comprendre combien il lui était impossible d'accéder à sa généreuse proposition. Avant bien des jours elle ne voulait ni sortir ni se distraire du souvenir encore si présent de son amie, et toute idée de quitter la chambre où elles avaient vécu ensemble, ou les personnes qui étaient devenues leur commune famille, lui était pour le moment insupportable. « Ne m'en voulez point, chère madame, ajouta-t-elle, et croyez que, si des jours meilleurs doivent revenir, vous serez, après M. Bernier et son fils, la personne que j'irai revoir avec le plus de douceur ; car, comme eux, vous avez aimé ma Rosa, et point de scandale, point de calomnie n'a eu le pouvoir de refroidir envers elle votre bon cœur. »

Là-dessus Gertrude et la dame s'embrassèrent tendrement, et celle-ci, ayant accepté le bras de mon fils pour descendre notre escalier, qui est obscur et malaisé, se trouva bientôt dans la rue, où sa voiture l'attendait.

A propos de ce qu'avait dit Gertrude, et pour lui garantir l'accomplissement du vœu qu'elle venait d'exprimer indirectement, je l'avertis qu'en effet, jusqu'à son départ, elle n'aurait point d'autre habitation que cette même chambre où son amie avait passé les dernières semaines de sa vie. Mais, au lieu de paraître satisfaite de cette assurance, Gertrude, se prenant à ce mot de départ, témoigna toute sorte d'affliction : « Moi partir ! dit-elle, moi quitter ces lieux ! Ah ! conjurez, conjurez, mon bon monsieur Bernier, cette obligation cruelle dont la seule pensée me glace d'épouvante ! Où puis-je maintenant, ailleurs qu'ici et auprès de vous, goûter un calme qui ne soit pas rempli d'amertume, dépouillé de ressouvenir, affreux d'isolement ? .. Ne puis-je obtenir une pension comme celle que l'on faisait à Rosa, pour le moment du moins, et, pour aussi longtemps que vous vivrez, vous appartenir encore ?... Ne puis-je me faire votre fille, votre ménagère, et, contre la seule douceur de ne quitter plus celui qui a été notre tendre père, m'efforcer, pour satisfaire à la mémoire de ma Rosa et pour contenter mon cœur, de soulager votre vie et d'embellir vos vieux jours ? »

A ces supplications si ingénues et si tendres, je me trouvais bien dangereusement séduit ! Néanmoins, tout en essuyant mes larmes, je protestais au moins par mon silence contre ces demandes qui auraient pour résultat, si j'y accédais, de me rendre maître et possesseur de cette enfant au préjudice des droits sacrés de ses propres parents et en contravention avec ce cinquième commandement dont j'avais naguère proclamé auprès de Gertrude la sainte et irréfragable autorité.

« Attendons l'avenir, lui dis-je enfin, au lieu d'en disposer à l'avance ; aussi bien ne sommes-nous point en état à cette heure de rien décider avec calme ni peut-être avec sagesse. Qui vous dit que vous n'éprouverez pas bientôt le désir de revoir votre vraie famille et d'aller consoler celle de Rosa ?... Ne songeons donc qu'au présent qui nous rapproche, et, pour le reste, n'anticipons ni sur les temps ni sur des volonté que nous ne connaissons pas encore. »

Il avait fallu que je fisse effort sur ma conscience pour pouvoir parler en des termes si vagues de devoirs pourtant rigoureux, et néanmoins je vis bien que ces termes n'étaient que trop clairs et trop fermes encore pour la pauvre Gertrude, en sorte qu'à partir de ce moment sa douleur, déjà si à plaindre, se mélangea d'un morne découragement dont le motif était la crainte d'avoir à quitter prochainement ma maison.

Comme j'étais encore auprès d'elle, la vieille entra pour me remettre un petit paquet à mon adresse, que je m'empressai de décacheter. C'étaient les chaînes. En les voyant, Gertrude éprouva ce trouble des ressouvenirs doux et cruels qui viennent à se heurter soudainement, et, en ayant saisi une pendant que je lisais le billet qui accompagnait l'envoi, elle le considérait d'un regard attendri.

« Gertrude, lui dis-je, j'avais été contraint, à mon bien grand regret, de vendre ces chaînes pour en faire servir le prix à désintéresser ces marchands qui avaient chargé un huissier de vous poursuivre, et voici qu'elles me reviennent!... Vous allez donc, ma chère enfant, garder celle que vous tenez; pour celle-ci, elle restera entre nos mains, et ainsi se sera retrouvé l'emblème de cette amitié qui nous unit entre nous et à Rosa. »

Alors je lui fis part du billet de M. Durand. Ce digne homme y disait, en termes aussi délicats que son procédé était généreux, qu'il lui avait toujours répugné de se défaire de ces chaînes, et qu'il connaîtrait la mesure de mon affection pour lui, si je voulais bien les reprendre sans façon à titre de petit présent de sa part. Je ne pus achever de lire ce billet sans que ma voix se cassât d'émotion, et Gertrude elle-même éprouvait les mouvements d'une bien vive gratitude. Alors elle me dit que le matin déjà elle avait remarqué dans la physionomie de M. Durand des signes attachants de tristesse décente et de naturelle sensibilité; et, quand je lui eus fait connaître à la fois les procédés de même sorte dont, à leur insu, elle et Rosa avaient déjà été l'objet de sa part, et tout le cas que je faisais d'ailleurs du noble caractère, du droit jugement et du cœur charitable de M. Durand, elle me marqua l'envie de le revoir et de lui exprimer elle-même les sentiments dont elle était pénétrée à son égard. Au premier jour, répondis-je, ce soir même, mon enfant, car nous lui devons cette distinction, je le ferai prier de nous donner la soirée. »

Gertrude m'exprima ensuite le désir qu'elle aurait de faire placer un marbre sur la tombe de son amie, soit parce qu'elle goûterait du contentement à lui avoir rendu quelque hommage de cette sorte, soit parce qu'elle désirait pouvoir toujours en reconnaître la place lorsqu'elle voudrait la visiter. Ce désir de Gertrude me causa moins de plaisir en lui-même qu'en ce qu'il me suggéra l'idée d'employer à l'érection de ce marbre les trois cents francs que la mère de Rosa m'avait adressés en les accompagnant d'une invitation qui n'avait pas laissé que de contrarier péniblement mes intentions de charitable hospitalité envers sa fille. Aussi j'accueillis avec empressement ce projet d'un modeste mausolée, et je fis remarquer à Gertrude que nous avions cette somme de trois cents francs à y consacrer. « C'est vrai, » songea-t-elle sans autre réflexion. A cette occasion, je reconnus fortuitement, mais avec un bien vif sentiment de plaisir, que telle était dans la pensée de Gertrude la nature toute paternelle et désintéressée des relations qui m'avaient uni à son amie et à elle-même, qu'elle n'avait garde de s'imaginer qu'aucune sorte de salaire dût jamais venir en altérer la pureté et en fausser le caractère. C'est ainsi que toutes choses, dans cette âme bien faite, avaient le sceau de l'élévation et le bon goût de la délicatesse native.

Le soir, M. Durand vint, en effet, partager notre petit repas, et je vis bien qu'ému de cette distinction, il goûtait là une de ces satisfactions dont le charme est si plein pour les cœurs à la fois modestes et avides de juste estime. Il est vrai que Gertrude, non moins que nous, l'accueillit en ancien ami de la maison, en telle sorte que sa présence ne changea rien à l'entretien, qui roula tout entier sur les qualités attrayantes et sur le sort regrettable de la pauvre Rosa.

LVIII

A deux jours de là, je fis avec mon fils un petit relevé des dépenses de la maison durant le dernier mois. Il se trouva que, les frais du convoi mis à part, nous n'avions excédé que de cent soixante francs environ mes petites ressources courantes, en telle sorte qu'avec un peu d'économie nous arriverions bien aisément à combler ce déficit avant la fin de l'année, surtout après que mon fils, qui travaillait alors pour ses grands examens de ministre du saint Évangile, aurait pu reprendre quelques leçons lucratives que ce surcroît d'occupation l'avait forcé de suspendre temporairement. Ainsi, à la suite de ce relevé, je roulai dans un papier cacheté les dix francs d'une part, et les cinquante francs de l'autre, que maître Durand avait éventuellement mis à ma disposition pour subvenir au dénûment de ces dames, et mon fils alla les lui reporter en lui marquant de ma part que cette somme n'ayant désormais plus l'emploi auquel nous l'avions destinée, il lui incombait de la reprendre sans plus de façon que je n'en avais fait moi-même à l'égard des chaînes.

Lorsque j'eus mis ordre à ces petites affaires, je voulus profiter de quelque loisir pour faire le dépouillement des lettres que contenait la cassette; j'allai donc la retirer de l'armoire pour l'apporter sur ma table. Mais il arriva que, tout en cherchant la clef de la cassette dans le tiroir où je l'avais placée, je vins à retrouver parmi d'autres papiers cette lettre que Gertrude avait écrite sous la dictée de Rosa dans la nuit du lundi au mardi. Bien que je trouvasse odieux et repoussant d'avoir à y lire les témoignages de tendresse qu'y prodiguait une pauvre abusée à celui-là même qui avait ourdi son déshonneur et consommé sa perte, je me décidai à vaincre cette répugnance pour y jeter les yeux, et ce ne fut pas en effet sans avoir ressenti les plus pénibles impressions que j'achevai de parcourir les lignes touchantes que l'on va lire.

« Je viens vous donner l'assurance, mon Ludwig, que, si votre intention a été d'éprouver mon amour, elle aura été pleinement accomplie. Je n'ai pas cessé de vous aimer avec adoration, et c'est sur ce sentiment qui remplit tout mon cœur que va se refermer ma tombe.

« J'ai cru, mon Ludwig, que je vous donnerais un enfant, et il y a peu de jours encore que, l'ayant senti tressaillir dans mon sein, je m'apprêtais avec enchantement à goûter les plus belles joies de notre vie. Mais Dieu me l'a ôté, et du même coup il me retire à lui. Que sa volonté soit bénie !

« Je vous recommande Gertrude, à qui je laisse le soin de vous faire connaître ce qu'a été pour votre Rosa M. le pasteur Bernier. Je vous supplie de donner la paix à ma mémoire en vous rapprochant de mes parents, en implorant leur pardon sur moi et sur vous, et en demeurant dévoué à leur affection.

« J'ai dû à votre tendresse ma plus grande félicité sur la terre, et c'est l'espoir de la voir se renouer à la mienne dans le ciel qui fait à cette heure la consolation de mes derniers moments.

« Votre Rosa. »

Quand j'eus fait cette lecture, j'ouvris la cassette, mais pour la refermer presque aussitôt et l'aller remettre à sa place. En effet, sous l'empire des sentiments que je venais d'éprouver, chaque lettre du comte soulevait en moi d'invincibles dégoûts, et il fallut que je donnasse accès à des motifs de bien sérieuse prudence pour n'aller point de ce pas anéantir au foyer de la cuisine ces abjects monuments d'une hypocrite scélératesse. Mon fils, qui rentra dans ce moment, me demanda la cause de l'agitation qu'il remarquait empreinte dans mes traits. Je lui en fis part, et ce fut à son tour d'être bouleversé dans tout son être. « Plus tard, lui dis je à ce sujet, tu parcourras ces lettres, et ce sera pour toi, mon pauvre garçon, une triste mais utile occasion de connaître le monde par quelqu'un de ses plus odieux côtés de perversité raisonnée, de libertinage réduit en principes, d'immoralité froide, cruelle, impitoyable, qui emprunte, pour arriver au rassasiement de ses ignobles convoitises, tous les dehors de la sensibilité, de la délicatesse et de la vertu! Mais, ajoutai-je, il ne convient pas qu'un jeune ministre du Seigneur connaisse trop tôt ces monstruosités d'ailleurs exceptionnelles de notre nature, puisque, faute d'avoir encore assez de maturité et d'expérience, il serait exposé à les croire plus nombreuses qu'elles ne sont, et que des défiances précoces risqueraient de fausser son jugement tout en altérant sa charité. »

Ces avis ne parurent pas faire sur mon fils une bien grande impression; non pas à la vérité en vertu de cette présomption qui est d'ordinaire naturelle aux jeunes hommes, mais parce qu'en entrevoyant pour la première fois pleinement la destinée de cette pauvre Rosa, qu'il avait aimée et servie de tout son cœur sans trop se rendre compte d'autre chose que de sa brouillerie avec ses parents et des manœuvres auxquelles elle avait été en butte de la part du jeune monsieur, il éprouvait tout ensemble des mouvements d'effroi, de haine, de pitié et de douleur. Dès qu'il en eut un peu surmonté la violence, il m'adressa des questions au sujet de Gertrude : « Gertrude, lui dis-je, est demeurée en dehors de l'irrémédiable flétrissure qui a atteint Rosa à son insu; mais cette flétrissure n'en a pas moins rejailli sur elle, et l'infortunée ne saurait de longtemps, jamais peut-être, recouvrer ce qu'elle a perdu en réputation sans tache et en avantage de situation, d'estime publique, de confiance paternelle. »

Alors mon fils, cédant à l'assaut de ses sentiments, déplora les larmes aux yeux le sort d'une jeune personne si pure, si bonne, si accomplie; et, en même temps que le feu de la plus vive rougeur envahissait son visage : « Mon père, ajouta-t-il timidement, est-ce que vous n'estimeriez pas que ce fût un bien pour vous, pour moi et pour Gertrude elle-même, si j'obtenais de son assentiment et de la libre volonté de ses parents qu'elle m'accordât sa main? »

Cette ouverture soudaine me remplit d'un si

grand trouble et heurta tellement ce que je croyais possible de la part de mon fils en fait de prétentions de ce genre, que je brusquai une réponse péremptoire. « André, lui dis-je, tu méconnais justement ta position, la mienne et celle de Gertrude; il faut que sur l'heure tu te défasses de tels pensers.

— J'y suis prêt, reprit-il; mais c'est précisément à cause de cette affection croissante que j'éprouve envers Gertrude que je n'ai pas dû vous cacher plus longtemps un vœu que vous pourriez blâmer. Toutefois considérez, mon père, qu'avant un an il se peut que je sois en état de suffire à l'entretien d'un ménage modeste; considérez que Gertrude, outre qu'elle ne peut plus prétendre aux avantages que lui assurait sa situation antérieure, aime notre simplicité et se plaît dans notre commerce; considérez enfin que jamais jeune personne, par son caractère, par ses sentiments, par sa piété, par les vertus qu'elle a manifestées au sein d'une dure épreuve, ne fut aussi digne qu'un jeune homme qui cherche dans le mariage toutes les conditions d'un saint engagement et d'une union vraiment chrétienne, aspire à l'obtenir pour épouse et à lui consacrer pour la vie ses soins et sa tendresse!

— André, lui dis-je, encore une fois, c'est aux parents de Gertrude à disposer d'elle, et ils lui voudront à coup sûr une autre destinée que celle d'être dans une ville étrangère la femme d'un humble pasteur.

— C'est possible, repartit mon fils, et à Dieu ne plaise que je veuille venir me mettre à la traverse de leurs projets! Mais je vous prie de considérer, mon père, que les parents eux-mêmes de Gertrude, de qui il ne dépend plus désormais de lui assurer tel sort qu'ils voudraient, pourront, après quelque surprise que leur aura causée ma demande, la trouver moins ambitieuse qu'il ne semble d'abord, et y voir peut-être un moyen de placer leur fille modestement, il est vrai, mais honorablement aussi, et dans une ville où elle sera moins en butte aux traits d'injuste reproche et de déconsidération imméritée. Et ne nous appartiendrait-il point d'ailleurs, à nous qui seuls aujourd'hui connaissons Gertrude mieux que le monde, mieux que ses proches, mieux que ses parents eux-mêmes, de blanchir sa renommée par cette union et d'être le refuge de sa destinée autrement sujette à de douloureux froissements ou encore à de longues et cruelles épreuves? »

Ces considérations, dont à quelques égards je ne pouvais méconnaître la justesse, et qui à d'autres avaient bien de la force pour me plaire, ne laissaient pas que d'ébranler ma résistance, en sorte que, tout en instruisant mon fils de l'excessive prudence qu'il fallait apporter de loin comme de près dans la manifestation de sentiments semblables à ceux qu'il venait de m'exprimer, je consentis à discuter avec lui tous les motifs, tous les moyens et tous les résultats probables du projet au sujet duquel il venait de me faire cette soudaine ouverture. Après quoi je lui déclarai que j'exigeais néanmoins qu'il ne fit par lui-même aucune sorte de démarche, de mouvement, de signe même touchant cette affaire, dont j'entendais garder à moi seul la tractation tout entière, s'il arrivait, contre mon attente, qu'elle dût avoir quelque suite dans un avenir d'ailleurs nécessairement éloigné. Sur tout ceci, excepté en ce qui concernait ce dernier point d'un avenir nécessairement éloigné, mon fils fut entièrement et respectueusement d'accord avec moi. « Mais, objecta-t-il, si vous parlez, mon père, d'avenir éloigné, je ne dis pas pour le mariage, ceci est de rigueur, mais pour des démarches, pour obtenir des parents de Gertrude, et de Gertrude elle-même, un assentiment, une promesse, je crains alors que vous ne compromettiez gratuitement et le sort de Gertrude, que je saurais bien faire beau et digne d'envie, et le vôtre, mon père, en même temps que le mien ! car, si je brûle d'être l'époux d'une personne aussi accomplie, pouvez-vous vous-même n'être pas possédé de celui d'en devenir véritablement le père, puisqu'elle a marqué à tant de reprises déjà que par le cœur elle est votre fille ?

— André, lui dis-je en essuyant quelques larmes dont j'avais défiance, tu insistes là sur ce qui doit être mis à néant dans tous nos motifs d'agir, et je te blâme de ce que, sachant bien le faible que j'ai pour Gertrude, tu t'en sers pour me séduire, là où j'ai de la besogne déjà à ne pas broncher. Je m'en réfère donc à ce que je t'ai dit tout à l'heure, et je désire que nous mettions fin à cet entretien. »

Je me levai là-dessus, et je pris mon chapeau et ma canne pour aller visiter quelques-uns de mes paroissiens ; mais telle était la préoccupation qui dès lors m'avait accompagné partout, que je rentrai le soir au logis peu content de ma tournée, et bien incapable au demeurant de me rendre compte des démarches que j'avais pu faire ou des discours que j'avais pu tenir.

LIX

Le lendemain matin, comme j'étais entré à mon ordinaire chez Gertrude qui avait continué de vivre retirée dans sa chambre, je la trouvai occupée de disposer à part, et de manière à en assurer la conservation, toutes les hardes et tous les menus objets qui avaient été la propriété de Rosa à partir de son entrée chez moi. Mais elle interrompit bientôt ce travail pour me mettre sous les yeux le brouillon d'une lettre qu'elle était dans l'intention d'adresser à ses parents, si j'en agréais le contenu. Dans cette lettre, Gertrude, après avoir raconté les épreuves et la mort touchante de son amie, parlait des services que je lui avais rendus et de l'affection que je lui marquais; après quoi, venant à sa position personnelle et à la convenance qu'il pouvait y avoir à ce qu'elle vécût pendant quelques mois dans l'obscurité d'une sûre retraite, au lieu de risquer, en retournant à Brême, d'y devenir un sujet de remarques embarrassantes pour sa famille et peut-être nuisibles à l'établissement de ses sœurs, elle suppliait respectueusement ses parents de lui permettre de demeurer jusqu'à l'été suivant dans ma maison et sous ma protection. A cette époque, ajoutait-elle, le souvenir moins habituellement présent de sa chère Rosa lui laisserait d'ailleurs plus de liberté pour se conformer aux nécessités de sa position nouvelle et pour en remplir religieusement les devoirs, quelque pénibles ou ingrats qu'ils pussent être. Enfin elle terminait en disant que ce projet avait mon approbation.

Troublé que j'étais encore par l'ouverture que mon fils m'avait faite la veille, et craignant d'ailleurs, si j'allais donner mon approbation à cette lettre, de paraître plus tard avoir été le complice peu délicat des projets d'André, puisque j'en aurais par cela même et d'une manière détournée secondé l'accomplissement avant de m'être assuré aucunement de l'autorisation des parents de Gertrude, je me trouvai dans la dure nécessité de déclarer à celle-ci qu'il m'était impossible de donner mon assentiment à cette lettre. Elle me regarda alors avec une surprise mêlée d'alarme, de crainte, de doute, et, comme en effet il était impossible que je lui avouasse le motif qui me portait à me prononcer ainsi que je venais de le faire, en me voyant à la fois ferme et embarrassé, elle s'alla mettre dans l'esprit que moi-même peut-être je conspirais pour la faire retourner au plus tôt vers ses parents.

« Si vous m'abandonnez aussi, dit-elle en fondant en larmes, et que je vous sois devenue à charge, alors que vais-je devenir ? Lorsque je me suis permis d'écrire ainsi, c'est que votre bonté m'en avait donné le droit ; ou bien, mon cher monsieur Bernier, dites-moi, alors, je vous en conjure, ce qui a pu changer ainsi vos dispositions à mon égard. »

Je lui assurai que mes dispositions à son égard n'avaient jamais été plus amicales et plus dévouées que dans cet instant même, qu'en les méconnaissant ainsi qu'elle faisait elle me causait le plus vif chagrin, et qu'au surplus je lui demandais d'avoir assez de confiance en moi pour être certaine que, si je ne consentais pas à approuver sa lettre, c'était par des motifs bien indépendants du désir que j'aurais d'ailleurs, non pas seulement de la garder jusqu'à l'été suivant, mais de ne la voir jamais s'éloigner de moi.

A ce discours, Gertrude s'écria avec épouvante :

« Il y a donc des motifs que vous me cachez ?...

Auriez-vous reçu des lettres de mes parents? Dois-je redouter qu'on ne vienne soudainement m'arracher d'auprès de vous? »

Puis, sans attendre ma réponse, elle s'abandonna à des transports de désespoir : « Je vais donc être ôtée de ces lieux, les seuls que j'aime ! je vais être ôtée à M. Bernier, mon unique ami ! De grâce, ajouta-t-elle en se jetant à mes pieds, de grâce, monsieur Bernier, ne repoussez pas une infortunée sans gîte que celui-ci, sans protection que la vôtre, sans autre vœu que celui d'être recluse, sinon dans cette chambre, au moins sous votre toit, à portée de votre affection et à portée des lieux et des personnes qu'a chéris Rosa ! »

Je l'avais obligé à se relever : « Votre propre désir vous abuse, Gertrude, lui dis-je, et une ardeur inconsidérée vous emporte. Je n'ai reçu aucune communication de vos parents, et, si je puis m'attendre à ce qu'on vienne vous chercher, c'est que c'était l'intention manifestée dans la lettre de votre père, et que la nouvelle de la mort de Rosa me paraît avoir dû le fortifier dans cette intention. Or, dans une situation semblable, comment voudriez-vous, mon enfant, que je me fisse de près ou de loin le complice en quelque sorte de votre insoumission à ses ordres ou à ses désirs? C'est impossible, vous le reconnaissez, et de là cette opposition que je fais à approuver votre lettre. Attendons au moins quelques jours, et, dans le cas où rien de nouveau ne surgirait de la part de vos parents, ou bien encore dans le cas où leurs exigences ne seraient point celles que je puis supposer, vous verrez alors, mon enfant, si je vous aime toujours tendrement, et s'il tiendra à moi que vous demeuriez à toujours ma fille bien-aimée ! »

A ces paroles qui calmaient l'instance de ses craintes, Gertrude se jeta dans mes bras en me demandant pardon d'avoir pu s'oublier à mon égard ainsi qu'elle avait fait, et elle me prodigua ses plus tendres embrassements. Je la quittai bientôt pour aller à mes affaires ; mais comme hier, et plus encore qu'hier, je n'y apportai qu'un esprit distrait par une préoccupation de plus en plus vive. J'étais en effet placé entre l'ouverture de mon fils, les supplications de Gertrude, les droits sacrés de ses parents, et la crainte en outre que quelqu'un de sa famille venant à arriver au premier jour pour nous l'enlever précipitamment, je ne visse ainsi déjoué pour toujours un vœu auquel j'avais déjà trop accordé de place dans mon cœur.

LX

Ces débats eurent d'ailleurs un fâcheux effet sur nos habitudes, et le reste de ce jour, comme les deux suivants encore, une triste gêne intervint dans nos rapports et altéra l'intimité de nos repas. Mon fils était d'une réserve contrainte, Gertrude avec la sécurité avait perdu l'abandon, et moi-même, placé entre eux deux, je ne savais trop quelle attitude prendre qui ne fût pas embarrassée. Pour me retrouver à l'aise, il fallait que je les visse séparément, et même alors, ayant à réprimer chez l'un comme chez l'autre des espérances diverses que je ne m'interdisais à moi-même qu'au prix d'un rude effort, j'étais plutôt porté à abréger l'entretien qu'à le prolonger comme autrefois.

Cet état durait encore, lorsque le troisième jour, au moment où je venais de sortir de chez moi, je croisai une calèche de ville qui alla s'arrêter devant mon allée, et, comme la curiosité m'avait porté à me retourner, j'en vis sortir une dame d'âge, de qui l'air étranger et la mise recherchée me firent songer que c'était peut-être quelque personne de la famille de Gertrude. J'accourus donc en tâchant de maîtriser mon émotion, et, comme la dame semblait n'être pas certaine que ce fût là la demeure qu'elle cherchait, je lui demandai si elle était désireuse que je lui fournisse quelque indication.

« Chez M. le pasteur Bernier? demanda-t-elle.

— C'est moi-même, madame. »

Alors elle me témoigna avec beaucoup de civilité le plaisir qu'elle avait de me rencontrer si à propos, et, passant à se faire connaître elle-même, elle me dit qu'elle était la tante de Gertrude, chargée par sa famille de venir me remercier des soins que j'avais donnés à cette imprudente enfant, et de la reconduire au plus tôt à Brême.

« La mort de Rosa, ajouta-t-elle d'un ton d'indifférence qui me froissa vivement, a désarmé les rigueurs de mon frère, et permis un rapprochement qui sans cela aurait été bien difficile. Veuillez, je vous en prie, avoir l'obligeance de me conduire auprès de ma nièce.

— C'est ce que je vais faire, madame, lui répondis-je. Mais, dans l'intérêt même de la mission que vous venez remplir, osé-je vous prier de vous associer d'abord à l'affliction que Gertrude ressent de la perte de son amie, et de n'aborder ensuite qu'avec les ménagements convenables l'idée encore bien nouvelle pour elle d'un prochain départ? »

Pendant ce discours, nous étions arrivés à l'appartement, dont l'abord obscur et l'apparence plus que modeste semblaient causer à cette dame quelque mécompte qui la distrayait de m'écouter. Ce fut André qui nous ouvrit.

« Qui est ce jeune homme? demanda-t-elle

— C'est mon fils, madame. »

Puis je l'introduisis dans la chambre de Gertrude. En reconnaissant sa tante, celle-ci accourut pour la serrer dans ses bras, mais sans pouvoir néanmoins cacher un trouble douloureux qui se trahit presque aussitôt par des sanglots. Cependant la dame, peu satisfaite de cet accueil, et sur qui d'ailleurs l'aspect de cette chambre antique et la mise excessivement simple de Gertrude paraissaient faire une assez désagréable impression, lui dit avec un ton composé d'amitié protectrice : « Je vois dans ces pleurs, ma chère enfant, les regrets que vous arrache une conduite qu'il ne tiendra qu'à vous maintenant de nous faire oublier. Un peu plus en effet, et les suites de la faute de Rosa allaient vous perdre aussi bien qu'elle-même. Soyons heureux qu'il n'en ait pas été ainsi, et apprêtez-vous à rentrer prochainement, avec toutes les bonnes dispositions qu'elle est en droit d'attendre de vous, au sein d'une famille qui m'a chargée de vous annoncer son pardon. »

Ces paroles, dont chacune blessait mon cœur, transpercèrent celui de la pauvre Gertrude, en sorte que, comme s'il se fût agi de l'arracher sur l'heure même à notre affection, elle jeta ses bras autour de mon cou pour y demeurer suspendue toute frissonnante de peur, et en s'attachant à moi comme à sa dernière et certaine espérance.

Touché de son inexprimable douleur : « Madame, dis-je à sa tante, ce que Gertrude redoute, ce n'est certainement pas de vous accompagner pour aller recevoir le pardon d'une famille qu'elle aime et à qui elle a exprimé ses sentiments de repentir, c'est de quitter si brusquement des lieux tout remplis pour elle du récent souvenir de son amie mourante, et de s'arracher aux derniers vestiges qui la lui rappellent. Si donc vous vouliez ou retarder votre départ, ou mieux encore vous charger de demander à ses parents un délai de quelques mois, pendant lequel se dénoueraient tout doucement les liens qui la retiennent encore ici, vous auriez, je crois, comblé ses désirs, sans avoir compromis votre mission. »

Ici Gertrude, se jetant aux pieds de sa tante, la conjurait de lui accorder cette grâce que je venais d'implorer pour elle ; mais celle-ci : « Inutile, ma chère ; car la proposition que me fait monsieur montre plutôt sa bonté envers vous qu'une juste connaissance de votre situation. Vos sentiments, je l'avoue, choquent mon attente, et je suis portée à douter des dispositions d'une jeune personne qui accueille le pardon de ses parents du même air qu'elle devrait accueillir leur malédiction. Assez longtemps, mademoiselle, vous avez sacrifié tous vos devoirs au profit d'une petite romanesque qui a mal tourné. L'heure est venue maintenant de l'oublier bien vite, et, pour commencer à vous mettre à l'épreuve, je vous préviens que mon intention est de vous emmener d'ici dès demain !

— Eh bien ! dit Gertrude en relevant fièrement la tête, je vous obéirai, ma tante, j'obéirai à mes parents aussi, et en toutes choses, ainsi que j'en ai pris l'engagement auprès de M. Bernier ; mais sachez-le bien, jamais ni d'eux, ni de vous, ni de qui que ce soit, je n'écouterai sans le légitime frémissement de mon âme soulevée des discours comme ceux que vous venez de me faire entendre. Quoi ! ne pas même respecter la tombe de ma Rosa !

M'imposer de l'oublier, à moi qui ne vis que de son ressouvenir ! Ah ! si ce sont de pareils discours que je suis destinée à entendre désormais, pourquoi me ramener au sein de ma famille ? Pourquoi vouloir ôter cette distance de chemin qui m'en sépare, puisque mon cœur, incessamment froissé, reformera incessamment une distance d'affections bien plus douloureuse, bien plus à craindre ? »

En achevant ces mots, Gertrude s'abandonna sans crainte à son affliction, et bientôt après sa tante s'étant levée : « Je ne dois point me prendre, ma chère, aux propos inconsidérés que vous dicte une douleur exagérée ; ainsi brisons là-dessus. Demain, vers deux heures après midi, je ferai prendre vos effets, et vers trois heures la calèche viendra vous chercher. » Puis s'adressant à moi : « Pourrai-je, monsieur, vous entretenir un instant en particulier ? car, si je ne me trompe pas, indépendamment de la gratitude dont je compte vous demeurer redevable pour les soins que vous avez donnés à ma nièce, je dois avoir à vous rembourser les dépenses dont elle a été pour vous l'occasion.

— Si c'est sur ce point que vous voulez m'entretenir, lui répondis-je, je vous préviens, madame, qu'il n'y a pas lieu ; et j'ose espérer de votre délicatesse que vous n'insisterez pas pour que je reçoive un salaire de ce qui n'a pu être de ma part qu'un simple procédé de libre affection. »

La dame insista néanmoins ; mais, quand je lui

eus déclaré nettement que sous aucun prétexte je n'écouterais un mot de plus sur ce sujet, elle se borna à m'exprimer de nouveau, tant en son nom qu'au nom des parents de Gertrude, les sentiments d'une haute reconnaissance ; puis elle prit congé, après avoir donné un baiser à sa nièce.

LXI

Dès qu'elle se fut éloignée, et comme nous demeurions seuls, Gertrude et moi, navrés de tristesse et gardant le silence, mon fils, tout en s'annonçant du dehors, frappa à la porte de ma chambre. « Entrez, » lui dit Gertrude en se portant à sa rencontre ; puis elle lui prit la main avec affection, en ajoutant ingénument : « Aussi bien est-ce le dernier jour que j'aurai le bonheur de passer auprès de vous deux ! » Et elle avança une chaise. Cependant mon fils, suffoqué par le trouble que lui causait cette nouvelle, et plus encore par la façon tendrement amicale dont Gertrude lui en avait fait l'annonce, rougit tout ensemble d'effroi, de plaisir, de honte, jusqu'à ce que s'étant assis, sans rien dire, il unit ses larmes à celles que nous versions. « Mon père, me dit-il bientôt, non pas sans timidité, mais avec le plus vif accent du désir, est-ce que vous m'autorisez à parler devant vous selon que mon cœur m'inspire !.... »

Et comme j'hésitais à refuser : « Mademoiselle, dit-il en s'adressant à Gertrude, j'éprouve de l'embarras à vous exprimer quels sont mes sentiments pour vous, tant ils sont profonds et tout autant de vive tendresse que d'estime et de respect; mais qu'il vous suffise de savoir que nous serions, mon bon père et moi, au comble de nos vœux, s'il pouvait advenir que, du consentement de vos parents et du gré de votre cœur, le soin de vous rendre heureuse pût m'être un jour confié! »

A l'ouïe de ces dernières paroles, Gertrude, saisie à la fois de surprise et de gratitude, d'espoir et de honte, semblait interroger tour à tour mon regard, le souvenir de Rosa, son propre cœur. A la fin, trouvant un langage : « Ah! monsieur André, dit-elle en rougissant, que j'éprouve plus d'embarras encore à dire combien vos sentiments me touchent et combien ce serait mon penchant que d'y répondre!... Mais, si près du trépas de Rosa, songer à ces choses!... Et puis, poursuivit-elle, suis-je bien digne de devenir l'épouse d'un jeune homme que son caractère personnel, non moins que la sainte carrière où il est engagé, appellent à se choisir comme à rencontrer une fiancée de qui la couronne n'ait pas été effeuillée par les orages du scandale?

— Ah! Gertrude, interrompit mon fils en se précipitant à ses pieds, n'achevez pas, et plutôt laissez-moi bénir ces orages. C'est par eux que je vous ai connue, aimée, adorée! C'est par eux qu'a brillé votre vertu et que s'est comblée mon estime! C'est d'eux, oui, Gertrude, c'est d'eux que seront sortis, comme de leur source la plus pure et la plus féconde, le calme, la sérénité, le bonheur de nos vies, et pour mon père la joie de ses vieux jours! »

A ces mots, Gertrude tendit la main à mon fils en signe que son cœur se donnait à lui; puis, les yeux inondés de douces larmes et en me comblant de filiales caresses : « Ainsi donc, me dit-elle, vous seriez mon père! Quel sort est donc le mien, et se pourrait-il que Dieu voulût m'appeler du fond d'une si grande détresse au faîte d'une si grande félicité? »

Quand ces premiers moments de mutuel attendrissement furent passés : « Mes enfants, dis-je, je vous ai laissés parler au gré de vos cœurs; c'est à moi maintenant de faire entendre le langage de la prudence, du devoir et de la raison. J'acquiesce à ces prémisses d'une union que je souhaite autant que vous; mais ou cette union se fera conformément à la volonté librement agissante des parents de Gertrude, régulièrement requis d'y donner leur consentement, ou elle ne se fera pas, je vous le déclare à l'avance. Ainsi, point ici d'engagement formel, point d'irrévocable promesse, et, au lieu de cela, incertitude, déférence, soumission anticipée, ou bien je me retire de vous; car à Dieu ne plaise que j'autorise, quant à toi, André, et quant à vous, Gertrude, ce que j'ai si sévèrement et si justement blâmé chez la pauvre Rosa! Or, voici ce que commandent à la fois la prudence et le devoir : c'est que tous les trois nous gardions le silence le plus absolu sur ce qui vient d'avoir lieu, afin que, lorsque d'ici à quelques jours j'aurai écrit au père de Gertrude pour lui demander au nom d'André la main de sa fille, rien n'ait pu encore ni directement ni indirectement enchaîner sa liberté ou faire violence à ses intentions. »

Tous les deux acquiescèrent de conviction autant que d'obéissance à ces conditions que je venais de dicter, et, de désolés que nous étions tous les trois une heure auparavant, nous nous séparâmes contents et remplis d'espoir.

Dans l'après-midi, j'allai rendre visite à la tante de Gertrude, qui me reçut d'abord assez froidement. Mais, après que nous nous fûmes entretenus quelques instants, elle parut se complaire à m'entendre parler de sa nièce, et j'eus l'occasion de me persuader que cette dame était plutôt frivole d'habitude et sèche de manières que dépourvue de sens ou manquant de bonté. Surtout je trouvai moyen de l'intéresser au malheureux sort et à la fin touchante de Rosa, au point qu'elle en répandit des larmes, tout en marquant plus d'indulgence pour la disposition dans laquelle elle avait trouvé Gertrude. De son côté, elle m'apprit que dès longtemps la nullité du mariage de Rosa avait été connue à Brême, où cette nouvelle avait produit le plus éclatant scandale, et que la réputation de Gertrude y était entachée peut-être d'une manière irrémédiable. « Ce scandale, ajouta-t-elle, a déjà fait rompre un premier projet d'établissement pour la sœur aînée de Gertrude; aussi mon frère est-il résolu pour le moment de confiner celle-ci dans sa maison de campagne, et de ne faire aucune tentative pour la produire dans le monde avant que Catherine (c'était le nom de sa sœur aînée) soit mariée. »

Après que nous eûmes ainsi conversé assez amicalement, je recommandai vivement Gertrude à l'amitié et à l'indulgence de cette dame; puis j'ajoutai : « Sous peu de jours, moi-même j'aurai l'avantage d'écrire à son père et de lui ouvrir tels avis que je pourrai croire propres à redresser la fausse position où va se trouver une enfant à laquelle ses bonnes qualités autant que son triste sort m'ont bien vivement affectionné. »

La dame me remercia encore, et cette fois avec une politesse sentie, des soins de père que j'avais prodigués à sa nièce, en sorte que je la quittai tout autrement disposée qu'elle n'avait été quand elle était sortie de chez moi.

En rentrant au logis, j'y trouvai les Miller, que Gertrude avait envoyé chercher pour leur faire ses adieux. Ces bonnes gens lui marquaient toute sorte de regrets de la voir partir, et ils témoignaient qu'ils auraient toujours un grand plaisir à savoir de ses nouvelles par mon moyen. Quand ils se furent retirés, M. Durand arriva; mais, comme l'autre fois, nous le priâmes de nous donner sa soirée, et la fin de ce jour, qui avait commencé sous de si douloureux auspices, se passa en entretiens pleins de douceur et de paisible intimité. Quand, vers onze heures, M. Durand se leva pour prendre congé, Gertrude lui fit à son tour le gracieux présent d'une chaîne aussi, mais tressée des cheveux de Rosa, et qu'elle avait fait monter à son intention par l'entremise de mon fils.

LXII

Le lendemain, vers trois heures de l'après-midi, la calèche vint chercher Gertrude, auprès de qui nous avions passé, mon fils et moi, toute la matinée. Nos adieux, comme on peut croire, furent tendres et mêlés de larmes, mais sans tristesse toutefois et sans amertume : tant avait déjà pris d'empire sur nos cœurs l'espérance que nous nous trouverions de nouveau réunis quelque jour.

Néanmoins, quand Gertrude fut partie, nous éprouvâmes un vide si grand qu'il ne me souvenait pas d'avoir ressenti, durant les plus rudes traverses dont le séjour de ces dames avait été pour moi l'occasion, rien d'aussi morne et d'aussi pénible. Ma chambre elle-même, quand je voulus m'y établir de nouveau, me parut d'une accablante solitude, et sans cesse mon cœur y cherchait ces deux êtres qui l'avaient si longtemps peuplée de leurs alarmes, de leur intimité, de leurs douleurs et aussi de leurs courtes joies. Dans les premiers moments, je trompai mon ennui en écrivant au père de Gertrude pour lui demander au nom d'André la main de sa fille, et, tant que je tins la plume pour lui exposer respectueusement les nombreux motifs qui me portaient à désirer cette alliance pour mon fils et pour moi, et enfin pour Gertrude elle-même qu'il importait de rendre au plus tôt à une situation honorable et régulière, je trouvai facile le travail et léger le cours du temps. Mais lorsque, ayant achevé cette lettre, que je ne voulais d'ailleurs acheminer qu'au bout d'une ou deux semaines, j'eus essayé de me remettre à mes occupations habituelles, il me fut impossible, pendant plusieurs jours, de m'y livrer avec quelque suite, et c'est cette oisiveté d'occasion qui me porta, plus que tout autre motif, à aller reprendre la cassette pour faire le dépouillement des lettres qu'elle renfermait.

Ces lettres remontaient environ à l'époque du départ précipité du comte pour Hambourg, et les premières d'entre elles, datées de Milan, témoignaient déjà par ce seul fait de l'odieuse imposture du pervers qui les avait écrites. Du reste, divers passages y faisaient allusion aux faits antérieurs à cette époque, notamment aux ruses hypocrites et aux pièces frauduleuses au moyen desquelles le comte était parvenu à attirer la pauvre Rosa dans les lacs de son libertinage, en lui faisant contracter à son insu un mariage sans valeur. Le comte non-seulement plaisantait à ce sujet auprès du jeune monsieur, son ami, mais il le narguait de ce que, secondé par lui, ayant son succès pour modèle et point de famille qui lui fît obstacle par sa vigilance, il n'avait pas encore su parvenir à enlacer Gertrude de la même façon qu'au milieu de difficultés bien plus grandes il avait su, lui, enlacer Rosa.

« Mon pauvre Ferdinand, lui écrivait-il, je regrette presque de vous avoir abandonné la poursuite de ce gibier que, tout haletant qu'il est, vous ne savez pas atteindre. Quoi! les colombes sont là en plein champ, effarées, blessées, battant de l'aile, et vous, maître renard, toute votre ruse ne va qu'à tourner timidement autour d'elles! Non, mon ami, vous ne serez jamais qu'un renard vulgaire, capable tout au plus de pénétrer la nuit dans un poulailler pour vous y régaler de quelque bourgeoise volatile; mais vos jours de jeunesse et de vigueur seront écoulés avant que vous ayez surpris et dévoré en plein jour une belle et tendre proie, comme était ma Rosa! »

Ce peu de lignes suffit du reste pour indiquer quelle était la nature du contrat qui liait l'un à l'autre le comte et le jeune monsieur, et pour faire comprendre contre quelle sorte d'hommes j'avais eu à défendre mes pauvres protégées. Après avoir trouvé apparemment du plaisir dans cette chasse difficile d'une jeune fille entourée de tous ses parents et défendue elle-même par une triple armure d'honnêteté, de délicatesse et de pudeur, le comte, aussitôt sa passion assouvie, en avait légué l'objet à son ami, soit qu'il convînt à celui-ci de l'avilir assez pour en devenir ensuite le maître, soit qu'il aimât mieux, par un stratagème hardi, abuser Gertrude comme il avait lui-même abusé Rosa. Il paraît que Ferdinand avait incliné vers ce dernier parti, sans s'ôter d'ailleurs la chance de revenir à l'autre; et c'est au moment où il était en train de nouer les premiers fils de sa trame, que la Providence m'avait envoyé sur son passage pour les rompre les uns après les autres. Je trouvai la trace du dépit qu'il avait éprouvé à ce sujet dans les réponses que le comte faisait à ses lettres d'alors.

« Rien ne m'a plus amusé, écrivait-il, que votre colère contre ce bon pasteur, de qui la ténacité semblerait pourtant faite tout exprès pour réjouir et pour enflammer un génie qui serait plus hardi que le vôtre. Au surplus, Ferdinand, qu'il vous ait traité de Satan, ce n'est ni ce qui m'afflige ni ce qui m'étonne, puisque enfin, outre que vous méritez bien ce titre, sinon à cause de votre habileté, du moins à cause de vos intentions, il se peut, après tout, que, parmi tant de pasteurs qui n'ont pas d'autre mérite que leur soutane, il s'en trouve un qui unisse la vigueur à quelque sagacité. Mon avis est qu'il vous faut plus que jamais hanter les églises et parler mariage; car tant que vous n'aurez pas habilement caché votre figure derrière ce double masque, le bon pasteur croira toujours voir en vous le prince des démons, tout beau cavalier que vous êtes. Ah! mais, quel délicieux tableau! Ferdinand dévotement agenouillé au pied des divins autels! Ferdinand bégayant timidement des envies de mariage et s'offrant à être garotté des saintes chaînes de l'hyménée! Prenez garde, mon ami, quand le moment sera venu, de n'aller point vous y embrouiller dans ces chaînes : les fausses y doivent ressembler aux vraies, et les vraies n'y sont guère dissemblables des fausses, en sorte que la moindre erreur dans ce jeu délicat, où vous vous proposez de vous essayer, aurait pour impitoyable résultat de faire de vous un bonhomme de mari, aussi niais, aussi drôle et aussi trompé que tant d'autres. »

C'est à l'instigation de ces conseils et de ces moqueries que le jeune monsieur avait dans le temps, soit auprès de moi, soit auprès des Miller, soit surtout auprès de Gertrude et au moyen de la lettre transmise par la fille Marie, tantôt manifesté l'intention, tantôt formulé positivement le vœu d'obtenir la main de Gertrude et de rendre ainsi à deux jeunes personnes délaissées une fortune à la fois et un protecteur. Mais, déjoué dans cette occasion décisive, et désespérant dès lors de pouvoir réussir dans ses projets tant qu'il ne serait pas parvenu à se faire oublier lui-même, il avait simulé ce départ pour Paris, fêté les Miller, pour qu'ils se trouvassent en être auprès de moi les garants d'autant moins suspects qu'ils me paraîtraient s'être donnés à lui, et enfin tout apprêté pour faire enlever par le baron les deux jeunes personnes, qu'il allait attendre à Bâle.

Vers cette époque, le comte, de Milan, s'était rendu à Venise, où il courait les chances d'une aventure nouvelle, dont les péripéties diverses étaient racontées dans ses lettres à Ferdinand sur ce ton léger d'une vanterie libertine mêlée d'élégants sarcasmes et de cynisme spirituel. En retour, celui-ci contait ses défaites, déplorait ses ennuis, invoquait du secours, et prétendait que le comte lui envoyât un de leurs amis communs muni d'une lettre de sa main qui rappellerait Rosa à Hambourg. « Si vous faites cela, lui assurait-il, je tiens la victoire pour certaine, et le prix en sera, pour de Bulou, la douce Rosa ; pour moi, la charmante Gertrude : qu'il me les amène à Bâle, et c'est là que nous ferons le partage de ces dépouilles opimes. »

A cette ouverture le comte avait d'abord répondu : « Honte à vous, Ferdinand, qui ne savez vous tirer de rien par vous-même, et qui osez me proposer, après que j'ai perdu Rosa une première fois pour mon profit, de la perdre une seconde fois pour le vôtre! Non, non, tout roué que je suis, j'ai encore un reste d'entrailles, et si, à la vérité, je serais mal placé pour vous prêcher la pitié envers cette douce enfant, je le suis mieux pour désirer qu'elle échappe à votre convoitise plutôt que de l'y voir livrée par mes propres mains. »

Néanmoins, dans une lettre postérieure, il revenait sur ce sujet : « Après tout, votre idée me paraît heureuse, et, si je ne veux pas la seconder, c'est par égard pour ma pauvre veuve Rosa; car pour l'autre, Gertrude, son orgueil de vierge mériterait une leçon, et il me semble punissable qu'une aussi jolie enfant se croie de force à braver, abandonnée comme elle l'est de ses parents, des cavaliers aussi aimables et aussi habiles que nous le sommes. Aussi je prends en considération votre requête, et quelque jour, si mes triomphes d'ici m'en laissent le loisir, il se pourra que je rédige cette lettre qui doit assurer le vôtre. »

Enfin, dans une troisième lettre : « J'y ai songé, Ferdinand; ces pasteurs sont une engeance qui nous damne sans rémission, nous autres enfants du plaisir, et le tien me semble être le pire de tous ceux qui se soient jamais permis de traverser nos amoureux desseins. Aussi, point de quartier. De Bulou, à qui j'ai dit quelle part tu lui destines dans les dépouilles opimes, me quitte demain plein d'ardeur et muni de la lettre. A toi de lui trouver une baronne, et à vous deux de faire le reste. »

C'est ainsi qu'avait été livrée la lettre infâme, et désormais, sans qu'il soit besoin de poursuivre plus loin cet ingrat dépouillement, voilà dévoilé le mystère de l'affreux stratagème dont Rosa et Gertrude avaient, à si peu de chose près, failli devenir les victimes.

Avant d'en finir avec ces lettres, dont le ton était d'ailleurs celui de la gaieté légère qui est propre aux libertins opulents et de haute condition, je voulus y chercher des expressions de regrets et des paroles de remords. Mais ce fut en vain, regrets et remords s'y trouvaient habituellement déguisés ou sous des blasphèmes d'esprit fort, ou sous des négations étourdies de tout ce qui est sacré pour les âmes honnêtes, ou encore sous des formes ici de fausse allégresse, là de colère insensée. Néanmoins les signes de vide, d'ennui ou même de dégoût, s'y laissaient voir çà et là assez à découvert pour que je me demandasse avec surprise comment il se pouvait faire que, pour ne retirer pas même de leurs méfaits un tribut assuré d'amusement ou de bien-être, des jeunes hommes, doués pourtant de brillantes qualités d'esprit et favorisés des avantages de rang et de fortune, se livrassent aussi gratuitement à toutes les sollicitudes du vice et à toutes les hontes intimes de la dépravation.

« Une brume habituelle, écrivait le comte dans une lettre datée de Venise, ternit ici les splendeurs du matin, et ce n'est guère que vers le soir que tout s'empourpre à la fois. C'est pourquoi je veux me rapprocher de climats plus clairs et de cieux moins tardifs à s'enflammer. Car ces brumes, Ferdinand, quand elles viennent s'ajouter aux brumes de mon âme, y font comme une triste nuit qui retarde aussi jusqu'au soir le lever de ma joie. Souvent même ce lever, il n'a pas lieu ; et, retiré alors dans quelque salle obscure de mon palais de louage, je ne ressemble pas mal à ces pauvres diables, qui engourdis et moroses au sortir de l'ivresse, s'aperçoivent avec amertume qu'il ne leur reste pas même l'envie ou la ressource de s'y aller plonger de nouveau. »

LXIII

Du reste, pendant ces ingrates semaines, deux incidents vinrent faire diversion à l'ennui que nous ressentions de l'absence de Gertrude. Le premier, ce fut la consécration de mon fils au saint ministère. A cette occasion, je bénis Dieu de ce qu'il m'avait réservé la joie de voir cet enfant définitivement entré dans sa sainte profession, et je m'apprêtai à le rendre de plus en plus digne de s'y être voué, en entretenant plus habituellement son cœur de pensées sérieuses et en m'efforçant d'y faire pénétrer le levain de la charité. Le brave garçon, tout amoureux qu'il était, car l'amour chez les âmes honnêtes fortifie plutôt qu'il ne les altère les penchants généreux, se montrait plein de courage, enflammé de zèle et tout humble de docilité, en sorte que nos entretiens et nos promenades avaient un charme de religieux espoir et d'utile sanctification.

L'autre incident, ce fut l'arrivée d'une lettre de la mère de Rosa, en réponse à celle où j'avais annoncé la mort de sa fille. Cette pauvre dame, heureuse d'avoir rencontré chez moi une douleur à l'unisson de la sienne, m'y faisait le confident des chagrins déjà anciens dont la sévère rigidité de son époux avait abreuvé son cœur naturellement enclin à l'indulgence, et qui ne s'était pas contraint jusqu'au point de souscrire aux ordres d'un époux irrité, sans avoir ressenti l'une après l'autre toutes les tortures d'une saignante pitié. Après ces confidences, elle en venait au récit que j'avais fait de la mort de Rosa, et elle y trouvait bien moins de sujets de se consoler que de motifs de s'adresser mille reproches de dureté, d'insensibilité, de barbarie envers cette chère créature si cruellement méconnue et si indignement délaissée. Enfin elle terminait en m'adressant tous les témoignages les plus sentis de sa gratitude maternelle et en déclarant qu'elle ne rencontrerait ni calme ni adoucissement à sa peine tant qu'elle n'aurait pas obtenu la permission de venir à Genève pour m'y marquer ses sentiments de vive voix et pour y aller visiter la tombe de sa fille. « Quant à Gertrude, ajoutait-elle, je vais la voir, et cela seul me donne la force d'attendre; elle a été la sœur chérie de ma

Rosa, elle sera ma fille bien-aimée, et je hâte de tous mes vœux l'instant où je pourrai du moins confondre mes pleurs avec les siens ! »

Je lus cette lettre à mon fils qui en fut, aussi bien que moi, vivement touché ; et, à cette occasion, nous repassâmes en souvenir par toutes les vicissitudes qui avaient signalé ces derniers mois, pour reconnaître qu'en effet Gertrude avait donné, durant cette époque d'épreuves, tous les exemples de courage, de bon sens, d'élévation, de dévouement et de vraie pitié. « Sans doute, disait mon fils, la fin si belle de Rosa a donné à ses vertus le sceau d'une précoce fermeté et l'éclat d'une résignation angélique ; mais Gertrude, que n'a-t-elle pas déployé de vertus difficiles aussi, de raretés angéliques aussi, non-seulement chez les Miller, mais encore dans la secrète enceinte de cette chambre ! Je ne veux rien ôter à la pauvre Rosa ; mais convenez, mon père, qu'il est peut-être plus commun encore de rencontrer des morts édifiantes que des mois, que des années, que des vies entières consacrées avec une persévérance toujours égale à la pratique habituelle de toutes les choses qui honorent la créature devant Dieu et devant les hommes ! »

C'est ainsi que dominé par un bien naturel sentiment de vive tendresse, mon fils se faisait gratuitement le défenseur passionné de Gertrude. Je n'avais garde, en le contrariant sur ce sujet, d'aller le passionner plus encore ; mais, saisissant dans ce qu'il disait ce qui était propre à devenir un instructif sujet d'entretien, je pesais avec douceur, j'appréciais avec modération, et bientôt nous nous trouvions engagés à débattre, sans plus songer ni à Rosa ni à Gertrude, des questions de morale, des mesures d'appréciation, et à soumettre ensuite les résultats de notre faible sagesse à la règle suprême des Écritures, pour avoir à les abandonner tantôt et tantôt à les redresser.

LXIV

Cependant six semaines s'étaient écoulées depuis le départ de Gertrude, et nous commencions à être inquiets de son silence, lorsque nous reçûmes tout à la fois, de la mère de Rosa, des parents de Gertrude et de Gertrude elle-même, une abondante provision de nouvelles toutes plus réjouissantes les unes que les autres. C'était tout ensemble l'annonce que la mère de Rosa viendrait cet automne, une réponse favorable à la demande de mariage, enfin les lignes de Gertrude, dont chacune inondait mon cœur des plus doux sentiments et faisait bondir de joie mon brave André. Je vais transcrire ces lignes de Gertrude, parce qu'elles offriront plus d'intérêt que le récit que je pourrais y substituer.

« Mon bon monsieur Bernier,

« Quand vous répondrez à cette lettre, que je lise

en tête de la vôtre : *Ma chère fille*, car dès ce jour je suis la fiancée de M. André, et mes vœux sont comblés. J'ai beaucoup d'autres choses à vous apprendre ; mais, placée que je suis entre une douleur pourtant si récente et une joie encore si nouvelle, je ne sais plus bien ni ce que je sens, ni ce que je dis, ni ce que j'écris, et il faut que vous me permettiez, au moins pour cette fois, de laisser ma plume courir au hasard.

« Que j'ai souffert, mon bon monsieur Bernier, à chaque pas des chevaux qui m'éloignait de ma Rosa, de vous, de votre fils ! Par bonheur, ma tante, au lieu de me brusquer comme elle avait fait la veille, s'est, dès le premier moment, associée à mon affliction, et, quand j'ai pu voir en elle une amie qui me permettait de pleurer en sa présence, j'ai été bien soulagée Mais pardonnez-moi, mon bon monsieur Bernier ! Elle m'a adressé toute sorte de questions sur moi, sur vous, sur M. André, et, après que deux ou trois fois j'ai eu rougi devant elle, mon secret m'a échappé, et je lui ai confié l'intention où vous étiez de demander pour lui ma main. Au lieu de s'en courroucer, elle m'a su gré de ma confiance ; elle a examiné ce projet, elle m'a promis son appui, et dès ce moment tout a été aussi bien et aussi facilement que nous pouvions le désirer.

« En entrant à Brême, je me suis évanouie dans la voiture, et, quand j'ai eu repris connaissance, j'étais dans le salon, entourée de mes parents et de la mère de Rosa. Pendant longtemps je n'ai pu articuler une seule parole; mais je lisais mon pardon sur le visage des premiers, et dans les yeux de la seconde une douleur où se repaissait la mienne. Ma bonne tante parlait déjà de vous, et la justice qu'elle vous rendait a été l'occasion de mon premier sourire. Bientôt j'ai pu verser des larmes, et, au lieu de reproches, je n'ai entendu que des paroles d'amitié auxquelles je répondais par mes caresses.

« Mon père, qui avait compté m'envoyer à sa maison de campagne, s'est désisté de cette résolution, tout en me faisant comprendre avec bonté la convenance qu'il y aurait à ce que je vécusse, pendant quelques mois au moins, tout à fait retirée. C'était mon vœu ; je n'ai pu que le lui marquer en le remerciant de son indulgence.

« Les jours suivants j'ai vécu dans la compagnie habituelle de nos deux mères : celle de Rosa est inconsolable. La mort de mon amie avait consterné jusqu'à son père, et, depuis que la nouvelle en était arrivée à Brême, au lieu d'être calomniée, elle n'a plus été que plainte. Mais votre lettre surtout, mon bon monsieur Bernier, avait dessillé tous les yeux, et ma tante, qui est survenue pour en confirmer tous les détails, a achevé de faire luire dans son pur éclat la vertu de ma Rosa. Aujourd'hui c'est à qui montrera le plus d'intérêt pour elle, et votre

nom, qui est mêlé à tous ces témoignages, n'est prononcé qu'avec l'accent de la reconnaissance et du respect.

« Votre lettre à mon père est arrivée au milieu de ces dispositions et avant que ma tante lui eût rien dit encore de vos dispositions, ainsi qu'elle me l'avait promis. Mon père a tout de suite accueilli la demande avec faveur, ma tante l'a vivement appuyée, et maman, qui est plus chagrine d'avoir à m'éloigner d'elle, s'est pourtant rangée à l'avis de la famille. Dès ce moment je me suis retrouvée au milieu des miens comme j'y étais autrefois, et j'ai joui du bonheur de penser qu'au lieu de ne faire qu'échanger ma famille contre la vôtre, j'en vais avoir deux au lieu d'une à vénérer et à chérir. Communiquez ces nouvelles à M. Durand, qui a été si bon et si généreux pour nous dans notre infortune.

« Au milieu de tout ce bonheur, mon cher monsieur Bernier, vos soins me manquent bien et vos caresses aussi. J'habite par la pensée votre chambre à tous les instants, j'y invite ma Rosa, et il me tarde de quitter ces lieux où elle a tant joui autrefois, pour me retrouver dans ceux où elle a tant souffert. Je vois que je suis devenue sérieuse de frivole que j'étais, et c'est ma joie de penser que j'échapperai à ce tourbillon où l'on vit ici, pour vouer le reste de ma vie au charme obscur des affections solides, des souvenirs chéris et des vertus que vous m'apprendrez. Dites à M. André que je songe à lui avec autant de douceur que de sécurité, et qu'après toutes les imprudences que j'ai commises et toutes les épreuves par lesquelles j'ai passé, son estime est la consolation qui me relève comme son affection est le port que j'aime.

« GERTRUDE. »

Après que nous eûmes lu et relu cette lettre à laquelle nous revenions sans cesse, il fallut nous entretenir des moyens de subvenir aux dépenses d'un long voyage et des divers arrangements que nécessiterait un mariage que le père de Gertrude représentait dans sa lettre comme devant être assez prochain. Son désir en effet était que nous pussions nous rendre à Brême vers la fin de l'automne pour y faire quelque séjour dans sa famille, après quoi l'on célébrerait le mariage, et aussitôt après nous ramènerions Gertrude à Genève. En même temps, et de la façon à la fois la plus délicate et la plus généreuse, il fixait la dot de sa fille à la somme de cinquante mille florins d'Allemagne, dont il serait loisible à mon fils de recevoir le capital, ou, s'il le préférait, de fixer la rente. A vrai dire, cette somme considérable m'effraya, et je me mis à redouter pour mon fils cette opulence soudaine. Puis, venant à songer qu'alors même qu'il serait prochainement élu à une place de pasteur, ses ressources seraient bien mesquines encore pour qu'il pût faire vivre Gertrude dans une agréable aisance, je finis par me familiariser avec ce chiffre pourtant énorme, et je m'occupai sans délai de procéder aux dispositions de toute sorte que rendaient urgentes l'absence que je serais appelé à faire bientôt et la nouvelle position dans laquelle mon fils allait entrer. Avant toute chose je répondis aux lettres que j'avais reçues, tandis qu'André écrivit de son côté à Gertrude et à ses parents, aussitôt qu'il eut pu maîtriser assez les transports de sa joie pour être en état d'arranger ses idées et d'en régler l'expression.

LXV

Vers la mi-septembre nous nous mîmes en route, André et moi, pour nous rendre à Brême. Comme depuis vingt-sept ans je n'avais pas quitté ma paroisse, et que d'ailleurs tout contribuait à me rendre le cœur content et dispos, je jouis infiniment de ce voyage. La nature, les campagnes, les gens, les hôtelleries, tout me semblait être comme dans un état de fête, et vingt fois le jour je remerciais Dieu de m'avoir conservé jusque dans le vieil âge assez de vie pour sentir avec fraîcheur, et assez de force pour me divertir sans lassitude. Quant à André, certainement il jouissait plus encore que moi, mais d'autre sorte; et, pendant que j'étais tout à tous, il n'était, lui, qu'à Gertrude, et gens, campagne, belle nature, passaient devant ses yeux sans guère le distraire de ses pensées.

A Brême, nous fûmes accueillis par les deux familles de Gertrude et de Rosa avec la plus touchante affection, et j'eus le bonheur de voir que mon fils y était agréé plus que je ne m'y étais attendu. Outre qu'il était d'assez belle figure et de dehors qui attachent par leur saine bonne grâce, ses manières ouvertes lui conciliaient les cœurs, et on lui trouvait cette distinction particulière que donnent à un jeune homme, d'ailleurs étranger aux usages du beau monde, les habitudes sérieuses de l'esprit et la décente retenue du caractère évangélique. Gertrude elle-même, si bien faite pour apprécier avec autant de sens que de finesse ces avantages d'un ordre plutôt rare qu'éclatant ou seulement flatteur, était de plus en plus fière de son futur époux, et la chaste intimité de ces deux enfants allait croissant avec leur mutuel amour. Quand le temps fut arrivé de les unir, je bénis leur mariage dans l'église cathédrale de Brême, en présence d'un grand concours de monde, et le lendemain nous reprîmes le chemin de Genève avec notre chère Gertrude et accompagnés de la mère de Rosa, qui venait y faire un triste mais consolant pèlerinage à la tombe de sa fille.

LXVI

Aujourd'hui, dix ans plus tard, et âgé de quatre-vingt-trois ans, je suis le patriarche bien-aimé d'une famille bénie. Retiré depuis peu de la carrière active du pastorat, j'assiste aux premiers pas qu'y fait mon fils, et j'ai la réjouissance d'entrevoir que je l'y laisserai affermi et considéré. Pour Gertrude, elle est l'âme de notre maison, la mère bienheureuse des enfants d'André, et l'ornement, la paix, la fleur chérie de mes vieux jours. En même temps que nous nous entretenons souvent de la pauvre Rosa et de sa mort édifiante, je m'apprête moi-même à déloger tout à l'heure de cette terre, non pas sans doute repu du bonheur que j'y goûte, mais bien préparé du moins à franchir sans sourciller le court passage de la mort, pour entrer, si j'ai pu m'en rendre digne, dans la paix de Dieu, par Jésus-Christ notre Sauveur.

Que si, ministre du saint Évangile, j'ai fait diversion aux habitudes et aux travaux de ma profession pour raconter dans ce livre l'histoire de Rosa et de Gertrude, c'est que, parmi tant de circonstances, d'intérêts et de vicissitudes auxquels je me suis trouvé associé durant un pastorat de cinquante années, je n'en ai pas rencontré où éclatât davantage, d'une part le contraste consolant entre la fausse paix des méchants qui triomphent et la véritable paix des bons qui succombent, d'autre part cette divine et éternelle vérité, que Dieu, dans ses voies adorables, sait faire tourner toutes choses au plus grand bien de ceux qui l'aiment ; en telle sorte qu'après les avoir purifiés par l'épreuve, tantôt il les rappelle à lui parce que cette terre n'était plus leur séjour, tantôt il change leur détresse en abondance et leur accorde des années pour jouir de ses bienfaits et pour bénir ses gratuités.

BIBLIOTHÈQUE NATIONALE R.F. IMPRIMÉS

FIN.

COULOMMIERS
Imprimerie Paul BRODARD.

www.ingramcontent.com/pod-product-compliance
Lightning Source LLC
Chambersburg PA
CBHW050739170426
43202CB00013B/2298
* 9 7 8 2 0 1 2 1 9 3 6 5 9 *